수익으로 전환되는
변액보험 펀드관리

수익으로 전환되는
변액보험 펀드관리

초판 인쇄 2017년 6월 5일
초판 발행 2017년 6월 15일

지은이 박재성
펴낸이 김광열
펴낸곳 (주)스타리치북스

출판총괄 이혜숙
출판책임 권대홍
책임편집 한수지
표지 디자인 및 본문 편집 Designforme
일러스트 Sam기획(허재호)
경영지원 공잔듸 · 권다혜 · 김문숙 · 김인호 · 김지혜 · 김충모
　　　　　문성연 · 박지희 · 신자은 · 유다윤 · 이광수 · 이지혜
　　　　　정은희 · 정종국 · 한정록 · 한진섭 · 황경옥

등록 2013년 6월 12일 제2013-000172호
주소 서울시 강남구 강남대로62길 3 한진빌딩 3~8층
전화 02-2051-8477

스타리치북스 페이스북 www.facebook.com/starrichbooks
스타리치 잉글리시 www.starrichenglish.co.kr
스타리치몰 www.starrichmall.co.kr
홈페이지 www.starrich.co.kr
한국기업가정신협회 www.ceosprit.co.kr

값 20,000원
ISBN 979-11-85982-38-0 13320

수익으로 전환되는
변액보험 펀드관리

박재성 지음

간절히 원했던 변액보험 펀드관리 비법
언제, 어떤 근거로, 어떻게 변액보험 펀드변경과
적립금 이전을 해야 하는가?

StarRich Books

머리말

변액보험 가입자 수 850만 명 시대!

변액보험 가입자 수 850만 명 시대. 국민 6명 중 1명이 가입하고 있으며, 2016년 10월 기준 25개 생명보험사의 변액보험 자산운용 규모는 100조 원이 넘습니다. 저금리 여파로 치솟는 물가에 대응할 만한 구매력을 유지하기 어려운 현실 속에서 교육자금·노후자금 등 주요 중장기 목적자금 마련을 위한 대안으로 많은 사람이 변액보험을 선택하고 있습니다.

가입자와 권유자 모두 답답해하고 있습니다!

2004년 중반부터 주식시장 활황을 배경으로 많은 사람이 변액보험에 가입하기 시작했습니다. 2007년 말 미국 서브프라임 모기지 사태로 촉발된 금융위기로 증시폭락 사태가 시작되기 전까지 KOSPI 지수는 700포인트 초반에서 2,085포인트까지 거침없이 질주했고, 그 덕분에 변액보험 주식형 펀드는 높은 수익을 올릴 수 있었습니다.

하지만 펀드 관리방법을 알고 있던 일부 가입자를 제외하고 대부분 펀드 변경과 적립금 이전 관리를 제대로 하지 못했고, 그동안 얻었던 수익을 급락장세 때 모두 날리고 말았습니다. 심지어 주식형 펀드의 적립금이 반 토막까지 난 사람도 많았습니다.

이후 전 세계적인 금리인하와 시중에 막대한 돈을 공급하는, 이른바 양적완화정책에 힘입어 주식시장은 추락 직전의 자리까지 회복되기도 했습니다. 그러나 지금 우리 주위를 둘러보면 변액보험으로 재미를 보고 있는 사람은 거의 없는 듯합니다.

일반적으로 변액보험은 10년 이상 장기로 투자해야만 효과를 거둔다고 말합니다. 그러나 가입 후 8~10년이 지나도록 적립금이 원금에 이르지 못하는 상황을 접하게 되면 의구심이 들고, 계속 납입해도 괜찮을지 고민하게 됩니다. 게다가 변액보험 가입을 권유한 FC에게 조언을 구하더라도 속 시원한 답을 듣기가 어렵다면, 이런 의구심과 고민은 더욱 깊어갈 것입니다.

이런 상황이 발생하게 되면, 변액보험을 고객에게 제안했던 FC는 자신의 전문성 부족을 탓하기도 하고, 자산운용사나 보험회사를 탓하며 점점 변액보험 권유에 자신감을 잃어가게 됩니다. 결국, 고객과 담당 FC 모두 만족스럽지 못한 결과가 나오게 됩니다.

답답함과 고민은 불안감으로 다가옵니다!

변액보험 가입자라면 누구나 한번쯤 해보았을 만한 고민이 있습니다. '변액보험 펀드 구성은 어떻게 해야 할까?', '변액보험의 핵심은 펀드 변경과 적립금 이전이라고 하던데, 언제 어떻게 무슨 근거로 해주어야 하나?', '추가납입이 좋다고 하는데 추가납입 시점은 어떻게 파악해야 하는 걸까?', '채권형 펀드 수익이 안정적이라고 하던데 전부 채권형 펀드에 넣어두면 괜찮은 걸까?', '솔직히 투자 경험도 없고 FC가 장기적으로 좋다고 권유해서 가입했는데 FC가 그만두면 어떻게 관리하지?' 등등입니다. 이런 고민들은 납입기간이 길어지고 적립금 규모가 더 커져갈수록 불안감으로 다가오게 됩니다.

고민과 불안에 대한 해법을 제시하고자 합니다!

필자 또한 수도 없이 이런 고민들을 해결할 답을 찾아보려고 고민하던 사람들 중 한 명이었고, 10여 년간 활동을 이어오고 있는 FC로서 그동안 많은 시행착오와 연구를 바탕으로 위 고민들에 맞는 해답을 제시하고자 이 책을 쓰게 되었습니다.

그리고 이 책에서 '결국, 내 돈은 보험회사나 자산운용사가 지켜주는 게 아니라 내 손으로 지키는 것'이라는 사실을 무엇보다 강조하고자 합니다. 이를 위해서 필수적인 내용들을 고객과 담당 FC가 함께 숙지해서 파트너십을 형성해나가는 것이 가장 이상적이며, 특히 변액보험을 권유하는 FC들은 필수적으로 이 책의 주요 내용을 반드시 알고 있어야 고객을 위해 제대로 된 변액보험 컨설팅을 할 수 있다고 생각합니다.

이 책은 크게 기초 편, 차트 편, 종합 활용 편으로 구성되어 있습니다. 기초 편에서는 주식·채권·금리·환율·펀드 등 변액보험 투자를 위해 반드시 기초적으로 알아야 할 내용을 다루었습니다. 이러한 경제지표 상호 간의 역학관계를 이해하여 단순히 변액보험 투자만을 위한 학습이 아니라 우리가 살아가고 있는 경제 시스템을 이해하는 초석으로 삼고자 했습니다.

차트 편에서는 적절한 펀드 변경 및 적립금 이전 타이밍을 잡기 위해서 반드시 알아야 하는 주가지수 차트 활용방법을 알아보고, MACD·스토캐스틱Stochastic·RSI 등 필수 보조지표를 활용한 실전 활용법을 알아봅니다.

종합 활용 편에서는 각종 경제지표·차트·변액보험 공시실 등을 활용하여 펀드 변경과 적립금 이전, 추가납입 타이밍 잡기 등 변액보험의 핵심사항들을 사례를 들어서 배워봅니다. 이를 바탕으로 최종적으로 '아하! 이럴 땐 이런 것들을 체크해서 관리하면 되겠구나'라는 점을 스스로 터득하게 됩니다.

최대한 쉽게, 핵심만 모아서 실전적으로!

또 이 책은 변액보험을 처음 접하는 초보 투자자는 물론 펀드 변경, 적립금 이전, 추가납입으로 수익 극대화를 꾀하고자 하는 적극 투자자, 그리고 일선에서 변액보험을 판매하고 있는 FC에게도 도움을 드리고자 다음과 같은 내용에 중점을 두었습니다.

첫째, 전문용어를 이해하기 쉽도록 풀어서 설명하려고 노력했습니다. 변액보험의 펀드가 주로 주식과 채권에 투자되기 때문에 관련 전문용어를 사용할 수밖에 없는데, 최대한 초보자도 이해하기 쉽게 설명했습니다.

둘째, 변액보험 투자를 위한 필수 핵심 내용들만 다루었습니다. 최소한 이것만 알아도 성공적인 변액보험 투자 및 관리가 가능하도록 콘텐츠 구성을 단순화했습니다.

셋째, 각종 경제지표와 데이터의 객관성과 전문성, 활용 보편성을 추구했습니다. NH투자증권 큐브 홈트레이딩시스템$^{QV\ HTS}$을 활용하여 실제 주식투자 전문가가 사용하는 환경에서 다양한 투자정보 활용방법을 경험할 수 있게 하여 신뢰도를 높이고 자신감을 갖도록 했습니다. 또 간편하게 포털사이트 금융 메뉴의 각종 정보를 활용할 수 있는 방법도 소개하였고, 스마트폰 등 모바일 기기로도 쉽게 정보를 활용할 수 있도록 안내했습니다.

넷째, 생명보험협회와 생명보험사의 변액보험 공시실 활용방법을 안내해 주가지수 차트의 움직임과 실제 변액보험 펀드의 기준가 움직임을 비교 관찰할 수 있게 했습니다.

다섯째, '변액보험 FAQ 10'을 통해 실제 변액보험 상담 시 자주 접하는 내용을 다양한 각도에서 설명했고, 현실적이고 실전적인 분위기를 느낄 수 있게 했습니다.

끝으로 이 책이 나오기까지 한결같은 마음으로 응원해준 아내와 아들에게 고마움과 함께 미안한 마음을 전합니다. 많은 격려를 보내주신 고객님들께도 깊이 감사드리며, 집필에 전념할 수 있도록 배려해주신 정철 지점장님과 이현승 부지점장님께도 깊은 감사를 드립니다. 또 많은 아이디어를 정리할 때 기꺼이 얘기를 들어주며 조언해준 권기열 FC와 드림지점 선후배님들께도 감사드립니다. 그리고 책을 출간하는 데 힘써주신 정인택 로얄 라이온 님께 감사드리고 좋은 책을 만드는 데 함께 고민하고 신경 써주신 스타리치북스 김광열 대표님, 이혜숙 이사님, 한수지 팀장님과 실무에서 수고해주신 모든 분께 깊이 감사드립니다.

지은이 박재성

- 차례 -

■ 머리말 ... 005

1부 기초 편
기본을 알아야 성공할 수 있다

1장 금리 ... 017

금리는 돈의 가격이다 | 정부의 금리 및 통화관리 정책 | 금리를 이해해야 경제의 흐름이 보인다! | 금리는 투자의 나침반이다!

2장 채권 ... 024

채권의 분류 | 금리와 채권가격의 방향은 반대로 간다!

3장 환율 ... 033

외환의 수요와 공급 및 환율의 영향 | 환율 계산방법 | 환율과 주식시장의 상관관계 | 환율은 변액보험 투자자의 체크포인트

4장 주식 ... 038

주식, 주주, 상장, 거래 | 주식의 종류 | 주식 관련 기본 용어 | 5명 중 1명은 주식투자를 합니다

5장 펀드 ... 050

펀드의 특징과 장단점 | 펀드의 종류 | 펀드 관련 회사 | 펀드 평가방법과 수익 원리 | 펀드 수익 패턴 분석

6장 변액보험 ... 067

변액보험의 특징과 주요 기능 | 변액보험의 종류

1부 기초 편을 마치며 ... 076

2부 차트 편
차트는 과거 주가의 발자취이자 미래를 안내하는 이정표다

7장 캔들(봉)차트 분석 ... 081
차트 분석을 위한 준비 – 홈트레이딩시스템^{HTS} 설치 | 차트 분석의 기본, 캔들(봉)의 이해 | 다양한 봉의 형태와 의미 | 차트상의 봉과 연결봉 패턴 익히기 | 변액보험 펀드 관리는 주봉차트를 활용하자

8장 이동평균선 분석 ... 110
이동평균선의 개념 | 차트에서 이동평균선 설정하기 | 이동평균선의 지지와 저항 | 이동평균선의 돌파 및 교차 분석 | 봉과 이동평균선의 변동 시차에 따른 대응방법

9장 거래량 분석 ... 128
거래량 분석의 개념 | 봉·이동평균선·거래량 연계 분석

10장 지지와 저항, 추세 분석 ... 138
지지와 저항의 개념 | 지지와 저항의 법칙 | 추세선의 종류와 활용 및 주가 예측방법 | 추세선과 추세대의 활용방법 요약 | 추세선 그리기 | 추세선으로 목표치 설정하기

11장 주가 패턴 분석 ... 161
주가 패턴 분석의 개념 | 상승(전환)형 패턴 | 하락(전환)형 패턴

12장 보조지표 분석 ... 173
모멘텀^{Momentum} 지표의 원리 | MACD 지표 | 스토캐스틱^{Stochastic} 지표 | RSI$^{Relative\ Strength\ Index}$ 지표

2부 기초 편을 마치며 ... 209

3부 종합 활용 편
시장 분석, 펀드 변경, 적립금 이전, 추가납입 이렇게 하면 된다!

13장 실전 펀드 변경을 위한 Warming up ... 217
생명보험사 변액보험 공시실 활용방법 | 생명보험협회 변액보험 공시실 활용방법 | 실전활용을 위한 차트 메뉴 구성방법

14장 실전 펀드 변경 1단계 – 분석 ... 238
내 변액보험 현 상태 분석 | 주요 경제지표 분석 | 편리한 분석 활용 TOOL | 변액 공시실 펀드 추세 분석 | 주요 주가지수 차트 분석 | 투자대상 펀드 선별

15장 실전 펀드 변경 2단계 – 실행 ... 277
적립금 이전 및 펀드 변경 | 펀드 투입비율 변경 | 추가납입

16장 실전 펀드 변경 3단계 – 평가 및 모니터링 ... 290
적립금 이전, 추가납입 성과 평가 및 모니터링 방법 | 목표 수익률과 적립금 이전(매도) 원칙 설정 | 일봉차트를 활용한 적립금 이전(매도)

3부 종합 활용 편을 마치며 ... 297

부록: 변액보험 FAQ 10 ... 300

Q1. 변액보험 가입 시 펀드 선택은 어떻게 하나요?
Q2. 장기간 납입하고 유지하면 무조건 수익이 나는 것인가요?
Q3. 안전한 국공채형 펀드로 100% 운용하면 안 되나요?
Q4. 납입이 완료되었습니다. 어떻게 운용해야 하나요?
Q5. 제 변액보험은 해외 펀드가 없습니다. 추가할 수 없나요?
Q6. 보험료가 부담되어 줄이고 싶습니다. 좋은 방법이 없나요?
Q7. 변액유니버셜보험은 몇 년만 납입해도 된다고 하던데요?
Q8. 마땅히 투자할 펀드도 없고, 주가가 하락할까봐 걱정입니다.
Q9. 10년 이상 유지, 비과세는 어떤 의미인가요?
Q10. 변액보험 가입 시 사업비를 줄이는 방법은 없나요?

■ **맺음말** ... 318

1부 기초 편

기본을 알아야 성공할 수 있다

변액보험은 다양한 자산에 투자하는 펀드로 구성되어 있습니다. 하지만 규모와 종류 면에서 보자면, 주식에 투자하는 주식형 펀드와 채권에 투자하는 채권형 펀드로 크게 나뉜다고 할 수 있습니다.

많은 변액보험 투자자가 펀드 관리에 어려움을 겪는 주요 이유는 실제로 주식이나 채권에 투자해본 경험이 없거나 많지 않고, 금융시장의 흐름에 대한 전반적인 이해가 부족하기 때문입니다. 그렇다 보니 급변하는 시장상황에서 적립금과 펀드를 어떻게 관리해야 할지 감이 잡히지 않습니다. 물론 전문가들도 급등락을 반복하는 장세 속에서 순간순간 대응하기 쉽지 않지만, 최소한의 판단근거와 투자원칙을 가지고 있기 때문에 수익관리 및 위기관리가 가능합니다.

그렇다면 변액보험 투자자는 어느 정도까지 배우고 알아야 변액보험 관리를 제대로 할 수 있을까요? 기초 편에서는 변액보험 투자에서 이해해야 할 금리·채권·환율·주식·펀드의 필수사항을 간단히 알아보겠습니다.

1장

금리
Interest rate, 金利

Variable fund

금리는 돈의 가격이다!

일반적으로 금리는 '이자율'을 말합니다. 대출자는 은행 돈을 사용한 대가로 은행에 이자를 지불하고, 은행은 고객이 맡겨둔 돈을 활용해 대출사업을 한 대가로 예금자에게 이자를 지급합니다. 이것이 우리가 일상에서 흔히 생각하는 '금리'의 개념입니다.

금리의 또 다른 개념은 '돈의 가격'입니다. 예를 들어 은행에서 1억 원을 대출받는다고 가정한다면, 이때 이자율은 대출받는 자의 신용등급과 소득, 돈을 사용하는 기간 등에 따라 다르게 적용되기도 하고 은행마다 다른 대출 금리를 적용하기도 합니다. 1억 원이라는 화폐의 절대가치는 동일한데 돈이 필요한 사람과 돈을 빌려주는 사람 간의 거래조건에 따라서 돈을 사용하는 값이 다르게 되는 것이죠. 그래서 금리를 '돈의 가격'이라고 말할 수 있는 것입니다.

물건이 귀해지면 가격이 올라가듯이, 돈을 쓰려는 사람이 많아서 돈이 귀해지면 금리는 올라갑니다. 반대로 물건이 흔해지면 가격이 내려가듯이, 돈을 굴리려는 사람이 많아 시중에 돈이 많이 몰리면 금리는 내려가게 됩니다. 이렇게 결정되는 금리가 시장금리입니다. 말 그대로 시장의 환경과 거래조건에 따라서 결정되는 금리입니다.

정부의 금리 및 통화관리 정책
-기준금리, 지급준비율, 공개시장조작 정책

그런데 금리의 결정을 자율적으로 시장에만 맡겨놓게 되면 터무니없이 높은 이자율 때문에 고통받는 사람들이 생길 수도 있고, 수익 추구를 위한 과도한 대출로 금융기관이 부실해질 수 있는 등 사회적 부작용이 발생할 위험이 있습니다. 그래서 정부는 시장상황에 따라 금리정책과 통화정책을 적절히 조절하여 금융시장 안정을 꾀하게 되는데, 대표적인 정책이 '기준금리 제도', '지급준비율 제도', '공개시장조작' 등입니다.

'기준금리'는 말 그대로 금리의 기준이 되는 것으로서, 중앙은행인 한국은행이 매월 '금융통화위원회'를 개최하고 결정하여 발표합니다. 시장에서 자율적으로 결정되는 것이 아니라 정책적으로 결정하는 금리이기 때문에 기준금리를 '정책금리'라고 합니다.

기준금리는 한국은행이 발행하는 환매조건부채권 매매와 은행의 대기성 자금 간 거래의 기준이 되는 금리입니다. 즉, 중앙은행과 시중은행 간 거래에 적용되는 금리인데, 시중에 유통되는 통화량과 물가에도 영향을 주기 때문에 매우 중요합니다. 한국은행이 발표하는 기준금리를 참고하여 시중은행을 포함한 금융기관들이 금리를 책정하게 되므로 한국은행이 기준금리를 올리면 시중금리도 오르고, 기준금리를 낮추면 시중금리도 떨어지게 됩니다.

<그림 1-1> 기준금리와 시장금리

'지급준비율'은 은행이 고객으로부터 받아들인 예금 중에서 중앙은행에 의무적으로 적립해야 하는 비율을 말합니다. 은행이 고객의 돈을 전부 대출사업에 쓰게 되면 고객들이 돈을 찾을 때 돈이 부족한 상황이 생기게 되므로, 이런 문제를 방지하려고 도입한 제도입니다.

또 지급준비율 제도는 시중의 통화량을 조절하는 주요 통화정책수단으로 활용됩니다. 지급준비율을 높이면 그만큼 중앙은행에 적립해야 할 돈이 많아지므로 시중에 통화량이 줄게 됩니다. 중앙은행은 경기가 지나치게 과열되는 것을 막기 위해서 기준금리 인상과 함께 지급준비율을 인상하는 등 정책을 펼칠 수 있습니다. 이와는 반대로 경기침체가 우려되면 기준금리 인하와 함께 지급준비율을 낮춰서 시중의 통화량을 늘리는 정책을 펼칠 수 있을 것입니다.

'공개시장조작'은 중앙은행이 금융기관을 상대로 국채나 기타 유가증권 등을 매입하거나 매출함으로써 시중의 통화량을 조절하는 것을 말합니다. 시중에 돈이 잘 돌지 않는다고 판단되면 금융기관들이 보유한 유가증권을 매입합니다. 중앙은행이 매입한 금액만큼 돈이 시중으로 풀려나가게 되고, 은행 등 금융기관은 이 돈을 가계나 기업에 대출하여 돈을 공급하게 됩니다. 반대로 시중에 돈이 많이 풀려서 경기과열을 방지하고자 할 때는 금융기관 등에 유가증권을 매도하여 돈을 흡수하는 정책을 펴게 됩니다.

금리를 이해해야 경제의 흐름이 보인다!

앞서 설명한 기준금리, 지급준비율, 공개시장조작 등 정책들은 각각 독립적으로 시행되기도 하고 실효성을 높이기 위해 시장상황에 따라 동시에 결합적으로 활용되는 경우도 많습니다. 이 중에서도 우리가 자주 매스컴에서 접하고 확인할 수 있는 기준금리는 특히 잘 이해하고 있어야 합니다.

〈그림 1-2〉 한국은행 기준금리 변동추이

〈그림 1-2〉는 우리나라 기준금리 변동추이를 나타냅니다. 기준금리의 흐름을 경기의 흐름과 연관해 살펴보겠습니다. 1997년 말 발생한 IMF 외환위기를 온 국민의 힘으로 이겨낸 후 경기진작을 위해 2000년대 초반까지 기준금리를 점진적으로 낮추었다가 부동산 경기가 과열되었던 2005년부터는 경기과열을 방지하려고 기준금리를 인상했습니다.

그러나 전 세계를 충격에 빠뜨린 금융위기를 극복하기 위해 2008년부터 급격하게 기준금리를 인하함과 동시에 시중에 유동성을 공급하기 시작합니다. 풍부한 유동성 덕분에 주식시장이 활기를 띠고 경기가 다소 회복되는 조짐을 보이자 2010년도부터 기준금리를 인상했습니다. 경기가 좀처럼 회복되지 않고 오히려 후퇴하는 기미를 보이자 2016년 4분기까지 지속적으로 기준금리를 인하하는 흐름을 보이고 있습니다. 아직까지 기준금리가 역대 최저치에 머무르고 있다는 것은 그만큼 현재 우리나라 경제가 매우 어렵다는 것을 말해줍니다.

최근 매스컴에 미국의 기준금리 인상 뉴스가 나올 때마다 주식시장과 외환시장 등 금융시장이 출렁거리는데, 많은 사람이 왜 그렇게 미국 금리 인상 얘기가 나올 때마다 경제가 요동치는지 궁금해합니다. 이미 언급한 바와 같이 금리를 인상한다는 것은 돈의 가치와 가격이 올라간다는 것이고, 경기가 좋아지고 있다는 신호이며, 과도하게 풀린 유동성으로 인한 경기과열을 막아보자는 의미입니다.

미국의 달러화는 전 세계 무역과 금융거래의 기본이 되는 기축통화$^{key\ currency}$입니다. 미국은 2008년 금융위기 이후 침체된 경기회복을 위해 대대적인 양적완화$^{QE:\ Quantitative\ Easing}$와 금리인하 정책으로 시중에 엄청난 달러를 공급했고, 이로써 주식시장을 안정화시켜 기업들의 자금조달을 도왔습니다. 마치 가뭄으로 바닥이 쩍쩍 갈라진 호수에 물을 대듯이 달러가 물처럼 경제에 스며들었습니다. 0%대의 저금리는 기업과 가계가 거의 공짜로 돈을 빌려 사용하게 하는 효과를 가져와서 소비가 늘고 부동산 가치가 상승했으며, 고용이 늘면서 실업률이 급감하기 시작했습니다. 달러화 가치의 하락은 수출경쟁력까지 갖추게 되어 제조업의 기반을 다지는 역할도 하게 되었습니다.

또 엄청나게 풀린 달러는 미국 내에 머무르지 않고 더 나은 투자처를 찾아 전 세계 방방곡곡으로 풀려나갔습니다. 저금리로 달러를 빌려서 이자를 더 많이 주는 개발도상국과 이머징마켓의 채권을 사들였고 주식시장에서 저평가된 주식을 사들이고 부동산에 투자하는 등 다양한 자산에 달러가 투자되었습니다.

그런데 이제 미국경제도 좋아지고 있으니 경기과열로 인한 물가상승 등 인플레이션이 급격하게 생기지 않도록 통화량을 조절할 필요성이 생기게 됩니다. 그래서 이제 금리를 단계적으로 인상하겠다고 하는 것입니다.

미국이 금리인상과 함께 통화량을 축소시키는 정책을 본격적으로 추진하게 되면, 기축통화인 달러의 가치가 상승하게 됩니다. 이 얘기는 달러를 빌려서 투자하고 있는 사람의 입장에서 보면 돈의 가격인 이자비용이 늘어난다는 것입니다.

달러를 빌려 개발도상국 등 이머징마켓에 투자하는 사람들은 투자 시에 달러를 투자하는 나라의 통화로 바꿔서 투자하는 게 일반적입니다. 그런데 달러 강세가 진행될수록 투자국의 화폐가치가 하락하게 되고 달러화로 환산한 투자가치가 떨어지게 되면, 서둘러 자산을 처분하여 달러 빚을 상환하거나 돈 가치가 상승하고 있는 미국에 투자하려고 할 것입니다.

이러한 이유 때문에 미국 금리인상 소식과 함께 주식시장과 자산시장이 들썩이는 것입니다. 시장의 큰손인 외국인들이 빠져나가면 주가도 하락하고 그들이 투자했던 부동산 가격도 하락할 것을 우려하기 때문이죠. 실제로 과거에 그런 일들이 거의 공식처럼 이루어져왔기 때문에, 금리인상 뉴스만 나와도 주식시장과 채권시장이 즉각적으로 반응하는 것입니다.

금리는 투자의 나침반이다!

이처럼 금리의 흐름은 단순한 이자율의 변동흐름이 아니라 경제의 흐름이자 방향이라고 할 수 있습니다. 금리를 이해하는 것은 돈의 흐름을 이해하는 것이고 우리가 살아가는 경제 환경을 이해하는 것이며 투자에 나침반을 제공받는 것과 같습니다. 그리고 금리는 주식시장의 자금흐름에 영향을 주고 결정적으로 우리가 투자하고 있는 변액보험 채권형 펀드의 수익률을 좌우합니다. 이에 관해서는 2장(채권)에서 알아보겠습니다.

채권
Bond, 債券

Variable fund

채권은 정부와 공공기관, 주식회사 등이 사업에 필요한 큰 자금을 일시에 조달하기 위한 목적에서 발행하는 일종의 차용증서를 말합니다. 즉, 사업에 필요한 돈만큼 상환조건이 담긴 증서를 만들어서 채권 매수자에게 건네주고 돈을 빌려오는 것입니다. 따라서 채권은 상환해야 할 부채이며, 상환기간이 정해져 있고, 이자가 확정되어 있는 확정이자부 성질을 가지게 됩니다.

채권의 분류

발행 주체에 따른 분류

- **국채(國債)** 중앙정부가 자금 조달과 정책 집행을 위해 발행
- **지방채(地方債)** 지방자치단체가 발행
- **특수채(特殊債)** 토지공사, 도로공사 등 특별 법인이 발행
- **금융채(金融債)** 은행, 종합금융회사, 여신금융전문회사 등 금융기관이 발행

- **회사채(會社債)** 주식회사 등 기업이 발행

이자 지급방법에 따른 분류
- **이표채(利票債)** 액면가로 채권을 발행하고, 지급하기로 한 표면이자율에 따라 이자를 일정기간 나누어 지급하는 채권
- **할인채(割引債)** 이자는 붙지 않지만 이자 상당액을 채권 액면가격에서 할인하여 발행가격이 액면가격보다 낮은 채권
- **복리채(複利債)** 중간에 이자를 지급하지 않고 이자를 원금에 가산해 재투자한 뒤 만기상환 때 원금과 이자를 함께 지급하는 채권

이 외에 상환기간에 따라 단기채短期債, 중기채中期債, 장기채長期債 등으로 분류합니다.

채권의 분류를 예로 들어보겠습니다. 중앙정부에서 정부사업을 위한 자금조달을 목적으로 채권을 발행할 때 중앙정부가 발행하므로 이를 '국채'라고 부르고, 이 국채를 이자를 주는 대신 액면가를 이자율로 할인하여 액면가 이하로 발행한다면 '할인채'로 분류하는 것입니다. 즉, 할인채인 국채가 되는 것입니다. 10만 원짜리 국채를 3% 이자율로 할인하여 9만 7,000원에 발행한다면, 매수자가 9만 7,000원에 사서 채권만기 시에 정부에 채권을 건네주고 10만 원을 받는 것입니다.

채권은 금리의 변화에 민감하고 주식처럼 시장에서 매일 거래할 수 있기 때문에 만기가 긴 장기채의 경우, 처음 매수자가 만기 시까지 계속 보유하는 경우가 많지 않습니다.

보통 국채는 3년 만기, 5년 만기, 10년 만기 세 가지가 공개입찰로 발행되며, 우리가 집을 사고 등기를 할 때 의무적으로 사게 되는 '국민주택채권'은 정부가 주택건설 지원 자금을 마련하려고 발행하는 5년 만기 국채

입니다.

 국채는 민간 기업이 발행하는 '회사채'에 비해 수익률이 다소 떨어지지만, 정부가 지급을 보증하므로 안정성이 높고 유동성이 좋습니다. 또 금융상품 가격산정의 기초가 되는 지표금리를 형성함으로써 채권가격이 공정하게 형성되는 데 기여합니다. 대표적인 것이 국고채 3년물 금리입니다. 따라서 채권에 직접 투자하거나 채권형 펀드에 투자하는 사람은 반드시 국고채 3년물의 금리 변동 흐름을 잘 관찰해야 합니다.

 변액보험의 채권형 펀드는 국채와 한국은행이 발행하는 통화안정채권에 주로 투자하는 국공채형 펀드가 있고, 잔존만기가 1년 이내인 기타채권과 만기 1.5년 이내인 국공채에 투자하는 단기채권형 펀드로 크게 구분할 수 있습니다. 내가 투자하는 채권형 펀드가 어떤 채권에 투자하는지는 변액보험 가입 시 교부받은 자산운용설명서나 각 보험사 홈페이지 또는 생명보험협회 변액보험 공시실(http://pub.insure.or.kr)에서 확인할 수 있습니다.

 채권은 전환사채[CB]나 신주인수권부사채[BW] 등 주식과 연관된 옵션이 포함된 채권도 있고, 채권의 종류도 많으며, 가격 산정방법 등 복잡한 내용이 많습니다. 이 책에서는 펀드로 채권에 간접 투자하는 변액보험 투자자를 위해 더 상세한 내용은 다루지 않고, 주로 금리 변동에 따른 국공채와 단기채권형 펀드의 손익관계를 집중 설명하겠습니다. 이 정도만 잘 이해해도 언제 국공채로 투자해야 하는지, 단기채권형으로 투자해야 하는지 충분히 판단할 수 있습니다.

금리와 채권가격의 방향은 반대로 간다!

금리(이자율)가 내려가면 채권가격은 올라가고, 금리(이자율)가 올라가면 채권가격은 내려간다

채권을 공부할 때 누구나 이 내용을 공부하게 됩니다. 사실, 이 짧은 한 문장이 채권형 펀드 투자의 핵심이며, 이 문장의 의미를 반드시 이해해야 변액보험 채권형 펀드 투자에 실패하지 않습니다.

그리고 또 한 가지 중요한 개념이 '채권은 할인채로 이해하라'는 것입니다. 할인채는 채권의 이자율만큼 액면가에서 할인하여 액면가격 이하로 발행하는 채권입니다. 할인채 개념으로 채권과 금리와의 상관관계를 이해하면 채권형 펀드를 쉽게 이해할 수 있습니다.

〈그림 1-3〉으로 금리와 채권가격 변동 간의 상관관계를 알아보겠습니다.

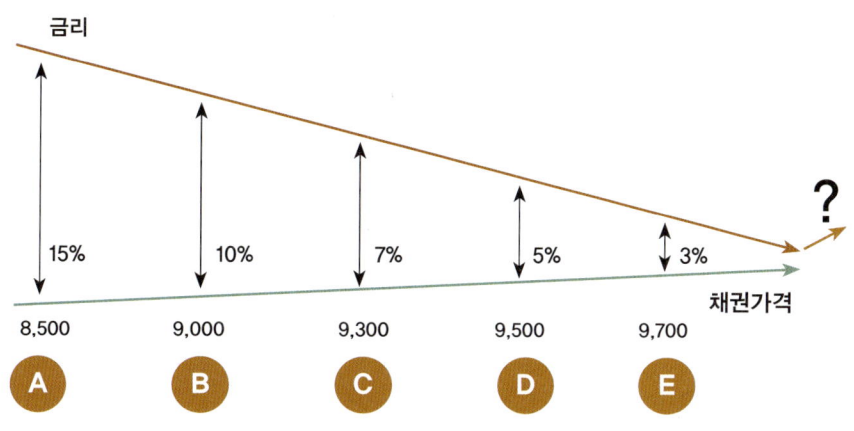

〈그림 1-3〉 금리와 채권가격 변동

〈그림 1-3〉은 투자자 A, B, C, D, E가 시차를 두고 10년 만기 장기채인 국채(할인채)에 투자하는 경우를 예로 든 것입니다.

A가 투자하는 시점에서 1만 원짜리 채권은 할인채로 발행되었고 금

리(표면이자율)는 15%였습니다. 할인채로 발행되었으므로 A는 1만 원짜리 채권을 표면이자 15%만큼 할인된 8,500원에 매입했습니다. 시간이 흘러 시장의 금리가 하락하였고 B가 채권에 투자하는 시점에서 새로 발행된 채권은 표면이자 10%입니다. B는 10% 할인된 9,000원에 1만 원짜리 채권을 매입했습니다. 또 시간이 흘러 시장의 금리는 점점 더 하락하였고 C는 7% 할인율로 9,300원에, D는 5% 할인율로 9,500원에 새로 발행되는 1만 원짜리 채권을 각각 매입했습니다.

시간이 또 흐르면서 금리는 점점 더 떨어졌고, 투자자 E가 새로 발행되는 채권을 매입하려고 하니까 표면이자가 3%로 발행되어 이제 9,700원을 주고 매입해야 하는 상황이 되었습니다. 이때 E는 "조금만 더 일찍 투자했더라면 할인율을 더 높게 적용받아서 채권을 싸게 살 수 있었는데"하며 아쉬워합니다.

그리고 잠시 후 이런 선택의 기로에 서게 됩니다. '전 세계적으로 경기 부양을 위해 금리를 계속 내리는 추세니까 지금이라도 할인율 3%인 채권을 사는 게 이익일 거야. 어차피 더 늦으면 3%가 아니라 새로 발행하는 채권은 2% 할인율 적용을 받아서 9,800원에 사야 할지도 몰라. 그냥 9,700원에 매입하자.'

그러고는 다시 '아냐, A투자자는 15% 할인율 채권을 가지고 있는데 A에게 8,500원에 매입한 채권을 나한테 9,600원에 팔 수 있는지 제안해볼까? 나는 100원을 아낄 수 있고 A도 8,500원에 산 채권을 내가 9,600원에 사주면 만기에 얻는 수익보다는 적지만 1,100원을 이득(+13%) 볼 수 있는 데다가 일찍 회수한 돈으로 다른 곳에 투자할 기회도 생기게 되는 거니까 A에게 제안해서 A가 보유한 채권을 매입하자.' 이렇게 결심하고 결국 A의 8,500원짜리 채권을 9,600원에 제안하여 매입합니다.

이런 이유로 채권 만기가 되기 전에 거래 당사자 간에 조건이 맞으면 채권거래가 이루어진다고 쉽게 생각해도 됩니다.

이야기가 좀 길어졌습니다만 여기까지의 과정을 간단히 정리해보면, A, B, C, D, E 투자자가 시차를 두고 투자를 하는 동안 아래와 같은 변화가 생겼습니다.

① 금리가 지속적으로 하락했으며 이에 따라 신규 발행되는 채권 표면이자율(할인율)도 하락함.

표면이자율 15% → 10% → 7% → 5% → 3%

② 채권 할인율이 하락했지만 신규 발행되는 채권 매수가격은 점점 상승함.

채권가격 8,500원 → 9,000원 → 9,300원 → 9,500원 → 9,700원

신규로 채권을 매수하는 사람

①과 ②에서 금리하락에 따라 채권 이자율('채권 수익률'이라고도 함)이 하락하면서 채권가격은 반대로 올라가는 모습을 확인할 수 있습니다. 이 할인율은 채권 매수자의 측면에서는 마진율과 같습니다. 금리가 내려가면서 매수하게 되는 신규채권의 가격이 비싸지니까(즉, 할인율이 작아지니까) 나중에 채권을 매입하는 사람의 수익은 점점 줄게 됩니다.

그래서 "채권가격이 올라가면 채권수익률이 떨어진다"는 말도 하게 되는 것입니다. 매입원가가 자꾸 높아지니까 나중에 상품을 팔아도 수익이 별로 없는 것과 같은 이치입니다.

채권을 이미 보유하고 있는 사람

〈그림 1-3〉의 A와 같이 15% 할인율로 1만 원짜리 채권을 8,500원에 매입해서 보유하고 있는 사람은, 금리가 지속적으로 하락하게 되면 B, C, D,

E 투자자처럼 점점 A보다 낮은 할인율로 채권을 비싸게 사게 되는 상황에 있는 사람들로부터 A가 보유한 채권을 8,500원보다 비싸게 매입하겠다는 권유를 받게 될 것입니다. 즉, 투자자 A가 8,500원을 주고 매입한 채권가격이 점점 인기가 높아져서 가격이 자꾸 올라가게 되는 것입니다.

이렇게 금리가 하락하면 할수록 국공채와 같이 안정성이 있으면서 만기가 길고 이자율이 높은 채권의 수요가 늘게 되고, 수요가 늘게 되니 채권가격이 오르고, 가격이 오르니 국공채 펀드의 자산가치가 오르고, 자산가치가 오르니 펀드의 기준가가 올라가게 되어 최근 10년 가까이 국공채형 펀드의 수익률이 좋았습니다.

〈그림 1-4〉 국고채 3년물 금리 변동 추이(출처: 네이버금융)

〈그림 1-4〉는 앞서 설명한 바와 같이 시장 지표금리로 활용되는 국고채 3년물의 금리 변동 추이입니다. 보는 바와 같이 최근 5년간 지속적으로 하락 추세를 보이다 최근 반등 추세에 있습니다.

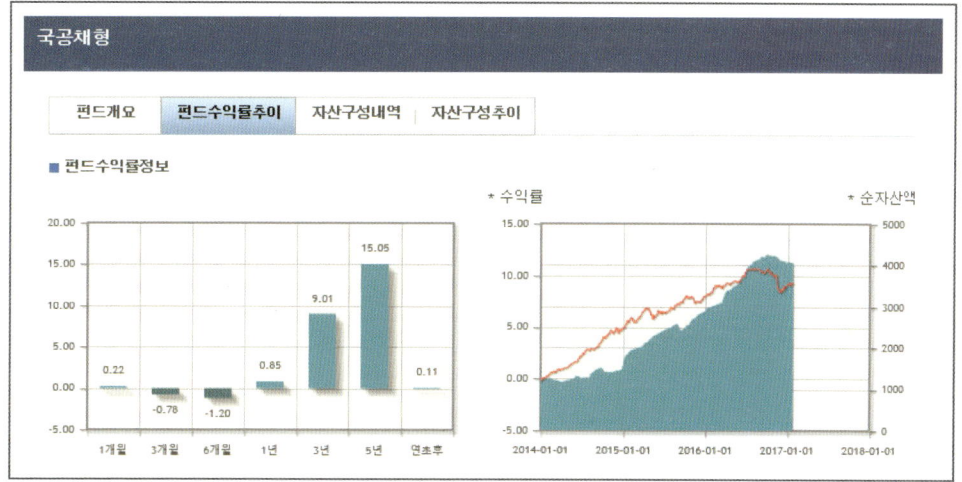

〈그림 1-5〉 국공채형 펀드의 수익률 추이

〈그림 1-5〉는 국공채형 펀드의 수익률 추이를 보여주는데, 〈그림 1-4〉의 금리하락 추이와는 반대로 국공채 펀드는 수익률이 지속적으로 상승했고, 순자산액도 증가하는 모습을 보여줍니다.

이렇게 채권형 펀드에 투자 시 금리가 하락 추세일 때는 국공채와 같이 만기가 길고 최근 발행 채권에 비해 이자율이 높은 채권에 투자하고, 반대로 금리가 상승기조로 전환될 때는 국공채 비중을 줄이고 단기채권형 펀드의 비중을 늘려야 수익률을 높일 수 있습니다.

많은 FC와 변액보험 가입자가 그간의 안정적인 국공채형 펀드의 수익만 생각하여 앞으로도 국공채형 펀드는 절대 손실이 나지 않을 것이라고 생각하는 경향이 있는데, 모든 펀드는 기준가가 하락하면 손실이 날 수 있습니다.

〈그림 1-4〉와 〈그림 1-5〉에서 확인해보면, 금리가 상승흐름을 보일 때마다 국공채형 펀드의 수익률은 하락하는 모습을 확인할 수 있습니다. 미국의 금리인상과 더불어 우리나라의 기준금리가 상승기조로 본격 전환되면, 앞으로는 국공채형 펀드보다 단기채권형 펀드로 적립금을 운용하면서

주가조정 시마다 조정을 많이 받은 주식형 펀드로 적립금을 이전하는 전략을 구사해야 합니다. 이에 대해서는 뒤에서 다시 설명하겠습니다.

"금리가 지속적으로 하락 추세 시에는 국공채형 펀드, 금리가 지속적으로 상승하거나 주식시장 급락 시에는 단기채권형 펀드로 변액보험 적립금을 이전한다."

3장

환율
Exchange rate, 換率

Variable fund

환율은 말 그대로 화폐의 교환비율을 말합니다. 달러, 유로, 엔, 위안, 파운드 등 외국 화폐와 우리나라 돈의 교환비율을 말하는 것입니다. 일상생활에서는 해외로 송금을 하거나 여행을 갈 때 잠시 환율에 관심을 갖는 것이 일반적이지만, 수출입 무역을 하거나 외환거래 등을 하는 사람들에게는 매일매일 변동하는 환율에 따라서 손익 차이가 크기 때문에 환율 변동에 매우 민감할 수밖에 없습니다.

외환 수요와 공급 및 환율의 영향

외환의 수요는 외채상환·수입증가·해외여행·해외투자·외국인 투자자의 자금유출 등 우리나라 밖으로 외화가 유출되는 경우에 발생하고, 외환의 공급은 수출증가·외국인 투자유치·해외차관 도입·외국인 관광객 유치 등인 경우에 주로 발생합니다.

환율은 외환시장에서 수요와 공급에 따라 결정되는데, 주식시장이나 채권시장과는 달리 정부가 외환시장 안정을 위해 개입하는 경우가 많기 때문에 전문가들도 여러 경제변수 중 가장 예측하기가 어렵다고 합니다.

환율이 상승하면 우리나라의 외화 빚에 따르는 이자도 상승하게 되므로 정부에서는 어느 정도 가이드라인을 두고 적극적으로 시장에 개입하려고 합니다. 향후 미국경제가 점점 더 호전되고 금리가 인상되면서 신흥국으로부터 달러가 유출되기 시작하는 흐름이 본격화한다면, 금리와 더불어 환율 변수가 경제를 압박하는 큰 요인이 될 것이기 때문에 우리가 관심을 가지고 있어야 합니다.

환율이 오르면 우리나라 물건값이 싸지니 수출경쟁력이 생겨서 좋은 것이 아니냐고 생각할 수 있습니다. 그러나 지금은 일본, 유럽 등도 초저금리 정책과 돈 풀기 때문에 과거와 같이 수출경쟁력이 좋아진 상태가 아니며, 이웃나라 중국의 괄목할 만한 성장에 따라 수출경쟁력이 갈수록 약화되는 상황입니다. 따라서 앞으로 정부의 환율관리 정책은 점점 더 어려워지리라 예상합니다.

환율 계산방법

실제 환율을 계산할 때는 재정환율 arbitrage rate, 裁定換率 방식을 적용합니다. 재정환율은 1국의 통화와 제3국 통화와의 환율을 산정할 때, 기준으로 삼는 특정국 통화와의 환율을 기준환율 basic rate 로 정해놓고 이 기준환율로 간접적으로 제3국과의 환율을 구하게 됩니다.

예를 들어 원화 대비 유로화 환율을 구하려고 할 때, 먼저 세계 기축통화인 미국 달러화를 기준환율로 정합니다. 그리고 시장에서 환율이 '1달러=1,150원'이고, '1달러=0.9유로'라면, 이로써 간접적으로 '1유로=1,277

원'이라고 계산해서 원화와 유로화와의 환율을 계산하는 것입니다.

인터넷이나 휴대폰 애플리케이션에서 쉽게 환율을 확인할 수 있는데, 이렇게 재정환율 방식의 달러 환산율을 기초로 자동 계산된 것입니다.

환율과 주식시장의 상관관계

우리가 주목해야 하는 부분은, 환율(주로 달러화 및 유로화 환율)의 변동추이입니다. 우리나라 주식시장은 자금력이 풍부한 외국인들의 거래에 절대적인 영향을 받습니다.

외국인들이 주식을 많이 매수하면 주가가 오르고 외국인들의 매도세가 강하면 주가가 큰 조정을 받는 것이 거의 공식화되어, 증시에서는 외국인 순매수량이 큰 관심사항입니다. 외국인 투자자금이 유입되고 유출되면서 환율이 변동되는 요인이 되는데, 이를 간략히 알아보겠습니다.

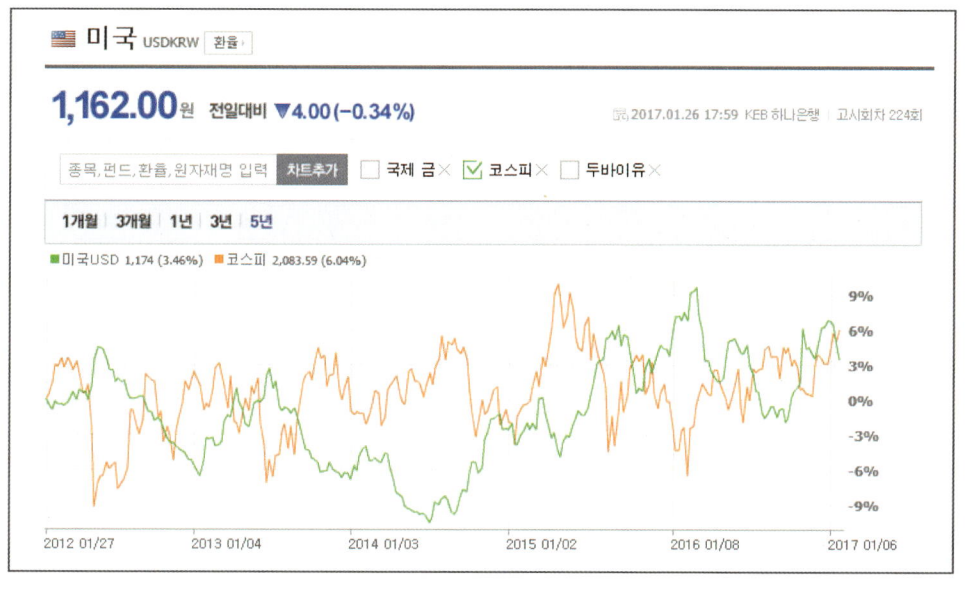

〈그림 1-6〉 달러화 환율 변동과 코스피 지수의 상관관계(출처: 네이버 금융)

〈그림 1-6〉은 달러화 환율 변동과 코스피 지수의 상관관계를 보여줍니다. 흥미로운 점은 환율이 오르면 주가가 내리고, 환율이 내리면 주가가 오르는 현상이 나타난다는 것입니다. 많은 부분에서 데칼코마니처럼 일정한 대칭관계를 보여줍니다.

왜 이런 현상이 생기는지 환율 측면에서 생각해보겠습니다. 외국인들은 우리나라 주식시장에 투자할 때 일정한 절차를 거쳐 달러(유로화나 엔화 등도 마찬가지)를 원화로 환전하여 투자합니다. 달러가 우리나라에 많이 유입되었겠죠? 시중에 달러가 많아지니 달러 가치가 이전보다 떨어지게 됩니다. 즉, 우리나라에 외화가 점점 많아져서 해당 외환보유고가 늘어나면 환율은 하락하게 되고, 이런 상태를 환율하락, 원화강세, 달러 대비 원화 평가절상이라고 말합니다.

이렇게 주식시장에 투입된 외국인 투자자금들이 주가지수를 끌어올리게 되면 더 많은 외국인 자금 유입을 유도하게 되고, 시중에 외화가 더 증가하게 되니 환율은 조금 더 내려가게 됩니다. 이때 주식시장의 상승 초기에 투자한 외국인들은 이미 투자수익이 생겼겠죠? 주가 상승으로 일정한 수익을 낸 이후 차익실현을 위해 주식매도를 하게 됩니다. 보유 주식을 매도하고 원화를 달러로 환전해서 해외로 가지고 나갈 때, 외환수요가 생기기 때문에 환율상승 요소가 됩니다. 시중에는 달러가 줄게 되므로 달러 가치가 이전보다 상승합니다. 외국인 매도세가 가세되면서 투자금 환전을 위해 달러 수요가 늘게 되면 이전보다 환율이 상승하게 되고, 이런 상태를 환율상승, 원화약세, 달러 대비 원화 평가절하라고 말합니다.

환율은 경제적 변수에도 영향을 받지만, 북한 핵문제나 국내 정치 불안 등 경제 이외의 변수에도 영향을 받습니다. 누가 불안한 나라에 투자하려고 하겠습니까? 북한이 핵실험을 하거나 정치적으로 큰 이슈가 생길 때마다 외국인들은 주식시장의 하락을 예상하여 보유한 주식을 매도하고 외환으로 환전하려고 합니다. 당연히 외환수요가 늘면서 환율이 상승하겠죠? 이런 현상이 상당기간 지속되면 일찍 주식을 매도하여 외환으로 환전해놓은 외국인들은 환율이 상승한 상태에서 다시 주식시장에 재투자할 때 환율상승에 따른 환차익을 거둘 수 있기 때문에 일단 불안한 뉴스가 전해지면 주식매도로 대응하려는 경향이 많습니다.

환율은 변액보험 투자자의 체크포인트!

이해를 돕기 위해 조금 극단적으로 예를 들었습니다만, 환율과 주식시장의 관계는 변액보험 투자자들이라면 항상 체크해야 할 변수입니다. 환율 변동에 영향을 주는 다양한 변수를 모두 공부할 수 없기 때문에, 〈그림 1-6〉처럼 인터넷 등에서 주가지수와 환율의 비교추이를 꾸준히 관찰하는 것도 주식형 펀드의 적립금 이전 타이밍을 포착하는 좋은 방법이 될 수 있습니다.

주식
Stock, 株式

Variable fund

주식, 주주, 상장, 거래

주식株式은 주식회사의 자본을 구성하는 단위를 말합니다. 사업을 위해 여러 사람이 돈을 출자해서 주식회사라는 법인法人을 설립하는데, 이때 출자하는 돈을 자본금이라고 합니다.

출자된 자본금은 자본을 구성하는 단위인 주식으로 표시할 수 있으며, 액면가를 정해서 1주당 가격으로 표시하게 됩니다. 예를 들어 출자된 자본금이 1억 원이고 액면가를 1주당 5,000원으로 발행한다면, 주식회사 설립 시 발행하는 주식은 2만 주가 됩니다. 이 주식을 1주라도 소유하고 있다면 그 회사의 주주가 되는 것입니다.

이렇게 설립된 회사는 공장 건립, 기계장치 구입, 연구소 설립 및 우수인력 유치 등을 위한 자금을 조달하려고 금융기관에서 차입하거나 기존 주주 또는 그 외의 사람들에게 추가로 자금을 조달하여 사업을 추진합니다.

회사가 점점 성장하여 더 큰 성장을 위한 대규모 투자가 필요할 때, 주식시장에 상장을 해서 대규모 자금을 조달합니다. 물론, 거래소나 코스닥 시장에 상장할 정도로 매출이나 관련 조건 등을 충족해야 합니다. 주식을 상장할 때는 회사의 가치를 평가하여 보통 액면가의 몇 배에서 몇십 배까지 비싸게 상장하는 것이 일반적이기 때문에, 상장되기 전에 회사의 주식을 보유한 사람들은 큰 시세차익을 거둘 수가 있습니다.

〈그림 1-7〉 주식 실물 견본

〈그림 1-7〉은 삼성전자 주식의 견본입니다. 1주 액면가는 5,000원으로서 1993년 10월 29일에 발행했다고 앞면에 표시되어 있습니다. 물론, 설립 이후에 자본금을 늘리기 위해 주식을 추가로 발행했을 것이고, 기존 주주들과 제3자 등이 유상증자에 참여하여 액면가 이상의 비용을 지불하고 주식을 매수했을 것입니다. 1993년도 10월 말 삼성전자의 주가는 4만 2,800원이었으니 5,000원짜리 주식을 8배 이상 비싸게 주고 유상증자에 참여한 셈입니다. 하지만 2017년 1월 26일 기준 삼성전자의 주가는 199만 5,000원이며 액면가 5,000원 기준으로 약 400배 가치가 됩니다. 확률적으로 많지는 않겠지만 1993년도에 유상증자로 발행된 삼성전자 주식을 아직도 보유하고 있는 사람이라면 실로 엄청난 수익을 거두고 있는 셈입니다.

이렇게 발행된 주식이 시장에서 거래되면 외국인, 기관 투자자, 개인들이 자유롭게 회사의 주식을 사고팔 수 있습니다. 주식가격의 변동을 이용해 시세차익을 거둘 수도 있고, 우량회사의 주식을 장기간 보유하면서 회사의 이익 중 일부를 매년 배당받을 수도 있습니다. 일반인들은 주주로서 경영에 참여하는 것이 아니라 이렇게 시세차익과 배당 등을 목적으로 주식에 투자합니다. 변액보험 주식형 펀드의 자산이 되는 주식들도 이런 거래를 통해서 매매가 되는 것입니다.

주식거래는 증권사에 증권거래용 계좌를 개설하여 투자금을 입금 또는 보유한 실물주식을 입고시킨 후에 홈트레이딩시스템^{HTS}, 모바일 트레이딩, 전화 등으로 매매를 하는데, 증권사가 중개를 대행해주고 수수료를 받습니다. 실제 거래에서는 실물주식이 오고 가는 경우는 거의 없고 전산으로만 거래하며, 개인이 보유한 주식과 기업이 발행한 실물주식은 증권사를 통해 증권예탁원으로 의무적으로 예탁되며, 투자자들은 매매할 때마다 증권예탁원에 비치된 법적 장부에 의해 손쉽게 대금을 결제하게 됩니다.

주식의 종류

주식을 보유한 주주는 주식을 발행한 회사에 특정한 권리를 갖게 됩니다. 대표적인 권리가 회사의 경영에 관한 의결권과 회사의 재산에 대한 분배 요청권입니다. 이러한 권리에 따라 주식을 크게 보통주와 우선주로 구분할 수 있습니다.

보통주 common stock, 普通株

보통주는 주주총회에서 이사 선임과 같은 주요안건 등의 의결에 참여할 수 있는 의결권, 회계장부 열람 청구권, 일정 수 이상 주주의 동의를 얻어 이사 해임 요구권과 주주총회 소집 청구권 등을 가지는 주식이며, 거래되는 대부분 주식이 보통주입니다.

우선주 preferred stock, 優先株

우선주는 기업이 배당을 하거나 기업이 해산할 경우, 잔여재산을 배분하는 경우 등에서 다른 주식보다 우선적인 지위를 가지는 주식을 말하며, 보통주보다 높은 배당률을 지급하는 대신 의결권이 없는 주식을 말합니다.

주식 관련 기본 용어

주식형 펀드가 투자하는 주식을 이해하려면 주식투자와 시장 관련 용어 정도는 상식적으로 알고 있어야 합니다. 차트와 기술적 분석 등에 관련된 용어는 차트 편에서 다루겠으며, 이 장에서는 주식투자 및 시장 관련 용어를 간단히 알아보겠습니다.

시장 관련 용어

KOSPI Korea Composite Stock Price Index, 한국종합주가지수

코스피 지수는 증권시장에 상장된 기업의 전체적 주가를 기준시점과 비교하여 나타낸 지수를 말합니다. 1980년 1월 4일 주식시장 시가총액을 100으로 하고 비교시점의 시가총액을 비교하여 나타냅니다. 또 일반적으로 '코스피 시장'이라고 부르면 유가증권거래소 시장을 의미하고, 지수를 언급할 때는 '코스피 지수'라고 구분하여 부르기도 합니다.

> KOSPI 지수 = (비교시점의 시가총액 ÷ 기준시점의 시가총액) × 100

만약, 현재 코스피 지수가 2,000포인트라면 1980년 1월 4일 기준시점 시가총액 대비 20배로 시가총액이 늘어났다는 것이고, 주식시장에 상장된 기업들의 주식가격이 그만큼 상승했다는 것입니다. 코스피 지수는 시가총액 방식으로 산정하기 때문에 삼성전자, 현대차 등 대형주의 등락에 따라서 변동성이 크다는 단점이 있습니다.

시가총액이 큰 대형주의 움직임에 따라서 코스피 지수가 크게 영향을 받는 단점을 최소화하고자 만들어낸 지수가 코스피200 지수입니다. 상장된 주식종목 가운데 200개 종목을 시장대표성, 업종대표성, 유동성, 안정성 등을 고려하여 선정하는데, 이 200개 종목의 시가총액이 전체 시가총액의 70% 수준이 된다고 합니다. 코스피200 지수는 주가지수 선물, 옵션 거래대상 지수뿐 아니라 인덱스 펀드 구성 시 기준지수로 사용됩니다.

KOSDAQ Korea Securities Dealers Automated Quotation, 첨단 벤처기업 중심 주식거래시장

코스닥 시장은 첨단기술주 중심의 미국 나스닥NASDAQ 시장을 벤치마킹해서 만든 시장이며, 코스피 시장과 다른 별도의 시장입니다. 상장조건을 완화해서 중소기업이나 벤처기업들의 원활한 자금조달과 투자자들의 안전한 투자를 보장하기 위해 만든 시장입니다. 그러나 아직 성장 중인 기업들의 저가 주식거래가 많고 소위 대박을 좇는 개인 투자자들의 거래가 많은 시장이므로, 거래소 시장에 비해 투자에 많은 주의를 기울여야 합니다.

코스닥 지수의 산출방법도 코스피 지수의 산출방법과 유사합니다. 1996년 7월 1일의 시가총액을 100으로 하고 비교시점의 시가총액을 비교하여 지수화하는데, 국내외 지수가 1,000 이상으로 발표되는 추세에 부합하고 타 시장과의 비교가능성을 높이고자 2004년 1월 26일부터 코스

지수 산출방법과 달리 1,000을 곱해서 산출합니다.

> KOSDAQ 지수 = (비교시점의 시가총액 ÷ 기준시점의 시가총액) × 1,000

KONEX Korea New Exchange, 중소기업 전용 주식거래시장

코넥스 시장은 코스닥 시장 상장요건을 충족시키지 못하는 벤처기업과 중소기업이 상장할 수 있도록 2013년 7월 1일부터 개장한 중소기업 전용 주식거래시장입니다. 우수한 기술력을 보유하고 있는데도 짧은 경력 등을 이유로 자금조달에 어려움을 겪는 초기 중소기업과 벤처기업이 자금을 원활하게 조달할 수 있게 하려고 설립되었습니다. 코넥스 시장은 자본시장법상 전문투자자로 분류되는 연기금, 금융회사, 벤처캐피털 등이 주로 참여하며 개인 투자자의 참여는 제한적으로 가능한 수준입니다.

장외 주식시장

장외 주식시장은 상장요건이 미흡해서 코스피 시장이나 코스닥 시장에 상장되지 않은 비상장 주식을 사고파는 비공식 주식시장을 말합니다. 장외 주식투자는 기업공개가 예정된 우량기업의 주식을 미리 매입하여 선점하는 방식으로 큰 시세차익을 노리는 고위험·고수익 투자이며, 공인된 시장관리자가 거래를 중개해주지 않기 때문에 원칙적으로 매수자와 매도자 간에 직접 거래해야 합니다. 최근에는 이런 불편함을 덜어주기 위해 장외 주식거래를 전문적으로 중개해주는 중개업체가 늘고 있어서 장외 주식투자가 과거보다는 편리해졌습니다.

장외 주식투자는 돈이 필요한 시점에 현금화가 어렵거나 원하는 매도가격에 매수하려는 자가 없어서 헐값에 주식을 처분해야 하는 등 유동성과 환금성에 문제가 생길 수 있으므로 단기 목적자금 투자에는 적합하지 않고, 기업에 공시 의무가 없어서 기업의 상황을 파악하기 어려우므로 투자에 유의해야 합니다.

거래 관련 용어

호가呼價

호가는 팔거나 사려는 물건의 값을 부르는 것을 말합니다. 주식을 팔거나 사려는 사람이 각자 매도와 매수를 희망하는 가격 및 수량과 함께 주문을 내게 되면 홈트레이딩시스템HTS상에 매수·매도 가격과 수량이 표시되고 이를 통해 시장가격이 결정되어 거래가 이루어집니다.

상한가/하한가

하루에 오르고 내릴 수 있는 주식가격의 등락폭 한계를 말합니다. 주식거래 과열을 방지하고 투기세력의 인위적인 시세조작 등에 제한을 두어 투자자를 보호하기 위한 조치를 겸해 만든 것으로서 현재 등락폭 한계는 전일 종가기준 ±30%입니다.

하지만 하루 ±30% 범위는 상한가에 진입한 주식을 매수하였다가 갑작스러운 악재나 주가조작 세력들의 조작 등으로 주가가 하한가까지 폭락하게 되면, 최대 −60%까지 손실을 볼 수도 있기 때문에 초보 주식투자자들은 일명 '상한가 따라잡기' 등을 무턱대고 따라 해서는 안 됩니다.

시가, 저가, 고가, 종가

주식시장 정규시간에 개장이 되면서 하루의 거래를 시작하는 가격을 시가, 하루 가격변동 중 가장 낮게 거래된 가격이 저가, 가장 높게 거래된 가격을 고가, 정규시장 종료 시에 결정된 주식가격을 종가라고 부릅니다. 만약, 주식이 당일 상한가로 거래가 마감되면 고가와 종가가 같게 되고, 하한가로 마감한다면 종가와 저가가 같게 됩니다.

증시 일정 및 거래시간

정규시간		09:00 ~ 15:30
동시 호가	장 시작	08:00 ~ 09:00
	장 마감	15:20 ~ 15:30
시간 외 종가	장 전	07:30 ~ 08:30 (전일 종가로 거래)
	장 후	15:40 ~ 16:00 (당일 종가로 거래)
시간 외 단일가		16:00 ~ 18:00 (10분 단위로 체결, 당일 종가 대비 ±10% 가격으로 거래)

주식시장의 정규 거래시간은 오전 9시부터 오후 3시 30분까지 점심시간 없이 운영됩니다. 장 시작 1시간 전과 장 마감 전 10분 동안은 매수자와 매도자 간에 다양한 가격과 수량을 주문하게 되는데, 그 시간대에 접수된 주문은 동시에 낸 것으로 간주하여 개장 또는 마감과 동시에 단일 가격을 적용하여 일괄적으로 거래를 처리하며, 이것을 '동시 호가' 제도라고 합니다. 장 시작 전과 후에 일정한 시간을 두어 전일 종가와 당일 종가로 거래가 가능하도록 한 시간 외 종가 거래시간이 있고, 장 종료 후 오후 4~6시까지 10분 단위로 총 12회 단일가 매매가 이루어지며, 가격변동은 정규시장의 가격제한 폭 범위에서 당일 종가를 기준으로 ±10% 한도로 허용됩니다.

프로그램 매매 program trading

프로그램 매매는 주식을 대량으로 거래하는 기관 투자가들이 일정한 전산 프로그램에 따라 수십 종목씩 주식을 묶어서 거래하는 것을 말합니다.

매도나 매수에 대한 의사결정은 펀드매니저 등 매매자가 하지만 나머지 모든 과정은 시스템이 알아서 하는 방식입니다. 기관 투자가들은 흔히 지수영향력이 큰 20~30개 대형주 주식집단을 대량으로 매매하므로 프로그램 매매는 코스피 지수에 큰 영향을 줍니다.

반대매매 liquidation

반대매매는 고객이 증권사의 돈을 빌리거나 신용 융자금으로 주식을 매입했는데, 빌린 돈을 약정기간 안에 변제하지 못할 경우, 고객의 의사와 상관없이 주식을 강제로 일괄 매도 처분하는 것을 말합니다. 통상 미수거래일 때는 3일, 신용거래일 때는 1~5개월 정도를 상환기간으로 정하는데, 이 기간에 상환하지 않거나 담보가치가 일정비율 이하로 하락할 때는 증권사에서 임의로 반대매매를 하여 정산합니다.

공매도 short stock selling

공매도는 가격하락을 예상해 소유하지 않은 주식이나 채권을 타인으로부터 일정한 대가를 주고 빌려서 매도하는 것을 말합니다. 예상대로 가격이 떨어지게 되어 싼 가격에 주식을 매수하여 되돌려주면 공매도가와의 차이를 수익으로 거둘 수가 있습니다. 공매도는 가격결정의 효율성 및 유동성을 높이는 등 장점이 있지만, 예상을 벗어나 주가가 상승할 경우 결재 불이행 위험과 시세조종 수단으로 악용될 수 있는 단점 때문에 자본시장법에서는 일반채권과 투자계약증권을 제외한 모든 증권의 공매도를 원칙적으로 금지하고 있습니다. 그러나 차입한 유가증권을 매도하는 경우로서 증권시장의 안정성 및 공정한 가격형성을 저해할 위험이 없는 경우에 한하여 공매도를 허용하고 있습니다. 실질적으로 기관 투자자와 외국인 투자자만 할 수 있고 주가 상승 시 공매도 물량 때문에 최근 개인 투자자의 불만이 많은 상황입니다.

매매거래정지

증권거래소는 상장법인이 일정한 요건에 해당되는 경우 유가증권 거래를 중지할 수 있습니다. 법령이나 정관 등을 위반한 경우, 상장폐지 기준에 해당되는 경우, 위·변조 주권이 발견된 경우, 주식의 병합이나 분할을 위해 제출을 요구한 경우 및 기타 거래소가 인정하는 경우에 시행됩니다.

서킷브레이커 circuit braker

전기회로에서 서킷브레이커가 과열된 회로를 차단하는 장치를 말하듯, 주식시장에서는 주가가 갑자기 급락하는 경우 시장에 미치는 충격을 완화하기 위해 주식매매를 일시 정지하는 제도를 말합니다. 1987년 미국증시 대폭락 사태인 블랙먼데이 이후 주식시장 붕괴를 막기 위해 처음 도입된 제도이며, 우리나라는 현재 3단계로 세분화해 운영하고 있습니다.

1단계는 코스피 지수가 전일 대비 8% 이상 하락한 경우 발동되고 모든 주식거래가 20분간 중단되며, 이후 10분간 단일가 매매로 거래가 재개됩니다. 2단계는 코스피 지수가 전일 대비 15% 이상 하락하고 1단계 발동지수 대비 1% 이상 추가 하락한 경우에 발동됩니다. 1단계와 마찬가지로 20분간 모든 주식거래가 20분간 중단되며, 이후 10분간 단일가 매매로 거래가 재개됩니다. 3단계는 코스피 지수가 전일 대비 20% 이상 하락하고 2단계 발동지수 대비 1% 이상 추가 하락한 경우 발동되며 발동시점 기준으로 모든 주식거래가 종료됩니다.

서킷브레이커는 개장 5분 후부터 장 종료 40분 전까지 발동할 수 있으며 각 단계별로 하루에 한 번만 발동할 수 있습니다. 다만 3단계는 장이 끝날 때까지 발동할 수 있습니다.

사이드카 sidecar

사이드카는 서킷브레이커와 유사한 개념이며, 선물시장이 급변할 경우 현물시장에 대한 영향을 최소화함으로써 현물시장을 안정적으로 운용하기 위해 도입한 프로그램 매매호가 관리제도입니다. 한국에서는 주가지수 선물시장을 개설하면서 도입하였고 선물가격이 전일 종가 대비 5% 이상(코스닥은 6% 이상) 상승 또는 하락해 1분간 지속될 때 발동하며 발동 시부터 주식시장 프로그램 매매호가의 효력이 5분간 정지됩니다. 그러나 5분이 지나면 자동적으로 해제되어 매매체결이 재개되고, 주식시장 종료 40분 전 이후에는 발동할 수 없고 1일 1회만 발동할 수 있습니다.

5명 중 1명은 주식투자를 합니다

한국거래소의 통계에 따르면, 우리나라 경제활동 인구의 20%가 주식투자를 한다고 합니다. 경제활동인구 약 2,600만 명 중에서 500만 명이 넘는 사람들이 주식투자를 하고 있을 정도이며, 이 중 100만 명 정도는 전업으로 주식투자를 한다고 합니다.

필자가 현업에서 재무 상담을 하면서 고객들의 자산구성을 확인하다 보면, 많은 분이 주식에 투자하고 있다는 얘기를 합니다. 자연스럽게 어떤 주식을 샀는지, 어떤 이유로 샀는지, 보유는 언제까지 할 것인지, 회사의 재무제표 등은 보고 샀는지 등을 물어보게 됩니다.

그런데 놀랍게도 적지 않은 사람들이 주식이 무엇인지도 잘 모른 채 오로지 쉽게 돈을 벌 수 있을 것이라는 생각으로 주식에 '투자'가 아닌 '투기'를 하고 있었습니다.

조금 더 자세히 확인해보면, 지인의 권유라든가 신문 또는 뉴스에 나온

소재를 보고 주식을 매수했고, 주로 코스닥 시장의 저가 주식이나 상장 직전에 있는 장외주식을 보유하고 있었습니다. 또 자기 주식은 절대로 떨어지지 않고 얼마 있으면 몇 배는 오를 것이라는 일종의 환상을 갖고 있다는 것을 확인하게 됩니다. 심지어 재무제표가 형편없고 상장폐지 직전까지 간 회사라는 자료를 직접 보여드려도 믿지 않는 분이 상당히 많습니다.

상황이 이렇다 보니 우리 주위를 둘러보면 소위 개미라고 불리는 개인투자자 중에 주식으로 돈을 벌었다는 사람은 만나기가 거의 힘듭니다. 오히려 잘못된 주식투자로 빚더미에 올라 있거나 손실을 만회하려고 생업도 포기한 채 하루 종일 컴퓨터 모니터에 주식투자용 홈트레이딩시스템을 띄워놓고 이리저리 단타매매로 기웃거리는 사람도 많습니다.

주식투자에 성공하려면 많은 공부와 풍부한 경험이 필요합니다. 절제되고 정형화된 투자원칙이 있어야 하고, 시장과 경제를 보는 눈도 있어야 오래도록 투자에 성공할 수 있습니다. 행운이 동반된 어쩌다 한두 번의 대박 투자로는 결코 지속적인 성공투자를 이어나갈 수 없습니다.

개인적으로는, 누구나 주식투자는 적어도 한 번쯤 꼭 해보았으면 합니다. 다만, 투기가 아니라 제대로 된 투자 수단으로서 공부가 동반된 투자를 해야 주식투자에 성공할 수 있습니다. 이와 더불어 변액보험 또한 자산의 포트폴리오에 편입시켜야 할 필수 아이템이라고 말하고 싶습니다.

주식투자를 하게 되면 앞에 언급한 금리, 환율 등 경제지표를 살피게 됩니다. 시장상황이 좋지 않으면 적극적인 투자보다는 쉬는 것이 오히려 돈을 벌 때도 있습니다. 변액보험은 시장상황이 좋든 나쁘든 적립금을 채권형과 주식형으로 번갈아가면서 연속적으로 투자할 수 있습니다. 저금리 시대에 투자는 하고 싶은데 적절한 대안을 찾지 못했다면, 투자가능 자산의 일부를 지금 변액보험에 투자해보기를 적극 권합니다.

5장

펀드
Fund

Variable fund

펀드란 불특정 다수 투자자로부터 자금을 모아 투자자를 대신하여 전문적인 운용기관인 자산운용사가 주식·채권·원자재·부동산 등 자산에 투자한 후 그 투자실적을 투자자에게 분배해주는 금융 상품을 말하며, 전문용어로 '집합 투자기구'라고 부릅니다.

펀드의 특징과 장단점

적은 돈으로 쉽게 투자

펀드의 가장 큰 특징은 적은 돈으로 쉽게 투자할 수 있다는 점입니다. 삼성전자처럼 고가인 주식을 일반 개인이 몇백 주 이상 쉽게 사기는 힘들지만, 투자자들의 소액 자금이 펀드에 모여 큰 기금이 되면 개별 투자자가 접근하기 힘들었던 대규모 단위로 거래되는 국내외 거의 모든 자산에 투자할 수 있게 됩니다.

시간과 비용 절감

투자자가 직접 투자대상 자산을 분석해 투자하고 위험을 관리하려면 많은 지식과 경험이 필요한데, 펀드는 잘 훈련된 전문 자산운용사가 투자자를 대신하여 운용하는 간접투자이므로 투자자는 시간과 비용을 절감할 수 있습니다.

분산투자

펀드는 대규모 자금을 다양한 종목에 분산투자하므로 투자 위험을 최소화할 수 있습니다.

실적배당 금융 상품

펀드는 예금과 같이 고정이자를 지급하는 것이 아니고 투자한 실적에 따라서 손익이 달라지는 실적배당 금융 상품이므로 원금 손실이 발생할 수도 있으며, 예금자보호 대상이 아닙니다.

펀드의 종류

펀드를 구분하는 방법은 여러 가지가 있지만 일반적으로 투자대상과 운용방법에 따라서 증권 펀드, 단기금융 펀드^{MMF}, 부동산 펀드, 특별자산 펀드, 혼합자산 펀드 5가지로 분류할 수 있으며, 특수한 형태로는 환매금지형 펀드, 종류형 펀드, 전환형^{umbrella} 펀드, 모자^{母子}형 펀드, 상장지수 펀드^{ETF} 등이 있습니다.

증권 펀드

증권 펀드는 펀드의 주류를 차지하는 펀드이며, 주식형·채권형·혼합형·재간접 펀드로 분류합니다.

주식형 펀드

주식에 주로 투자하는 펀드로서 높은 위험을 감수하면서 높은 수익을 얻고자 하는 공격적 투자자에게 적합한 펀드입니다. 주식형 펀드는 다른 펀드에 비해 수익률 편차가 크고 주식시장의 영향을 가장 많이 받습니다.

변액보험의 경우 높은 사업비를 극복할 의미 있는 수익을 내려면 주식시장의 등락을 활용한 주식형 펀드로의 펀드 변경과 적립금 이전, 추가납입 등이 결정적인 변수로 작용합니다. 그러므로 주식형 펀드는 우리가 공략해야 할 숙명과도 같은 펀드입니다.

채권형 펀드

주로 채권에 투자하되 주식에는 투자하지 않는 펀드로서 채권의 이자수익과 매매차익을 동시에 추구하는 펀드이며, 정기예금 금리 대비 초과수익을 기대하는 투자자에게 적합한 펀드입니다. 채권형 펀드는 금리 변동에 따라 수익률이 민감하게 반응하므로 금리의 변동 추이를 관찰하면서 금리 상승기에는 단기채권형으로, 금리 하락기에는 국공채 등 장기채권형으로 펀드 변경과 적립금 이전을 통해 안정적인 수익을 낼 수 있습니다.

혼합형 펀드

혼합형 펀드는 주식형 펀드와 채권형 펀드의 속성이 혼합되어 있는 펀드입니다. 주식형 펀드의 수익성과 채권형 펀드의 안정성을 동시에 추구하는 펀드로서 주식투자 한도가 50%를 초과할 수 있느냐 여부에 따라 50%를 초과할 수 있으면 주식혼합형 펀드, 그렇지 않으면 채권혼합형 펀드라고 합니다.

재간접 펀드 fund of funds

재간접 펀드는 다른 펀드에 투자하는 펀드를 말합니다. 즉, 개인이 펀드에 투자하듯이 펀드가 다른 펀드에 투자하는 것을 말합니다. 재간접 펀드에 가입하면 여러 자산운용사가 운용하는 다양한 펀드에 동시에 가입하는 효과가 있어 분산투자와 다양한 투자전략을 누릴 수 있는 장점이 있습니다. 그렇지만 펀드가 또 다른 펀드에 투자하는 구조이므로 운용보수를 이중으로 지급하기 때문에 비용부담이 일반 펀드보다 높을 수 있고, 펀드가 투자한 다른 펀드의 운용내역을 파악하기가 쉽지 않은 단점이 있습니다.

단기 금융 펀드 MMF

MMF(Money Market Fund)는 초단기로 자금을 운용할 때 적합한 펀드입니다. 펀드 자산을 기업어음(CP), 양도성예금증서(CD) 등 단기 금융 상품에 주로 투자하는 펀드이며, 수시 입출금이 필요한 경우에 이용하기 적합한 펀드 상품입니다. MMF는 하루만 맡겨도 투자수익이 지급되므로 시중 보통예금보다는 단기자금 운용 시 상대적으로 유리합니다.

부동산 펀드

부동산 펀드는 투자자금을 주로 부동산에 투자하는 펀드이며, 부동산 투자에 관심이 있는 장기 투자자에게 적합합니다. 부동산 펀드의 운용전략은 부동산 매입부터 개발 및 분양 등을 통한 개발사업수익, 임대수익, 자금대여수익 추구 등입니다.

특별자산 펀드

특별자산 펀드는 금·유전·지적재산권 등과 같이 증권이나 부동산 자산이 아닌 자산에 주로 투자하는 모든 펀드를 말합니다. 금과 같이 실물자산 투자 시 발생하는 보관비용 등의 문제를 회피하면서 가격상승에 따른 차익을 원하는 투자자에게 적합한 펀드입니다.

혼합자산 펀드

혼합자산 펀드는 증권·부동산·특별자산 등에 제한 없이 투자할 수 있는 펀드로서 시장상황에 따라 투자대상 자산을 달리하여 투자하는 펀드입니다. 예를 들면, 주식시장이 강세가 예상되면 주식에 투자를 하고, 부동산 시장이 호황세가 예상되면 주식을 모두 처분하고 부동산에 투자하는 펀드로서 모든 자산 투자에 관심 있는 투자자에게 적합한 펀드입니다.

특수형태 펀드

환매금지형 펀드

환매금지형 펀드는 펀드 가입 시 정한 계약만기 전까지 환매를 할 수 없는 펀드입니다. 일반적으로 환매금지형 펀드는 유동성이 떨어지는 자산에 주로 투자하는데, 부동산이나 특별자산 펀드 등이 많습니다. 환매금지형 펀드는 펀드 만기를 별도로 설정해야 하고, 만기 시까지 환매가 불가능하므로 펀드의 수익증권을 거래소에 상장시켜 중도에 자금이 필요한 투자자는 매매를 통해 자금을 회수할 수 있도록 하고 있습니다.

종류형 펀드 multi class fund

종류형 펀드는 멀티 클래스형 펀드라고도 부르며, 판매보수나 수수료를 달리 적용하는 형태로, 한 펀드 내에서 여러 종류의 수익증권을 발행하는 것을 말합니다. 쉽게 말해서 펀드는 하나이지만 수수료 부과방식에 따라서 여러 종류의 수익증권이 있으므로 투자 시에는 종류별 판매수수료와 판매보수를 살펴보고 투자기간 등을 고려하여 자신에게 가장 잘 맞는 종류에 투자해야 합니다.

〈멀티 클래스 펀드〉

00투자 00000 증권투자신탁 1호 (주식)				
클래스 A	클래스 B	클래스 C	클래스 D	클래스 E
선취판매 수수료만 있음	후취판매 수수료만 있음	선취·후취 판매수수료 모두 없음	선취·후취 판매수수료 모두 있음	인터넷 가입 전용

*판매수수료: 펀드 추천 및 판매의 대가로 투자자가 펀드 판매회사(증권사, 은행, 보험사 등)에 지불하는 비용
*판매보수: 펀드 관리 대가로 펀드 재산에서 펀드 판매회사로 나가는 비용

시중에서 판매되는 펀드의 대표적인 가입 클래스 형태는 클래스 A와 C 형태가 가장 많습니다. 클래스 A는 펀드 투자 초기에 일회성으로 내는 판매수수료가 높은 대신 투자기간 동안 계속 내는 비용인 판매보수가 저렴하고, 클래스 C는 펀드 투자 초기에 내는 수수료가 없는 대신 투자기간 동안 계속 내는 판매보수가 클래스 A에 비해 높습니다.

따라서 펀드 투자기간을 3년 이상 길게 계획한 투자자는 클래스 A로 가입하고, 투자기간을 3년 이내 비교적 단기로 계획한 투자자는 클래스 C로

가입하는 것이 비용 측면에서 유리하다고 할 수 있습니다.

전환형 펀드 umbrella fund

엄브렐러 펀드라 불리는 전환형 펀드는 사전에 정한 다수의 펀드 간에 서로 전환이 가능한 구조로 만들어진 펀드입니다. 하나의 우산 아래 여러 펀드가 있다는 의미에서 엄브렐러 펀드라고 합니다. 전환형 펀드는 변액보험처럼 시장 전망에 따라 펀드 간 전환으로 위험과 수익을 관리할 수 있는 장점이 있지만, 투자자가 직접 전환권을 행사해야 하기 때문에 시장에 대한 지식과 예측까지 해야 하는 어려움이 있습니다.

모자母子형 펀드

모자형 펀드는 어미에 해당하는 모母펀드와 아들인 자子펀드를 동시에 만든 펀드입니다. 모펀드는 일반 펀드처럼 주식·채권·부동산 등에 투자하지만, 자펀드는 직접 투자하지 않고 모펀드에 투자를 합니다. 개인 투자자가 모자펀드에 투자한다는 것은 자펀드에 투자한다는 의미이며, 자펀드는 사전에 정한 모펀드 외에는 투자할 수 없습니다. 이 부분에서 투자대상이 되는 모든 펀드에 투자가 가능한 재간접 펀드와 차이가 있습니다.

상장지수펀드 ETF: Exchange Trade Fund

상장지수 펀드는 코스피200 지수 등과 같이 특정 지수의 변화에 연동하여 운용하는 것을 목표로 하는 펀드이며, 거래소에 상장되어 일반 주식처럼 매매가 되는 펀드입니다. ETF는 거래소에 상장되어 실시간으로 매매가 된다는 점에서 기준가격이 하루에 한 번만 공표되는 일반 펀드와 다르게 실시간 가격으로 투자할 수 있고 시장의 변동성에 적극적으로 대응할 수 있으며, 펀드 관련 비용이 상대적으로 저렴하여 인기가 많습니다.

ETF는 종류가 다양해 여러 가지 투자전략을 구사하거나 자산배분을 하는 데 매우 유용한 수단입니다. 시장의 상승 예측 시 레버리지 ETF, 하락 예측 시 인버스 ETF에 투자하여, 가격이 올라야만 수익을 낼 수 있는 개별 주식투자와 달리 시장의 방향성을 이용해 투자할 수 있는 장점이 있습니다.

펀드 관련 회사

판매회사

증권사·은행·보험사 등 펀드를 고객에게 권유하고 판매하는 회사입니다. 투자자는 이곳에서 투자성향 진단과 함께 펀드 선택에 대한 상담을 받은 후 펀드 계좌를 개설하여 펀드 투자를 할 수 있습니다. 자산운용회사도 펀드를 판매할 수 있지만 기존의 판매망이 잘 갖춰진 증권사·은행·보험사 등을 통해 펀드를 판매하고 있습니다.

자산운용회사

자산운용회사는 집합투자업자라고 하는데, 펀드에 모집된 자금을 주식·채권·부동산 등에 투자하여 투자수익을 얻도록 투자 및 운용하는 회사이며, 투자자들의 관심사인 펀드의 수익률을 좌우하는 회사입니다. 따라서 펀드 투자 시에는 판매회사 외에도 펀드를 실제 운용하는 자산운용회사도 면밀하게 살펴보고 투자해야 합니다.

수탁회사

신탁업자라고도 하는데, 펀드 재산을 안전하게 보관·관리하고 자산운용회사의 펀드 운용을 감시하는 회사이며, 은행과 증권금융이 담당하고 있습니다. 이처럼 펀드 재산은 수탁회사에 별도로 보관·관리되고 있으므로 자산운용회사에 경영상의 문제가 발생하더라도 투자자가 맡긴 펀드 재산은 안전하게 관리됩니다.

일반 사무관리 회사와 펀드 평가 회사

일반 사무관리 회사는 펀드의 회계처리를 통해 펀드 기준가격 등을 산정하는 업무를 하며, 펀드 평가 회사는 모든 펀드의 운용성과를 전문적으로 평가하는 업무를 합니다.

펀드 평가방법과 수익 원리

펀드는 내 돈뿐 아니라 다른 사람의 돈까지 함께 펀드를 이루어 다양한 자산에 투자하는 실적배당형 상품입니다. 펀드는 매일매일 새로운 투자자의 투자금이 들어오고 기존 펀드 투자자가 추가납입을 하거나 중도환매를 하는 등 끊임없이 돈이 들어오고 나갑니다. 그렇다 보니 수익이 나거나 손실이 났을 때 펀드에 투자한 지분에 따라 공평하게 손익을 배분하려면 일정한 규칙이 필요하게 되는데, 펀드는 기준가·좌수·순자산총액으로 펀드를 평가하여 공평하게 투자자들에게 손익을 배분합니다.

펀드 기준가

기준가는 주식의 가격처럼 펀드의 가격을 말합니다. 펀드 기준가는 주식 가격처럼 순자산과 좌수의 변동에 따라 매일 변합니다. 대부분 펀드는 최초 설정 시 '1좌=1원'으로 하며 펀드 최초 기준가는 1,000원에서 시작합니다. 1좌를 거래단위로 하면 너무 작고 보기에도 불편하므로 편의상 1,000좌당 기준가로 표시하는 것입니다. 기준가는 소수점 셋째 자리에서 반올림하여 표시합니다.

> 펀드 기준가＝(펀드의 순자산총액÷펀드 총 좌수)×1,000

예) 금일 현재 OO펀드의 순자산총액이 5억 7,842만 5,264원이고 총 좌수가 5억 6,337만 7,019좌라면,
- 펀드 기준가＝(578,425,264÷563,377,019)×1,000＝1,026.71원

펀드 좌수

좌수는 좌의 개수를 말하는데 '좌'는 펀드 거래 시 기준단위로서 주식의 '주'와 같은 개념입니다. 펀드 가입 시 납입한 금액을 해당일 펀드의 기준가로 나눈 수가 좌수입니다.

> 펀드 좌수＝(펀드 투입금액÷펀드 기준가)×1,000

예) 금일 현재 OO펀드의 기준가가 1,026.71원이고, 1,000만 원을 거치형으로 펀드에 투자할 때 내 펀드 계좌의 좌수는?
- 펀드 좌수＝(10,000,000÷1,026.71)×1,000＝9,739,849

순자산총액

순자산총액은 펀드에 모인 돈(펀드 설정액)을 자산운용사가 투자하여 얻은 결과물로서 펀드의 재산 합계를 말합니다.

펀드의 평가

가입하고 있는 펀드의 현재 평가금액 계산방법은 다음과 같습니다.

> 펀드 평가금액＝(펀드의 금일 기준가×펀드 보유좌수)÷1,000

예) 내가 가입한 OO펀드의 금일 기준가가 1,250원이고, 보유한 좌수는 975만 6,836좌라면 현재시점 평가금액은?

- **내 펀드의 평가금액＝(1,250×9,756,836)÷1,000＝12,196,045원**

이상에서 보았듯이 펀드 평가의 핵심요소는 펀드의 기준가와 보유좌수가 됩니다. 펀드에서 수익을 내려면, ①매월 또는 일정한 기간 동안 꾸준히 투자금을 납입하고 ②기준가가 낮을 때 추가납입 등으로 좌수를 최대한 많이 확보해야 하며 ③기준가가 높은 시점에서 펀드를 환매해야 한다는 것입니다.

어찌 보면 당연한 이 말이 적립식 펀드나 변액보험에 있어서 가장 핵심적인 내용입니다. 그러나 주위를 둘러보면 주식시장이 폭락하거나 조정을 받을 때 기회가 왔다는 생각보다는, 투자금 납입을 중지하거나 펀드의 기준가가 낮아진 상태에서 환매를 하는 안타까운 경우를 자주 접하게 됩니다.

그렇다면 왜 기준가가 하락하더라도 꾸준히 펀드에 납입해야 하는지, 펀드의 수익 패턴 분석을 통해 자세히 살펴보겠습니다.

펀드 수익 패턴 분석

펀드는 투자방법에 따라 투자금을 일시에 납입하는 일시납(거치식) 투자와 매월 일정금액을 꾸준히 납입하는 적립식 투자로 분류할 수 있습니다. 적립식 투자방법이 위험관리와 수익관리 측면에서 대단히 유리합니다. 그 이유는 코스트에버리징 cost averaging 효과 때문입니다.

코스트에버리징 효과cost averaging effect는 정액분할 투자법이라고 부르며, 매월 일정한 금액을 꾸준히 납입하면 주가가 높을 때는 주식(좌수)을 적게 매입하고 주가가 낮을 때는 주식(좌수)을 많이 매입하게 되어 한 주당 평균 매입단가가 낮아지게 되는 투자방법을 말합니다. 투자시점과 주가의 등락에 상관없이 장기적으로 꾸준하게 투자하면 비교적 주식시세의 영향을 적게 받고 안정적으로 운영된다는 장점이 있습니다. 기준가 변동의 몇 가지 패턴을 통해서 코스트에버리징 효과를 자세히 알아보겠습니다.

U자형 V자형 패턴

〈표 1-1〉과 같이 매월 100만 원씩 1년간 꾸준히 주식형 펀드에 투자했고, 그 기간 중 주식시장이 U자 형태로 급락했다가 다시 반등하여 최초 투자시점의 주가 위치로 회복되었다고 가정해보겠습니다.

〈표 1-1〉 코스트에버리징 효과-U자형

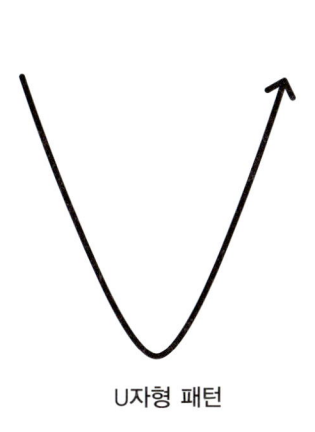

U자형 패턴

투자횟수	투입금액(원)	기준가(원)	좌수
1	1,000,000	1,000	1,000,000
2	1,000,000	920	1,086,957
3	1,000,000	850	1,176,471
4	1,000,000	780	1,282,052
5	1,000,000	710	1,408,451
6	1,000,000	630	1,587,302
7	1,000,000	510	1,960,785
8	1,000,000	600	1,666,667
9	1,000,000	690	1,449,276
10	1,000,000	790	1,265,823
11	1,000,000	910	1,098,902
12	1,000,000	1,000	1,000,000
합계	12,000,000		15,982,686

매월 투입되는 투자금은 동일하지만 기준가는 최초 1,000원에서 최저 510원까지 급격하게 50% 정도 하락했다가 다시 1,000원으로 급반등한 경우입니다. 1년이 지난 시점의 평가금액은 아래와 같습니다.

> 펀드 평가금액=(펀드의 금일 기준가×펀드 보유좌수)÷1,000

- 1년 후 펀드 평가금액=(1,000×15,982,686)÷1,000=15,982,686원
- 펀드의 수익=(15,982,686−12,000,000)=3,982,686원(+33.19%)

가입시점부터 지속적으로 기준가가 하락했지만 낮은 기준가 덕분에 좌수를 많이 확보할 수 있었고, 주식시장 반등에 따른 기준가 상승으로 최종 플러스(+) 수익률을 달성할 수 있었습니다. 이런 U자형 패턴은 기준가가 하락했다가 올라오는 U자의 깊이가 깊을수록 높은 수익률을 달성하게 됩니다. 따라서 월 적립식으로 투자하는 경우, 펀드 가입 초기에는 기준가의 하락을 추가적인 좌수확보의 기회로 삼아야 한다는 발상의 전환이 필요합니다.

N자형 패턴

〈표 1-2〉는 주가가 상승 → 하락(조정) → 상승 패턴을 보인 경우의 예시입니다.

〈표 1-2〉 코스트에버리징 효과 – N자형

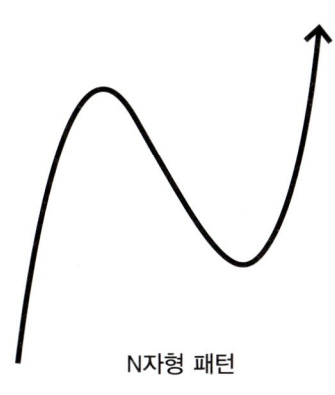

N자형 패턴

투자횟수	투입금액(원)	기준가(원)	좌수
1	1,000,000	1,000	1,000,000
2	1,000,000	1,100	909,091
3	1,000,000	1,200	833,334
4	1,000,000	1,300	769,231
5	1,000,000	1,400	714,286
6	1,000,000	1,500	666,667
7	1,000,000	1,400	714,286
8	1,000,000	1,300	769,231
9	1,000,000	1,200	833,334
10	1,000,000	1,300	769,231
11	1,000,000	1,400	714,286
12	1,000,000	1,500	666,667
합 계	12,000,000		9,359,644

> 펀드 평가금액 = (펀드의 금일 기준가 × 펀드 보유좌수) ÷ 1,000

- 1년 후 펀드 평가금액 = (1,500 × 9,359,644) ÷ 1,000 = 14,039,466원
- 펀드의 수익 = (14,039,466 − 12,000,000) = 2,039,466원(+17%)

N자형 패턴은 추세 상승장에서 가장 많이 나오는 형태라고 볼 수 있습니다. 주가가 어느 정도 상승하면 차익실현 매물에 의해서 조정을 받게 되고 이에 따라 기준가도 하락하게 됩니다. 매도세가 줄고 다시 강한 매수세가 유입되어 주가를 끌어올리면 기준가도 같이 상승하게 되는 형태입니다. 이 경우도 환매시점 기준가가 하락하지 않았으므로 플러스(+) 수익이 발생했습니다.

역U자형 패턴

〈표 1-3〉은 주가가 급상승했다가 급락하여 가입시점 기준가 위치로 내려왔을 때 기준가와 좌수의 변화 예시입니다.

〈표 1-3〉 코스트에버리징 효과-역U자형

투자횟수	투입금액(원)	기준가(원)	좌수
1	1,000,000	1,000	1,000,000
2	1,000,000	1,080	925,926
3	1,000,000	1,150	869,566
4	1,000,000	1,220	819,673
5	1,000,000	1,290	775,194
6	1,000,000	1,370	729,928
7	1,000,000	1,490	671,141
8	1,000,000	1,400	714,286
9	1,000,000	1,310	763,359
10	1,000,000	1,210	826,447
11	1,000,000	1,090	917,432
12	1,000,000	1,000	1,000,000
합계	12,000,000		10,012,952

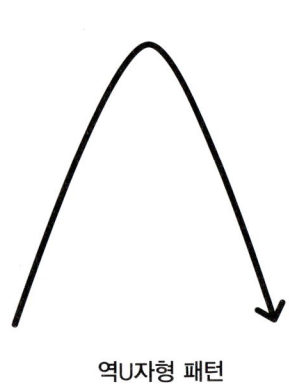

역U자형 패턴

> 펀드 평가금액=(펀드의 금일 기준가×펀드 보유좌수)÷1,000

- 1년 후 펀드 평가금액=(1,000×10,012,952)÷1,000=10,012,952원
- 펀드의 수익=(10,012,952-12,000,000)= -1,987,048원(-16.55%)

상승하던 기준가가 폭락하여 가입시점 기준가 위치로 내려온 역U자형 형태를 보이고 있습니다. U자형 패턴과 비교해서 투자시점과 환매시점의 기준가는 1,000원으로 동일하지만, 기준가가 비교적 높은 위치에서 투자금이 투입되면서 좌수를 적게 확보했습니다. 결국 12회 투자시점 중 환매

시점의 기준가가 가장 낮은 위치에 있게 되어 마이너스(-) 수익률이 발생했습니다.

하락 N자형 패턴

〈표 1-4〉는 주가가 하락 → 상승(반등) → 재하락 패턴을 보인 경우의 예시입니다.

〈표 1-4〉 코스트에버리징 효과-하락 N자형

투자횟수	투입금액(원)	기준가(원)	좌수
1	1,000,000	1,000	1,000,000
2	1,000,000	900	1,111,112
3	1,000,000	800	1,250,000
4	1,000,000	700	1,428,572
5	1,000,000	600	1,666,667
6	1,000,000	700	1,428,572
7	1,000,000	800	1,250,000
8	1,000,000	900	1,111,112
9	1,000,000	800	1,250,000
10	1,000,000	700	1,428,572
11	1,000,000	600	1,666,667
12	1,000,000	500	2,000,000
합계	12,000,000		16,591,274

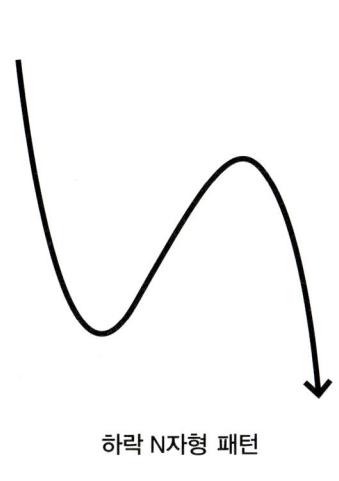

하락 N자형 패턴

펀드 평가금액=(펀드의 금일 기준가×펀드 보유좌수)÷1,000

- 1년 후 펀드 평가금액=(500×16,591,274)÷1,000=8,295,637원
- 펀드의 수익=(8,295,637−12,000,000)=−3,704,363원(−30.86%)

하락 N자형 패턴은 장기 투자자에게는 기준가 하락에 따라 좌수를 많이

확보할 수 있는 기회가 되지만 단기 투자자에겐 큰 아픔을 주는 패턴입니다. 이후 주가가 상승하여 투자시점 기준가 근처까지 올라가려면 상당한 시간이 필요하기 때문에 본의 아니게 장기 투자자가 되거나 손해를 감수하고 환매해야 할 수도 있는 패턴입니다. 기준가가 하락한 후 U자형으로 반등하였으나 재차 하락하여 환매시점 기준가가 가입시점 대비 50% 하락하여 마이너스(-) 수익률이 발생했습니다.

이상에서 보았을 때 U(V)자형·N자형·역U자형·하락 N자형 패턴의 공통점은, ①투자금을 매월 투입하는 시점에서 기준가 높낮이에 따라 매입하는 좌수가 크게 변동된다는 점과 ②펀드를 환매하는 시점에서 기준가 위치가 펀드 전체의 수익률을 좌우한다는 점입니다. 결국, 앞서 언급한 바와 같이 펀드에서 좌수를 최대한 많이 확보하는 것과 기준가의 위치에 따른 환매시점 판단능력이 펀드 투자의 성패를 좌우한다고 할 수 있습니다. 이 핵심적인 부분은 2부 차트 편과 3부 종합 활용 편에서 다시 다루겠습니다.

6장

변액보험
Variable life insurance, 變額保險

V a r i a b l e   f u n d

　변액보험은 1950년대부터 유럽에서 판매되기 시작한 이래, 1970년대 중반 미국, 1980년대 말 일본을 거쳐 2001년부터 한국에서 판매되기 시작하였고, 주식시장이 활황세였던 2004년 이후부터는 대표적인 투자형 보험 상품으로 자리 잡게 되었습니다.

　변액보험은 보험계약자가 납입하는 보험료 가운데 사업비와 위험보험료를 제외한 적립보험료로 펀드를 조성하여 주식이나 채권 등에 투자하고, 펀드의 운용실적에 따라 계약자에게 투자성과를 나누어주는 실적 배당형 보험 상품을 말합니다.

　변액보험은 다른 재산과 구별하여 운용하기 위해 '특별계정'이라고 부르는 펀드로 운영되므로, 매일매일의 기준가에 따라서 펀드의 평가금액이 달라지고 이에 따라 보험기간 중 보험금액과 해지환급금 등이 변동하므로 변액보험이라고 부릅니다.

　전통적인 보험 상품은 미리 약정된 이율에 따라 만기환급금을 받지만 변액보험은 투자수익률에 따라 돌려받는 보험금이나 해지환급금이 달라집니다. 즉 변액보험의 사망보험금은 최초 계약한 기본보험계약의 '기본

보험금'과 투자실적에 따라 증감하는 '변동보험금'으로 구성되며, 보험의 성격을 유지하기 위해서 변동보험금의 크기와 상관없이 사망보험금은 기본보험금을 최저보장으로 설정하고 있습니다.

예를 들어, 가입자가 1억 원의 사망보장을 '기본보험금'으로 해서 변액보험에 가입하였다면 적립금을 중도 인출하지 않는 한 펀드의 성과에 따라 최소 1억 원 사망보증에 더해서 사망보험금이 '1억 원+a'가 될 수 있다는 것입니다.

변액보험은 보장의 기능을 제외하고는 펀드로 운용되는 부분은 일반 펀드와 거의 유사하므로 이 장에서는 변액보험의 개략적인 특징과 기능 정도만 살펴보겠습니다.

변액보험의 특징과 주요 기능

보장 기능과 투자 기능을 함께 가지고 있는 변액보험은 다음과 같은 특징과 기능이 있습니다.

일반적인 특징

장기적인 인플레이션 헤지 목표

전 세계적인 저성장·저금리 환경하에서 변액보험은 사망이나 연금 등의 보장에 있어서 장기적으로 물가상승에 따른 실질적인 화폐가치 하락을 방어하기 위한 목적에서 탄생했습니다.

실적 배당형 보험 상품

변액보험은 펀드 투자의 결과에 따라 원금손실 또는 원금 이상의 보험금이 발생할 수 있는 실적 배당형 보험 상품입니다. 따라서 투자결과에 대한 책임 역시 전적으로 계약자가 부담하는 '자기책임의 원칙'이 적용되는 상품입니다.

고객의 투자성향에 따른 다양한 자산운용

변액보험의 특별계정 펀드는 다양한 주식형·채권형·혼합형 펀드로 구성되어 있어서 투자자의 투자성향에 따라서 공격적·보수적·안정적 운용 등이 모두 가능합니다. 최근에는 가입자가 펀드를 직접 선택해서 운용하는 대신, 여러 전문 자산운용사에 투자금을 일정 비율만큼 위탁하여 자산운용사가 알아서 투자해주는 방식의 변액보험도 출시되어 변액보험 가입자들에게 좋은 반응을 얻고 있습니다.

펀드 변경, 적립금 이전 등 위험 및 수익관리 기능

변액보험은 시장상황에 따라서 펀드 변경과 적립금 이전 등을 통해 위험과 수익을 관리할 수 있는 탁월한 장점을 가지고 있으며, 사실상 이것이 변액보험의 가장 핵심적인 기능입니다. 일반적으로 주가 하락 시에는 채권형으로, 주가 상승 시에는 주식형으로 펀드 변경과 적립금 이전을 합니다. 이런 펀드 변경과 적립금 이전의 적절한 타이밍을 찾고 적립금을 관리하여 원하는 재무적인 목표를 달성하는 것이야말로 변액보험 가입의 최종 목표라고 할 수 있습니다.

세제 혜택(비과세)

변액보험은 가입 후 10년 이상 유지되고 세법에서 정한 일정한 요건을 충족하는 경우 보험차익에 대하여 세금이 과세되지 않는 비과세 혜택이 있습니다.

연금 전환

변액연금이 아닌 변액종신보험이나 변액유니버설보험, 변액적립(저축)보험 등인 경우에도 일정한 요건을 충족하면 연금으로 전환하여 노후자금으로 활용할 수 있습니다. 최근에 출시되는 변액보험은 연금 전환 시에도 가입시점의 경험생명표를 적용하므로 평균수명이 증가했을 경우, 더 많은 연금을 수령할 수 있습니다.

보험료 납입 면제

보험료 납입기간 중 피보험자가 암 등 중대질병과 약관에서 정한 장해 상태가 되었을 경우에 차회 이후 보험료 납입을 면제해주는 기능이며, 최근 출시되는 변액보험들에 주계약과 특약 형태로 부가되어 있습니다.

자금의 유연성 확보

추가납입

변액보험에는 적립식 및 일시납 상품 모두 추가납입 기능이 있습니다. 주가가 하락하여 기준가가 많이 하락한 경우 또는 주가가 저항을 뚫고 본격적인 상승을 시도하는 국면이라고 판단되면, 적극적인 추가납입으로 많은 좌수를 확보하고 주가 상승 시 펀드 기준가 상승을 통한 수익추구 전략을 구사해야 합니다.

추가납입은 보통 계약 후 1개월이 지난 시점부터 가능하며 펀드 변경 및 적립금 이전 기능과 함께 변액보험의 수익률을 높여주는 핵심적인 기능입니다. 어떤 판단 근거로 펀드 변경, 적립금 이전, 추가납입을 하는지는 차트 편과 종합 활용 편에서 집중적으로 다루겠습니다.

중도 인출

자금이 필요할 때 변액보험 적립금의 일부를 중도 인출해서 목적에 맞게 활용할 수 있습니다. 일반 예금과 적금은 중도에 전체 계약을 해지해야 돈을 찾을 수 있지만 변액보험은 일정한 요건이 되면 계약을 해지하지 않고 적립금을 인출하여 활용할 수 있습니다. 다만, 중도 인출을 자주 하게 되면 적립금이 줄어서 장기적인 재무목표를 달성하는 데 시간이 더 걸릴 수 있다는 점을 고려해서 결정해야 합니다.

보험료 납입 일시중지

보험사와 상품별로 차이점은 있지만 가입 후 3~5년 정도가 지나면 보험료 납입을 일정기간 중지할 수 있는 기능이 있어서 경제상황이 어려울 때 보험을 해지하지 않고 유지하면서 보험료 납입 부담을 줄일 수 있습니다.

다양한 투자 옵션

펀드 자동 재배분 auto rebalancing

펀드 자동 재배분 기능은 계약자가 선택한 일정한 주기(3개월, 6개월, 12개월) 단위로 펀드의 적립금 자산 비중을 최초 설정한 펀드 비율대로 재조정하는 기능입니다. 예를 들어 최초에 주식형 펀드 60%, 채권형 펀드 40% 비율로 펀드 투입비율 및 적립금 운용비율을 정한 경우, 시간이 흘러 자산을 평가했을 때 전체 적립금 비율이 주식형 80%, 채권형 20%로 주식형 펀드가 수익을 냈다면, 자동 재배분 신청 시점에 전체 적립금 비율이 최초로 정한 주식형 60%, 채권형 40%로 자동 재조정되는 것입니다.

　펀드 자동 재배분 기능은 주가의 급등락이 반복되고 투자 판단이 어려운 박스권 장세에서 효과가 크며, 추세가 지속되는 상승장이나 하락장에서는 오히려 수익률 관리가 어렵다는 단점이 있기 때문에 시장상황에 따라 적용 여부를 판단해야 합니다.

평균 분할투자

　평균 분할투자 기능은 추가납입 보험료 또는 일시납 보험료 등을 한꺼번에 펀드에 투입할 경우 발생할 수 있는 위험을 분산하기 위해서 평균 분할투자 보험료 전액을 단기채권형 펀드로 투입하고 계약자가 지정한 일정한 기간 단위(3개월, 6개월, 12개월)로 분할하여 투자하는 것을 말합니다. 위험을 줄이고 펀드의 코스트에버리징 효과를 기대할 수 있는 장점이 있으나, 평균 분할투자 기간 중 펀드 유형 변경이 불가하므로 사전에 준비가 필요합니다.

변액보험의 종류

　변액보험이 납입 보험료의 일부로 펀드를 조성하여 주식이나 채권 등의 유가증권에 투자하고 그 실적에 따라 성과를 배분하는 실적 배당형 보험 상품이라는 것은 이미 알아보았습니다. 그러나 같은 변액보험이라고 하더라도 가입 목적에 따라 여러 종류의 상품이 있으므로 잘 따져보고 가입해야 합니다.

　거의 모든 변액보험은 상품에 보험의 성격이 그대로 나타나 있는데, 가입 목적에 따라 크게 보장성 변액보험과 저축성 변액보험으로 분류할 수 있습니다.

보장성 변액보험

변액(유니버셜)종신보험

변액종신보험은 사망을 종신토록 보장해주는 기존의 종신보험에 변액의 투자기능을 부가한 보험입니다. 즉, 보험료의 일부를 펀드에 투자하므로 펀드의 성과에 따라 사망보험금이 변동하는 보험을 말합니다.

전통적인 종신보험은 사망을 종신 보장해주는 주계약과 장해 진단금·암 등 주요 질병 진단금·입원·수술 등 특약 형태로 구성되는데, 변액종신보험은 주계약 보험료의 일부를 펀드에 투자하여 기본 사망보험금에 투자성과를 반영한 변동보험금을 가산하여 사망보험금으로 지급하는 상품입니다. 또 투자수익이 나지 않더라도 기본 사망보험금을 최저로 보증해주므로 보험으로서 기능을 잘 수행한다고 할 수 있습니다.

변액종신보험 사망보험금 = 기본 사망보험금 + 변동보험금

다만, 변액종신보험은 사망 등 보장에 중점을 두고 이를 보증하기 위한 사업비가 많은 상품이므로 목적자금 마련을 위한 저축이나 연금재원 마련을 위한 목적으로는 적합하지 않으므로 가입 시 유의해야 합니다.

변액CI Critical Illness 종신보험

CI보험은 중대한 질병(중대한 암, 중대한 뇌졸중, 중대한 급성심근경색증, 말기간질환, 말기폐질환, 말기신부전증), 중대한 화상(전신 피부 20% 이상 3도 화상), 중대한 수술(관상동맥우회술, 대동맥인조혈관치환술, 심장판막수술, 5대장기이식수술)과

중증치매, 일상생활 장해 상태 시 사망보험금의 일부를 미리 받아 고액의 치료비와 간병비 등 필요한 자금을 미리 활용할 수 있고, 주계약 보험료 납입기간 중 CI보험금 지급사유 발생 시 또는 장해지급률 50% 이상 시 차후 납입보험료를 면제해주는 기능이 있는 보험 상품입니다.

변액CI종신보험은 주계약 보험료의 일부를 펀드로 운용하고 있다가 CI보험금 지급사유가 발생했을 때와 사망 시 적립금 등의 요건을 충족하면 가산보험금을 추가로 지급해주는 보험입니다.

변액CI종신보험금＝CI보험금＋가산보험금

저축성 변액보험

변액연금보험

변액연금보험은 사업비를 제외한 대부분의 보험료를 펀드에 투입하여 운용하고, 투자실적에 따라 지급되는 연금액이 달라지는 연금보험 상품입니다. 최저연금적립금 보증 기능이 있어서 투자수익률이 하락하더라도 중도 인출이 없는 한, 특약보험료를 제외하고 납입한 원금을 최저연금적립금으로 보증해주는 기능이 있는 상품입니다.

또 STEP-UP 기능이 있어서 연금지급개시일 이전 일정기간부터 펀드의 수익으로 계약자 적립금이 단계별 목표기준금액에 도달하는 경우, 초과되는 성과금액을 최저연금적립금 보증금액에 증액하여 보증해주므로 장기적으로 안정적인 연금재원을 준비하려는 분들에게 유리합니다.

다만, 변액연금은 채권형 펀드의 의무편입비율이 50%에 달하므로 주식형 펀드의 적극적인 운용전략이 필요합니다.

변액유니버셜보험

변액유니버셜보험은 변액보험의 장점인 실적배당과 유니버셜보험의 장점인 입출금 기능, 그리고 보험의 보장기능을 결합한 종합 금융형 보험상품입니다. 유니버셜 기능이 있는 종신보험은 따로 변액유니버셜종신보험이라고 부르며, 일반적으로 변액유니버셜보험이라 하면 적립형 유니버셜보험을 말합니다.

변액유니버셜보험은 펀드의 운용실적에 따라 사망보험금과 해지환급금이 변동하고, 보험료의 추가납입과 적립금의 중도 인출 기능이 다른 변액보험 상품에 비해 제약이 적으며, 기본보험료 납입기간이 종신(전기납)으로 설정되어 있지만 일정한 기간이 경과하면 보험료 납입을 일시중지할 수도 있는 기능이 있습니다.

변액유니버셜보험은 추가납입과 중도 인출 기능, 연금 전환 기능도 있기 때문에 장기적으로 다양하게 자금을 운용하려는 분들에게 적합한 상품입니다.

변액적립(저축)보험

변액적립(저축)보험은 변액연금과 변액유니버셜보험의 중간 특징을 가지고 있는 상품입니다. 가장 최근에 출시된 변액보험답게 고객의 투자성향에 따른 다양한 자산운용방법을 선택할 수 있고, 펀드 자동 재배분, 평균분할투자, 일반계정 전환, 손절매 옵션 등 다양한 투자관리 옵션 및 연금전환, 장기납입 보너스 혜택과 보험료 납입면제 특약 등 변액보험의 장점과 단점을 보완하는 모든 특징을 가지고 있어서 최근 중장기 투자자에게 인기가 많은 상품입니다.

1부 기초 편을 마치며

1부 기초 편에서는 금리, 채권, 환율, 주식, 펀드, 변액보험 등 변액보험 수익률 관리를 위한 기본적이고 필수적인 내용을 알아보았습니다. 사실, 1부 각 장에서 다룬 내용들은 한 가지 한 가지만으로도 별도로 전문서적이 나와 있을 만큼 방대하고 쉽지 않은 내용들입니다. 관련된 모든 내용을 다루기에는 이 책의 목적상 적절치 않기 때문에 변액보험 관리에 필요한 부분만 압축하여 간략히 설명했으며 간단히 1부 기초 편에서 체크해야 할 핵심사항을 정리해보겠습니다.

Key Point

금리

- 금리는 돈을 사용하는 비용이고 곧 '돈의 가격'이다.
- 중앙은행은 기준금리 인상/인하, 지급준비율 인상/인하, 공개시장조작 정책으로 통화량을 조절하고 이에 따라 주식시장도 영향을 받으므로 금리 인상과 인하 소식에 관심을 갖고 상황에 맞게 대응해야 한다.
- 금리는 변액보험의 채권형 펀드 수익률에 직접적인 영향을 준다.

채권

- 채권은 자금조달을 목표로 발행하는 발행자가 만기에 갚아야 할 채무이다.
- 금리 지속 상승기나 주가 급락 시 만기가 짧은 '단기채권형 펀드'에 투자하고, 금리 지속 하락 시에는 만기가 긴 '국공채형 펀드'에 투자한다.
- 채권가격과 금리의 상관관계는 채권을 할인채로 이해하면 쉽다.
  '금리(이자율)가 내려가면 채권가격은 올라가고, 금리(이자율)가 올라가

면 채권가격은 내려간다.'

환율

- 환율은 자국 화폐와 타국 화폐의 교환비율이며, 재정환율 방식으로 기축통화인 미국 달러화를 기준으로 삼아 계산한다.
- 외환의 수요가 많으면 환율이 올라가고, 공급이 많으면 환율이 내려간다. 환율의 움직임으로 외국인 투자자들의 시장이탈 움직임과 주가지수의 방향성도 예측해볼 수 있다.

환율이 상승한다는 것을 외국인 투자금이 증시에서 이탈하는 것으로 판단하고, 환율이 하락한다는 것을 외국인 투자금이 들어온다고 판단하여 주식형 펀드의 투자방향성을 예측해볼 수 있다.

주식

- 주식株式은 주식회사의 자본을 구성하는 단위이다.
- 자금을 조달한다는 측면에서는 채권과 유사하지만, 채권은 부채이고 주식은 자본금에 해당한다. 따라서 회사의 주식을 소유한 사람을 주주라고 부르고, 채권을 소유한 사람은 채권자라고 부른다.
- 변액보험의 높은 사업비를 이겨내려면 결국 적극적으로 주식형 펀드를 운영해야 한다.

펀드

- 펀드란 불특정 다수의 투자자로부터 자금을 모아 펀드를 조성하고 투자실적을 투자자들에게 분배해주는 실적 배당형 금융 상품이다.
- 주가가 하락하더라도 꾸준히 납입하면 코스트에버리지 효과로 매입단가를 낮추는 효과를 거둘 수 있다.

- 펀드에서 수익을 내려면 매월 또는 일정한 기간 동안 꾸준히 투자금을 납입하고 기준가가 낮을 때 추가납입 등으로 좌수를 최대한 많이 확보해야 하며, 기준가가 높은 시점에서 펀드를 환매해야 한다.

변액보험

- 변액보험은 보험계약자가 납입하는 보험료 가운데 사업비와 위험보험료를 제외한 적립보험료로 펀드를 조성하여 주식이나 채권 등에 투자하고 펀드의 운용실적에 따라 계약자에게 투자성과를 나누어주는 실적 배당형 보험 상품이다.
- 다양한 펀드라인업 내에서 펀드 변경, 적립금 이전, 추가납입 등으로 펀드의 수익을 키우고 손실을 줄이는 전략을 구사할 수 있고, 펀드 자동재배분과 평균 분할투자 등 다양한 투자 옵션과 보증 기능으로 지속적인 투자관리가 가능한 보험 상품이다.
- 10년 이상 꾸준한 납입과 펀드 관리가 필요한 상품이다.

이상 1부 기초 편의 내용을 간단히 요약해보았습니다. 이 책의 궁극적 목표는 '내가 스스로 변액보험 펀드를 관리하는 능력을 키워서 내 돈은 내가 지키자'는 것입니다. 중심을 잃지 않고 오래도록 투자하기 위해서는 기초 편처럼 딱딱한 내용도 최소한 개념 정도라도 이해할 필요가 있습니다. 1부에서 이해하기 어려운 부분들은 '2부 차트 편'과 '3부 종합 활용 편'에서 차근차근 따라 하다 보면 많은 부분이 저절로 해결될 것입니다. 따라서 어려운 부분이 있더라도 개념적으로 이해하고 넘어간다는 가벼운 마음을 가졌으면 합니다. 실제로 차트와 각종 지표를 확인하는 능력이 길러지면 상당히 빠른 시간 안에 어떻게 펀드 관리를 해야 할지 판단이 서게 됩니다.

2부 차트 편

차트는 과거 주가의 발자취이자
미래를 안내하는 이정표다

7장
캔들(봉)차트 분석

Variable fund

　주가가 언제 올라가고 언제 하락하는지를 알 수 있다면 얼마나 좋을까요? 불행하게도 그런 방법은 존재하지 않습니다. 하지만 주식시장과 주가의 미래를 예측하려는 많은 노력 덕분에 차트라는 것이 생겨났고, 지금은 아주 많은 사람이 차트의 도움을 받아 주식투자를 하고 있습니다.

　주가 차트는 매일매일의 주가 흐름과 주가지수의 변동을 기록해놓은 것인데, 주식시장 판단의 기본이라고 할 수 있는 거래량 등 수급의 변화뿐 아니라 주가시세의 흐름, 과거의 패턴 및 투자심리 등을 파악할 수 있어서 미래 주가의 변화를 예측하는 데 도움을 줍니다.

　우리가 다치거나 아파서 병원에 가게 되면 때때로 X-RAY를 찍어보거나 정밀검사를 위해 MRI 촬영 등을 합니다. 의사는 이런 검사결과를 근거로 환자의 현재 상태를 진단하고 치료를 위한 방법을 찾습니다. 차트 분석 기법도 이와 유사하게 차트에서 제공하는 여러 가지 분석도구를 활용하여 시장의 상황을 진단하고 향후 투자방향을 결정하는 방법입니다.

　차트 분석이 과거 데이터를 기본으로 하는 분석기법이기 때문에 어떻게 변할지 모르는 미래의 주가를 예측하는 것은 의미가 없다고 말하는 사람들도 있지만, 그럴지라도 차트 분석기법은 과거 주가의 발자취를 바탕으로 미래 주가의 방향을 예측하는 수단으로서 많은 사람이 활용하는 분석방법입니다.

차트 편에서는 차트를 활용한 기술적 분석방법으로 주식시장의 흐름을 파악하고 분석하는 방법을 알아보겠습니다. 이에 따라 시장상황에 맞는 적절한 펀드 선택, 적립금 이전과 추가납입 시점을 파악할 수 있을 뿐 아니라 변액보험투자의 성공 확률을 높일 수 있다는 자신감을 갖게 될 것입니다.

차트 분석을 위한 준비 – 홈트레이딩시스템^{HTS} 설치

차트 분석을 위해서는 차트 분석 프로그램이 필요합니다. 이 책에서는 NH투자증권의 전문 트레이딩 프로그램 큐브$^{QV\ HTS}$를 활용하여 차트 분석 방법을 설명하므로 우선 컴퓨터에 QV HTS를 설치해야 합니다.

NH투자증권 QV HTS 설치하기

NH투자증권 홈페이지를 방문하여 QV HTS 프로그램을 설치하고 프로그램을 무료로 이용할 수 있는 준회원 ID를 만든 후에 로그인 합니다.

① NH투자증권 홈페이지 방문(http://www.nhqv.com)
② 홈 ▶고객센터 ▶트레이딩채널 ▶홈트레이딩 ▶QV HTS ▶QV HTS 다운로드
③ 홈 ▶뱅킹/계좌정보 ▶계좌/개인정보관리 ▶ID/개인정보 ▶ID등록 ▶준회원 ID등록

- 홈페이지 개편 등에 따라 메뉴 위치가 변동될 수 있습니다.
- 약관동의 및 필수정보 입력 후 〈그림 2-1〉처럼 안내에 따라 ID등록을 합니다.

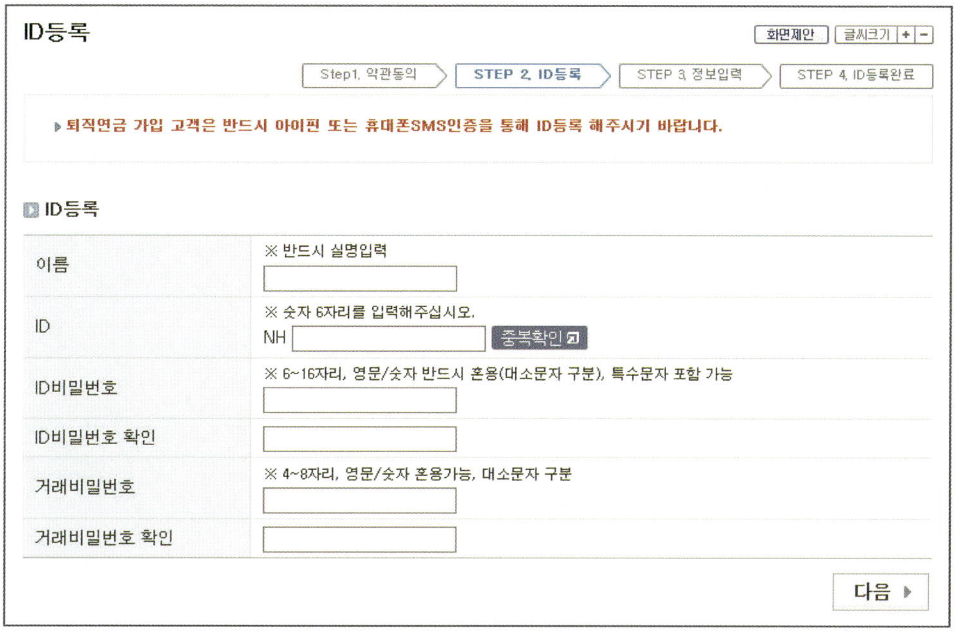

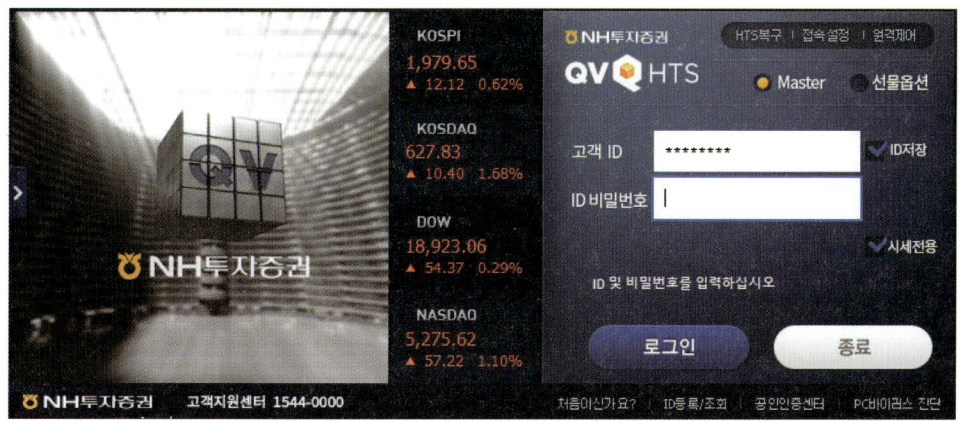

〈그림 2-1〉 QV HTS 준회원 ID등록

④ QV HTS 로그인

- 준회원 ID등록을 완료하면 HTS 프로그램을 실행하고 〈그림 2-2〉의 로그인 화면에서 ID와 ID비밀번호를 활용하여 로그인 합니다. (시세전용에 V 체크합니다.)

〈그림 2-2〉 QV HTS 로그인 화면

⑤ 로그인 후에 〈그림 2-3〉과 같이 초기 화면이 나오면 프로그램 설치가 완료된 것입니다.

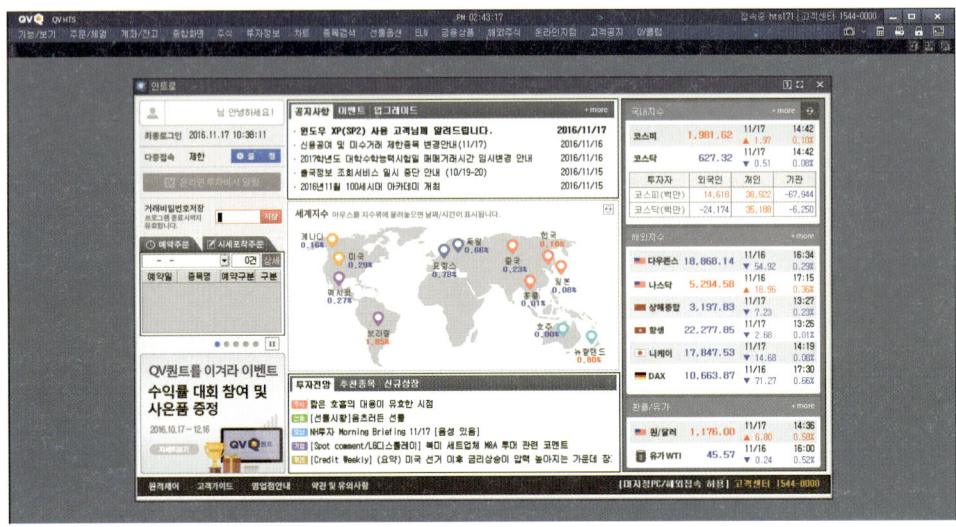

〈그림 2-3〉 QV HTS 실행 초기 화면

⑥ 프로그램 상단에는 〈그림 2-4〉와 같이 주식투자 및 시장 관련 정보 등 다양한 메뉴가 있습니다. 전체 메뉴에 대한 세부설명은 '고객공지 ▶HELP DESK ▶도움말'을 참조하시기 바랍니다. 이 책에서는 '투자정보' 메뉴와 '차트' 메뉴를 집중적으로 활용하게 됩니다.

〈그림 2-4〉 QV HTS 메뉴 구성

⑦ 도움말을 누르면 〈그림 2-5〉처럼 온라인 도움말 창이 나옵니다. 화면 좌측에 각각의 메뉴에 대한 세부구성을 볼 수 있으며 해당 메뉴를 선택하면 우측에 화면안내가 나옵니다.

〈그림 2-5〉 QV HTS 온라인 도움말

⑧ 우측 상단의 '인쇄' 메뉴를 누르면 인쇄할 수 있으므로 HTS를 별도로 연습할 때 교재처럼 활용하기 바랍니다.

이제 차트를 활용할 모든 준비가 끝났습니다. 벌써 HTS 메뉴를 눌러서 차트 화면을 살펴본 독자들도 있으리라 생각합니다. 하지만 본격적으로 차트 분석방법을 배우기에 앞서 차트의 핵심 구성요소인 캔들Candle을 먼저 이해해보겠습니다.

차트 분석의 기본, 캔들(봉)의 이해

일반적으로 주가 차트라고 하면 캔들(봉)차트를 말하는데, 주가나 주가지수의 변화를 양초나 봉 모양처럼 표시한다고 해서 캔들candle차트 또는 봉

차트라고 부릅니다. 봉차트를 이용해서 하루(한 주, 한 달) 중 시가, 종가, 고가, 저가 등 주가의 변화를 표시하면 아래와 같습니다.

> ⋯▸ **시가:** 정규 주식시장이 시작할 때 거래를 시작하는 가격(지수)
> ⋯▸ **종가:** 정규 주식시장을 마감할 때 거래된 최종가격(지수)
> ⋯▸ **고가:** 정규 장중 가장 높은 가격
> ⋯▸ **저가:** 정규 장중 가장 낮은 가격

＊주가(지수)의 움직임을 봉으로 표시할 때 하루의 움직임은 일봉, 한 주의 움직임은 주봉, 한 달의 움직임은 월봉이라고 부릅니다. 표시기간만 다를 뿐 봉 표시방법은 동일합니다.

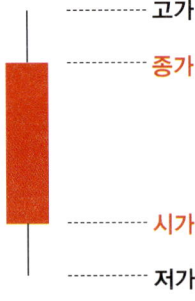

양봉은 시가보다 종가가 높을 때 나타나며 적색으로 표시합니다. 하루 동안 주가의 변동 폭이 저가와 고가의 높이가 되고 종가의 위와 시가의 아래로 각각 꼬리처럼 주가가 변동한 흔적을 표시하게 됩니다.

몸통의 길이가 길면 장대 양봉이라고 부르며, 상승장에서는 양봉이 음봉보다 훨씬 더 많이 나타납니다.

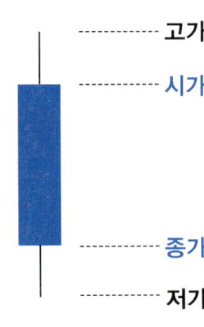

음봉은 시가보다 종가가 낮을 때 나타나며 청색으로 표시합니다. 양봉과 마찬가지로 하루 동안 주가의 변동 폭이 저가와 고가의 높이가 되고 시가의 위와 종가의 아래로 각각 꼬리처럼 주가가 변동한 흔적을 표시하게 됩니다.

몸통의 길이가 길면 장대 음봉이라고 부르며, 하락장에서는 음봉이 양봉보다 훨씬 더 많이 나타납니다.

봉 표시방법 예시 1

구분	KOSPI 지수			
시가	2,000	2,000	2,000	2,000
종가	2,010	1,990	2,015	1,985
고가	2,015	2,015	2,015	2,015
저가	1,995	1,985	1,985	1,985
봉 표시	2,015 / 2,010 / 2,000 / 1,995	2,015 / 2,000 / 1,990 / 1,985	2,015 / 2,000 / 1,985	2,015 / 2,000 / 1,985

예시 1처럼 봉의 표시는 시가, 종가, 고가, 저가의 데이터만 있으면 표시하기 쉽습니다. 봉의 몸통과 꼬리의 길이는 장중 주가의 변동 폭과 시가, 종가의 위치에 따라 달라질 뿐입니다. <mark>실제 차트상에서는 봉 옆에 숫자나 설명 선이 없고 봉 위로 마우스 커서를 가져가면 값이 표시됩니다.</mark>

봉 표시방법 예시 2

구분	KOSPI 지수			
시가	2,000	2,000	2,013	1,987
종가	2,002	1,998	2,015	1,985
고가	2,015	2,015	2,015	2,015
저가	1,985	1,985	1,985	1,985
봉 표시	2,015 / 2,002 / 2,000 / 1,985	2,015 / 2,000 / 1,998 / 1,985	2,015 / 2,013 / 1,985	2,015 / 1,987 / 1,985

예시 2처럼 장중 주가의 변동 폭과 시가, 종가의 위치에 따라서 봉 몸통의 길이와 꼬리 길이가 변동하는 것을 확인할 수 있습니다.

실제 차트상에 나타난 다양한 봉 형태

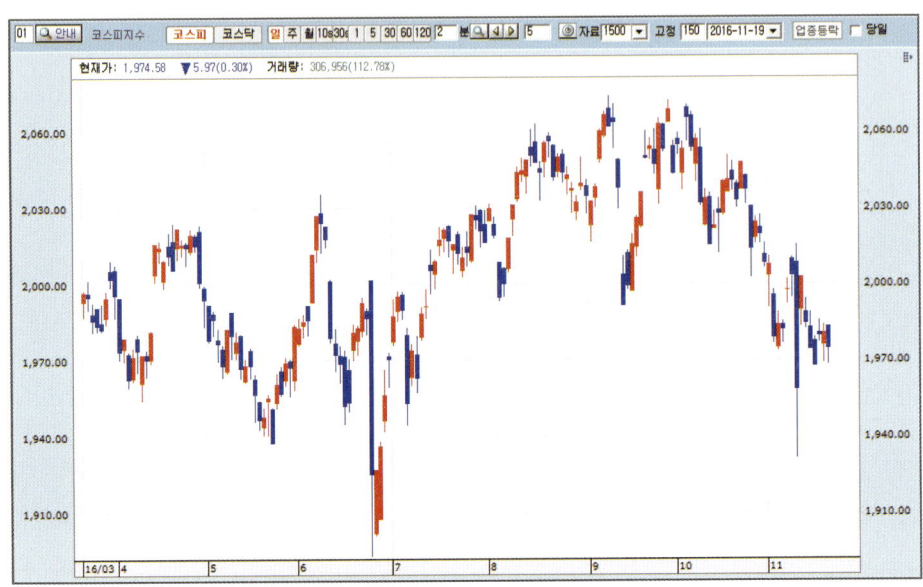

〈그림 2-6〉 차트상의 다양한 봉 형태

〈그림 2-6〉은 코스피 지수 일봉차트입니다. 실제 차트상에 표시된 다양한 봉 형태를 볼 수 있습니다. 일봉차트이기 때문에 매일매일의 코스피 지수 변화를 봉의 형태로 기록해놓은 것입니다. 주간 단위로 시가/종가/고가/저가를 봉으로 기록하면 주봉, 월간 단위로 기록하면 월봉이라고 부르며, 차트 좌측 상단에서 해당 버튼을 누르면 자동으로 일봉·주봉·월봉 차트를 볼 수 있습니다.

차트에서 보는 바와 같이 주가가 상승 추세일 때는 양봉이 많이 나타나고, 주가가 하락 추세일 때는 음봉이 많이 나타납니다. <mark>주의할 점은 양봉과 음봉은 주가의 움직임을 기록한 것일 뿐, 주가가 전일 대비 높거나 낮다고 표시하는 것이 아닙니다. 전일보다 종가가 상승하여 장을 마감한 날이</mark>

라도 종가가 시가 대비 낮은 채로 장을 마감했다면 음봉으로 표시합니다. 마찬가지로 전일보다 종가가 하락하여 장을 마감한 날이라도 종가가 시가 대비 높은 채로 장을 마감했다면 양봉으로 표시합니다.

실제 주식거래를 할 때는 일봉을 세분화해서 분 단위 거래를 봉으로 표시한 분봉차트로 매수와 매도 타이밍을 잡아서 거래하기도 합니다. 그러나 큰 추세를 파악해서 장기 투자하는 투자자와 펀드 및 변액보험에 투자하는 투자자들은, 변동성이 심한 분봉·일봉 차트보다는 주봉·월봉 차트를 기준으로 투자를 판단해야 합니다. 이 책에서는 변액보험 관리에 가장 적합한 주봉차트를 집중적으로 설명합니다.

다양한 봉의 형태와 의미

앞서 알아본 바와 같이 봉차트는 주식시장에서 주가의 변화무쌍한 변화를 봉 형태로 표시한 것입니다. 실전 투자에서는 차트 프로그램이 자동으로 알아서 봉을 표시해주기 때문에, 성공적인 투자를 위해서는 차트상에 표시된 봉 모양의 의미를 잘 이해하는 것이 무엇보다 중요합니다.

봉 형태에 따른 의미를 이해하려면 주식시장에 존재하는 '본전심리', '손절매', '차익실현'을 이해할 필요가 있습니다. 너무나 당연한 말이지만, 주식투자를 하는 사람은 누구나 최대한 주식을 싸게 사서 비싼 가격에 팔아 이익을 추구하려고 합니다. 하지만 누구나 다 이익을 볼 수는 없겠죠? 주식을 거래하면서 누군가는 이익을 보고 누군가는 손해를 보게 됩니다.

봉의 꼬리와 몸통은 결국 저가와 고가 사이의 다양한 가격(지수)대에서 매수자와 매도자 간의 거래로 주가가 움직인 흔적입니다. 이것은 봉이 만들어질 때마다 손해를 본 사람과 이익을 본 사람이 항상 생긴다는 의미입니다. 현재 주가보다 높은 가격에 주식을 산 사람들은 손해를 보고 있는 상태이기 때문에, 하락했던 주가가 반등할 때는 언제든 자기가 주식을 매수한 가격대에 주가가 오게 되면 팔겠다는 '본전심리'가 있습니다. 하락한 주가가 상승하려면 이런 본전심리에서 나오는 매도세를 이겨내야 하기 때문에 거래량을 동반한 강한 매수 세력이 필요합니다.

주가가 상승할 줄 알고 주식을 샀는데 매수 직후부터 주가가 계속 하락한다면 시간이 흐를수록 손해가 더 커지게 되는데, 더 큰 손실을 방지하기 위해서 손해를 보더라도 보유한 주식을 처분하는 행위를 '손절매'라고 합니다. 투자자마다 손해를 감당할 수 있는 정도가 다르기 때문에 손절매의 범위는 각각 다르지만 일반적으로 원금 대비 10~20%로 손절매 가격을 정하고 투자하는 경우가 많습니다. 따라서 많은 사람이 주식을 매수한 가격대에서 손절매 가격대를 이탈하기 시작하면, 손절매 물량이 나오기 시작하고 주가 하락이 가속화되는 현상이 발생합니다.

주식투자자들 중에서는 주식을 장기간 보유하지 않고 매수 당일 장 마감 전에 주식을 처분하는 이른바 데이트레이더가 많습니다. 보통 장 시작부터 1시간 30분 이내와 장 마감 1시간 전부터 데이트레이더의 매매가 활발한데, 이들의 '차익실현' 물량이 봉 모양에 영향을 주기도 합니다.

본전심리, 손절매, 차익실현과 같은 요소 외에도 공매도와 사회적·경제적·정치적 이슈에 따라서 봉 모양에 급격한 변화가 올 수도 있습니다. 다양한 봉 모양의 의미를 알아보겠습니다.

단일봉 형태 분석

봉차트의 다양한 형태-양봉

① 장대 양봉

주가가 시가 밑으로 하락하지 않은 채 지속적으로 상승하여 종가와 고가가 같은 가격으로 장을 마감한 형태로서 몸통의 길이가 긴 장대 양봉입니다. 이런 형태는 매수세가 매도세보다 강할 때 나타나며, 특히 주가가 장기간 바닥권에서 횡보 후 많은 거래량과 동반해서 이런 장대 양봉이 나타나면, 강한 매수세의 등장을 예고하므로 매수 관점(주식형 펀드의 추가납입, 채권형 펀드에서 주식형 펀드로 적립금 이전)에서 관심을 갖고 지켜봐야 합니다.

② 아래 꼬리 긴 양봉(망치형)

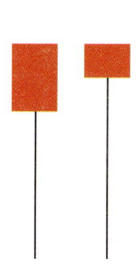

매도 세력 때문에 주가가 시가 밑으로 밀렸다가 다시 강한 매수세가 등장해서 당일 고가로 장을 마감한 모양입니다. 하락 추세와 바닥권에서 이런 망치형 모양이 나오면 하락세를 멈추고 상승 반전할 확률이 높고, 몸통에 비해 꼬리가 길면 길수록 신뢰도가 높습니다. 상승 추세 중에 전일 대비 종가가 크게 상승하지 않은 상태에서 이런 모양이 나오면 다음 날 상승세가 주춤하거나 하락 반전할 확률이 높습니다.

③ 위 꼬리 긴 양봉(역망치형)

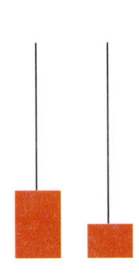

시가 밑으로 주가가 밀리지는 않았지만 고가 근처에서 매도 세력에 밀려 위 꼬리를 길게 남긴 모양입니다. 위 꼬리가 길다는 것은 매도세에 밀렸고 재차 상승 시에 돌파해야 할 매물 벽이 생겼다는 의미로 받아들여야 합니다. 바닥권에서 나타나면 상승 전환할 확률이 높고, 상승 추세에서 나타나면 상승세가 둔화된 것으로 판단합니다.

④ 위아래 꼬리 양봉(팽이형)

고가 부근에서 매도세의 저항을 받아 저가까지 밀렸다가 매수세의 힘으로 위 꼬리를 남긴 양봉으로 마감한 모양입니다. 매도세와 매수세가 팽팽하게 맞설 때 나타나는 모양이며, 향후 추세를 판단하기가 애매한 경우이므로 관망 후에 대응하는 것이 좋습니다.

봉차트의 다양한 형태-음봉

① 장대 음봉

장을 시작하면서부터 마감할 때까지 시가 밑으로 지속 하락하여 종가가 저가와 같은 상태로 마감한 모양이며, 대량 매도세가 지속될 때 나타납니다. 이런 장대 음봉이 상승 추세의 정점에서 나타나면 매도 관점에서 지체 없이 대응해야 추가 손실을 줄일 수 있습니다. 급락 또는 추가적인 하락 확률이 높으므로 변액투자에 있어서도 채권형 펀드로 이전을 서둘러야 하는 경우가 많습니다.

② 아래 꼬리 긴 음봉(망치형)

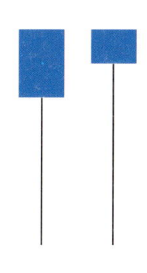
시가 대비 하락 후 매수세의 유입으로 아래 꼬리를 길게 남긴 모습입니다. 몸통보다 아래 꼬리가 2~3배 이상 긴 음봉의 경우에는 죄수를 교수형에 처하는 모습과 유사하다고 해서 교수형이라고도 부릅니다. 매도세가 매수세보다 강하여 시가를 넘어서지 못하고 마감한 모습으로서 상승 추세 중에서는 하락 전환될 확률이 높고, 하락 추세 중에는 저가매수세 유입과 함께 상승 반전을 꾀하려는 경우가 많으므로 전반적인 추세와 바닥권 지지를 확인해야 합니다.

③ 위 꼬리 긴 음봉(역망치형)

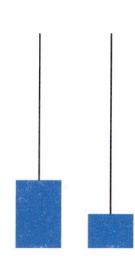
시가보다 상승했다가 매도세에 밀려 시가 밑으로 밀려났고 최저가로 마감한 모습입니다. 상승 추세 중에는 상승세의 마감을 예상하고 바닥권에서는 추가적인 하락이 예상되므로 향후 매도 관점에서 보수적으로 대응해야 합니다.

④ 위아래 꼬리 음봉(팽이형)

매수세와 매도세의 팽팽한 기세싸움이 벌어질 때 나타나며 상승 추세 중에는 매수세의 약화를 의미하고, 하락 추세 중에는 매도세의 약화를 의미하므로 보수적인 관점에서 대응해야 합니다. 이후에 나타나는 봉이 음봉이면 추가 하락 가능성이 높습니다.

봉차트의 다양한 형태-도지형

'도지'는 시가와 종가가 같은 봉의 형태를 말하며, 일본말로 동시$^{同時, どうじ}$, 즉 '같은 때'라는 의미입니다. 도지형 봉의 출현은 일반적으로 추세 반전을 알리는 신호로 해석하며, 모양에 따라 십자형·비석형·잠자리형 도지 등이 있습니다.

십자형 도지

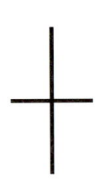
매수세와 매도세가 팽팽할 때 주로 나타나며 하락 추세 중에 나타나면 매도세가 약해졌다고 보고 상승 추세로의 전환을 예상할 수 있고, 상승 추세 중에 나타나면 매수세가 약화되었다고 보아 하락 반전을 예상합니다.

비석형 도지

비석 모양처럼 생겼다고 해서 비석형 도지라고 부릅니다. 고가까지 매수 세력이 주가를 밀어 올렸지만 강한 매도 세력이 등장해 다시 시가까지 밀린 채 장을 마감하여 나타난 모양입니다. 장대 음봉과 같이 강력한 하락 반전 신호로 해석합니다.

잠자리형 도지

잠자리 모양처럼 생겨서 잠자리형 도지라고 부릅니다. 매도세에 저가까지 밀렸지만 강한 매수세로 시가까지 끌어올려 장을 마감할 때 나타나는 모양입니다. 상승 추세에서는 상승을 이어갈 확률이 높다고 판단하고, 하락 추세에서는 상승 반전할 가능성이 높다고 판단합니다.

이상에서 봉차트상에 나타나는 다양한 봉의 형태와 의미, 대응 전략을 알아보았습니다. 실전에서는 봉 하나의 형태만 보고 투자를 판단하기보다는 연결된 봉의 모양과 추세, 거래량, 이동평균선의 지지 여부 등을 종합적으로 참고하여 판단합니다. 이어서 연결된 여러 개 봉의 모양으로 투자를 판단하는 방법을 알아보겠습니다.

연결봉 형태 분석

봉차트를 분석하는 궁극적인 목표는 봉으로 표시되는 주가의 흐름을 이해하여 주가의 방향을 예측하는 것입니다. 봉 한 개의 의미를 이해하는 일도 중요하지만, 연결된 여러 봉의 형태를 잘 분석하면 투자신뢰도와 성공 확률을 더 높일 수 있습니다.

실전에서는 연결봉의 형태 및 거래량, 이동평균선의 지지와 저항, MACD와 스토캐스틱Stochastic 등 보조지표 시그널을 보고 종합적으로 판단하게 됩니다. 우선 여러 형태 연결봉의 의미를 알아보겠습니다.

추세 상승 반전형

① **적삼병**赤三兵

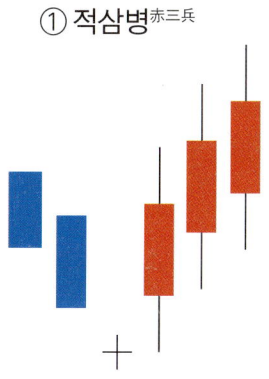

전일 종가보다 상승하는 모습으로 연속해서 양봉이 3개 발생하는 경우를 적삼병이라고 하며, 하락 추세 진행 중 바닥권에서 추세 전환을 알리는 도지형(+,ㅜ) 봉 이후에 나타나면 강력한 상승 추세로 전환될 확률이 높다고 판단합니다. 양봉 3개의 몸통이 점점 길어지면서 거래량까지 동반되고, 이동평균선을 상향 돌파하면 상승신뢰도가 더욱 높습니다.

② 상승장악형

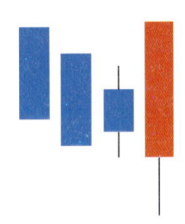

상승장악형은 전일 음봉을 양봉이 완전히 장악할 정도로 장대 양봉이 나타나면서 하락세를 완전히 제압하는 모양입니다. 많은 거래량을 보이며 단기 이동평균선을 돌파하는 모습이라면 더욱 상승 전환할 확률이 높습니다.

③ 상승 잉태형

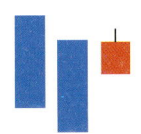

상승 잉태형은 하락 추세에서 장대 음봉 이후에 나타나는 작은 양봉이 마치 임신부가 아이를 잉태한 모습과 같다고 해서 붙여진 이름입니다. 직전 장대 음봉의 고가 부근에서 몸통이 짧은 양봉이 나타났으므로 매도세가 약해지고 상승 전환할 가능성이 있다고 판단합니다.

④ 상승 망치형

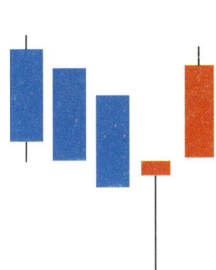

상승 망치형은 하락 추세의 바닥권에서 꼬리가 긴 망치 모양 양봉이 전일 종가 이상으로 마감했을 때를 말합니다. 강한 매수세가 매도세를 이겨내고 주가를 밀어 올린 모양이므로 상승 추세로 반전 예상됩니다. 역망치형과 음봉 망치형도 전일 종가보다 높은 종가로 마감하면서 꼬리가 몸통보다 2~3배 긴 모습이라면 같은 패턴으로 볼 수 있습니다.

⑤ 관통형

전일 음봉의 종가보다는 낮게 시가가 형성되었지만 음봉 몸통의 절반 이상을 관통하는 형태로 장대 양봉이 나타나면 새로운 매수세가 등장했다고 인식합니다. 거래량이 동반되면 상승 추세로 반전을 예상할 수 있습니다.

⑥ 상승 도지형

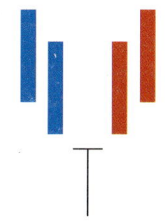 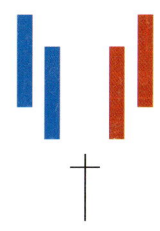 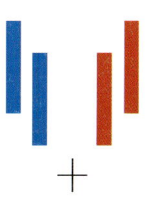

하락 추세 중에 발생하는 잠자리형·긴 꼬리 십자형·십자형 도지는 상승 추세로 전환을 기대할 수 있습니다. 일단 매도세가 진정된 것으로 1차 판단 후 다음에 나타나는 양봉의 시가가 도지의 종가 위로 형성되면, 상승 추세로 전환될 확률이 높습니다.

이상에서 하락 추세이던 주가가 상승 추세로 전환될 가능성이 높은 추세 상승 반전형 연결봉을 알아보았습니다. 실전에서는 과거의 봉차트를 많이 보면서 이런 추세 상승 전환형 모양을 찾아보고 주가의 흐름을 예측해보는 습관을 기르는 것이 중요합니다. 구간별로 차트를 분할해보면서 단일봉과 연결봉의 모양으로 다음 봉의 모양을 예측해보는 연습을 많이 하는 것이 효과적입니다.

추세 하락 반전형

① 흑삼병 黑三兵

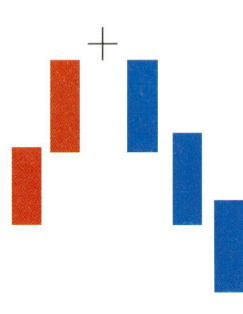

상승 추세 진행 중 천장권에서 추세 전환을 알리는 도지형 봉이나 양봉 이후에 전일 종가보다 하락하는 모습으로 연속해서 음봉이 3개 발생하는 경우를 흑삼병이라고 하며, 강력한 하락 추세로 전환될 확률이 높다고 판단합니다. 음봉 3개의 몸통이 점점 길어지면서 거래량까지 동반되고, 이동평균선을 하향 돌파하면 하락신뢰도가 더욱 높습니다.

② 하락장악형

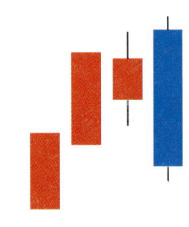

하락장악형은 전일 양봉을 음봉이 완전히 장악할 정도로 장대 음봉이 나타나면서 상승세를 완전히 제압하는 모양입니다. 대량의 거래량과 단기 이동평균선을 하락 돌파하는 모습이라면 더욱 하락 전환할 가능성이 높습니다.

③ 석별형

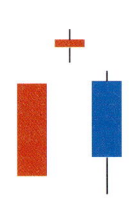

장대 양봉과 갭 상승한 짧은 몸통의 십자형 양봉 이후에 상승세를 이어가지 못하고 장대 음봉이 등장하는 패턴입니다. 양봉 이후에 저녁 별처럼 십자형 봉이 나타났다가 별이 지듯 주가가 하락하는 음봉이 나타난다고 해서 석별형이라고 부릅니다. 고가권에서 이런 패턴이 나오면 강력한 하락 반전 신호라고 판단합니다.

④ 하락 망치형(교수형)

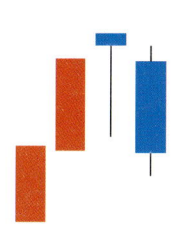
상승 추세의 정점 부근에서 더 이상 상승하지 못하고 아래 꼬리가 긴 음봉이 전일 종가 위에 있는 모습입니다. 하락하는 주가를 억지로 밀어 올린 모습으로 매수세가 약해졌다고 판단합니다. 다음 날 시가가 갭 하락하여 출발하면 급락할 가능성이 높습니다.

⑤ 하락 도지형

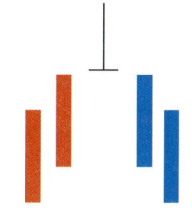 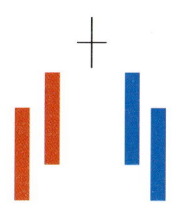

상승 추세 중에 발생하는 비석형·십자형·샛별형 도지는 하락 추세로 전환을 예고합니다. 비석형 도지의 경우 하락 확률이 더 높으며 십자형 도지는 석별형 하락 패턴이 나타날 수 있으므로 일단 보수적인 관점에서 다음 봉의 모양을 보고 판단합니다.

추세 지속형

상승 전환이나 하락 전환이 예상되는 연결봉의 형태에 이어 상승 추세 또는 하락 추세 지속을 예고하는 형태를 알아보겠습니다.

① 상승 지속형

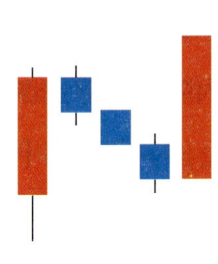

장대 양봉으로 상승 이후에 작은 음봉들이 나타나면서 조정을 거치고 다시 장대 양봉으로 주가를 밀어 올린 모습입니다. 짧은 양봉이 나타나는 구간에서 거래량이 많지 않아야 신뢰도가 높으며, 재차 상승한 장대 양봉의 종가가 첫 번째 양봉보다 높아야 상승 추세를 이어갈 수 있다고 판단합니다.

② 하락 지속형

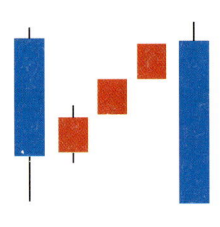

장대 음봉으로 하락 이후에 작은 양봉들이 나타나며 반등해서 올라갔지만 다시 장대 음봉으로 주가를 밀어 내린 모습입니다. 거래량을 동반하며 재차 하락한 장대 음봉의 종가가 첫 번째 음봉보다 낮으면 하락 추세가 이어질 수 있다고 판단합니다.

③ 상승 갭^{gap}

상승 추세 중에 발생하는 전일 양봉 종가와 당일 양봉 시가 사이의 간격을 상승 갭^{gap}이라고 합니다. 갭이 클수록 강한 매수 세력의 등장을 예고하므로 상승 추세가 지속될 것으로 예상합니다. 단, 갭 상승 후 갭 구간이 바로 음봉으로 메워지면 차익매물이 나오는 것으로 판단하고, 전일 종가 아래까지 음봉이 내려가면 추세가 하락 반전할 가능성이 높으므로 보수적으로 대응합니다.

③ 하락 갭gap

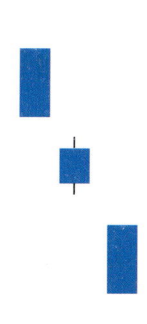

하락 추세 중에 발생하는 전일 음봉 종가와 당일 음봉 시가 사이의 간격을 하락 갭gap이라고 합니다. 갭이 클수록 강한 매도 세력의 등장을 예고하므로 하락 추세가 지속될 것으로 예상합니다. 갭 하락 후 갭 구간이 바로 양봉으로 메워지면 저가 매수 세력이 등장하였다고 판단하는데, 일시적인 기술적 반등 성격일 수 있으므로 바로 매수로 대응하기보다는 매수세가 이어지는지 관찰한 후에 대응하는 것이 바람직합니다.

이상에서 여러 가지 연결봉 패턴을 알아보았습니다. 차트상에서 봉과 연결봉의 의미를 잘 이해하고 관찰하면 의외로 반복되는 패턴이 많다는 것을 느낄 수 있습니다. 상승할 때와 하락할 때는 일정한 신호를 주게 되는데 우리는 이런 매수와 매도 신호를 봉을 통해 감지해나가야 합니다.

물론, 언급한 바와 같이 투자 판단 시 단순히 봉만 보는 것은 아닙니다. 봉의 모양만 보고 투자하다가 발생할 수 있는 판단 미스를 최대한 줄이기 위해 실전에서는 거래량, 이동평균선, 보조지표 등을 종합해서 판단합니다. 그러나 기본적인 봉의 모습과 움직임을 먼저 이해하는 것이 차트 분석에서는 기본 중의 기본이므로 봉의 의미와 패턴을 이해하는 데 우선적으로 관심을 가져야 합니다.

실전 감각을 익히고 복습하는 차원에서 이제까지 알아본 봉과 연결봉이 실제 차트상에서 어떻게 나타나고 어떤 의미를 갖는지 알아보겠습니다.

차트상의 봉과 연결봉 패턴 익히기

지금까지 알아본 단일 봉과 연결봉의 패턴을 실제로 차트상에서 확인해보고 봉의 의미와 주가의 흐름을 이해해보겠습니다. 이 책에서는 NH투자증권의 전문 트레이딩시스템인 큐브$^{QV\,HTS}$를 활용해 설명하겠습니다. QV HTS 설치방법은 앞쪽 설치 안내를 참고해주시기 바랍니다.

〈그림 2-7〉 코스피 지수 월봉차트

QV HTS가 실행되면 상단 메뉴에서 '차트 ▶지수시장 ▶코스피/코스닥 지수 차트'를 선택합니다. 〈그림 2-7〉과 같이 코스피 지수 차트가 나옵니다. 상단에 일/주/월 구분 중에 '월'을 선택하면 월봉차트가 나타나는데, 하단의 스크롤바와 슬라이드바를 이용하면 과거 데이터 조회 및 확대축소가 가능합니다. 봉 모양을 깔끔하게 보기 위해서 이동평균선과 거래량이 표시되지 않게 설정해놓았기 때문에 독자들이 보는 화면과 다소 다르게 나타날 것입니다. 화면 설정은 뒤에 설명하겠습니다.

==월봉차트는 시장의 대세 흐름을 한눈에 보기 좋으므로 차트를 보기 전에 항상 월봉의 흐름을 눈으로 본 다음에 주봉과 일봉 차트를 보는 습관을 가졌으면 합니다.== 우리가 삼성전자나 현대차 등 개별종목의 차트가 아닌 지수 차트를 보는 이유는 우리의 돈이 모여 만들어진 펀드가 한 종목에만 투자되는 것이 아니라 시장에 있는 대부분 우량주에 투자하기 때문입니다. 즉, 종목투자가 아니라 시장에 투자하는 것이기 때문에 시장의 흐름을 잘 나타내주는 지수 차트를 보고 시장의 흐름을 이해해야 합니다. 해외 펀드도 마찬가지이므로 해당 국가의 주가지수 차트를 보면서 투자의 방향을 정합니다.

〈그림 2-7〉의 코스피 지수 월봉차트를 보면 2003년부터 2016년 11월 말 현재까지 지수의 흐름을 확인할 수 있습니다. 2007년 말까지 가파르게 주가가 상승하던 기간을 보면 조정받는 일부 구간을 제외하고는 거의 차트상에 양봉이 대부분을 차지하는데, 시원스럽게 주가를 밀어 올리는 장대 양봉이 연속적으로 등장하는 모습을 확인할 수 있습니다. 조정구간에 음봉이 나오더라도 아래 꼬리가 긴 음봉이 등장하는 것은 강한 매수세가 지수를 끌어올렸다는 것을 말해줍니다.

2008년 본격적인 금융위기가 발생하면서 주가가 급락하기 시작하는데 장대 음봉들이 지속적으로 이어지는 모습을 볼 수 있습니다. 많은 사람이 차트의 추세 하락 반전 신호에 따라 이때라도 주식시장을 탈출했다면 손해를 줄일 수 있었을 텐데, 불행히도 주식투자자들은 대부분 설마 하다가 손절매 시점도 놓쳐버리고 큰 손해를 보게 됩니다.

코스피 지수 월봉차트를 자세히 보면 앞서 배운 연결봉 패턴이 눈에 띄는데 잠시 찾아볼까요?

<그림 2-8> 차트상의 연결봉 패턴

〈그림 2-8〉에서 우리가 앞서 배운 연결봉 패턴 중 몇 가지를 확인할 수 있습니다.

흑삼병 패턴

A지점을 보면 고점에서 연속되는 장대 음봉 3개가 종가를 낮추며 내려오고 있습니다. 흑삼병 패턴은 추세 하락 반전형 패턴인데, 이후 고점 대비 주가지수가 50%가량 하락했습니다.

적삼병 패턴

A지점 부근에서 하락한 주가는 B지점부터 연속된 3개 양봉이 종가를 높여가는 적삼병 패턴이 나오면서 추세가 상승 전환되며 A지점부터 시작된 하락폭을 전부 만회합니다.

상승장악형 패턴

B지점부터 시작된 추세 상승이 조정을 받아 고점에서 음봉이 연속으로 나오며 C지점 근처까지 주가가 밀렸지만, 상승장악형 추세 반전 패턴이 나오면서 재차 상승이 이루어집니다. G지점과 H지점도 역시 주가 하락의 끝자락에서 상승장악형 패턴이 등장하며 반등에 성공하는 것을 볼 수 있습니다.

상승 도지형 패턴

C지점부터 재차 상승한 지수는 D지점에 이르러 얕은 조정을 받습니다. 주가가 밀렸지만 긴 꼬리 십자형 상승도지 패턴을 보여주며 강한 상승을 이어갑니다.

하락장악형 패턴

상승 추세의 정점을 예고하듯 E지점에서 이전 양봉을 감싸 안은 장대음봉이 출현하며 하락장악형 패턴이 등장하였고 강력한 하락 추세 반전을 암시합니다.

상승 망치형과 석별형 패턴

E지점부터 하락한 지수는 약 20% 하락한 지점에서 하락 추세가 잠시 멈추는 듯합니다. 아래 꼬리가 긴 상승 망치형 패턴이 나타나며 추세 반전이 나타났으나 상승세가 오래가지 못하고 F지점에서 추세 하락 반전을 예고하는 석별형 패턴이 나타나며 G지점까지 속절없이 추락하게 됩니다.

월봉차트로 연결봉의 패턴을 알아보았습니다만, 실전에서는 펀드 변경과 적립금 이전 등을 월봉을 보고 판단하면 늦습니다. 상승 또는 하락 추세가 상당히 진행된 상황이기 때문입니다. 따라서 실전에서는 주봉의 패턴을 참고합니다.

변액보험 펀드 관리는 주봉차트를 활용하자

변액보험 펀드 관리를 위해 활용하는 지수 차트에는 일봉·주봉·월봉 차트가 있습니다만, 우리는 주봉차트를 주로 활용해야 하는데 그 이유를 알아보겠습니다.

〈그림 2-9〉 코스피 지수 일봉차트

〈그림 2-9〉는 2016년 코스피 지수 일봉차트인데, 변액보험 펀드 관리를 일봉차트 기준으로 하면 다음과 같은 문제점이 발생합니다.

첫째, 일봉의 빠른 추세 변화에 대응하기 어렵다는 점입니다.

A지점에서 음봉으로 갭 하락의 신호를 보고 주식형 펀드의 적립금을 채권형 펀드로 이전 신청하면, 주식형 펀드 환매를 위한 적용 기준가는 일반적으로 영업일 기준으로 신청일+2일째(과거 D+4일 적용 상품도 있음)의 기준가를 적용합니다. 따라서 갭 하락을 보고 당일에 적립금 이전 신청을 하면, 지수가 많이 떨어진 상태의 기준가를 적용받아서 환매금액이 더 줄어들게 됩니다. 게다가 차트에서처럼 적립금 이전 후 바로 증시가 반등하면 손해만 보고 아무것도 한 것이 없는 셈이 됩니다.

B지점과 C지점에서 갭 상승을 보고 주식형 펀드로 적립금 이전이나 추가납입을 하면 갭 상승 시점보다 더 높은 기준가에 좌수를 매입하게 되는데, 차트에서처럼 얼마 못 가서 상승세가 그친다면 결국 한동안 마이너스 수익률을 쓰라린 마음으로 참아내는 수밖에 없습니다.

둘째, 연간 12회씩 펀드 변경 및 적립금 이전 횟수한도를 단기간에 소진할 가능성이 있다는 점입니다.

거의 모든 변액보험은 1년에 펀드 변경 및 적립금 이전 횟수를 각각 12회를 한도로 하고 있습니다. 일봉상 주가의 빠른 추세 변화에 따라 적립금 이전을 하게 되면 펀드 하나만으로도 연간 12회 한도를 모두 소진할 수도 있습니다. 요즘 출시되는 변액보험은 국내 및 해외 주식형 펀드의 개수가 15개 이상으로 다양하기 때문에 일봉차트를 기준으로 잦은 펀드 관리를 하면 정작 결정적으로 중요한 시점에 펀드 관리를 할 수 없는 치명적인 결과를 낳을 수도 있습니다.

셋째, 투자와 일상의 평정심을 유지하기가 어렵습니다.

펀드나 변액보험과 같이 간접투자를 하는 이유 중 하나가 심리적으로 여유 있게 장기투자를 하면서 수익을 추구하며 목적자금을 마련하려는 것인데, 일봉의 빠른 추세 변화에 대응하려면 수시로 주식시장 동향을 신경써야 하는 상황이 발생합니다. 투자 피로가 누적되어 장기투자가 힘들고 일상에도 영향을 줄 수 있기 때문에 일봉차트로 변액보험 펀드를 관리하는 것은 적절하지 않습니다.

이제 일봉차트와 동일한 기간을 주봉차트로 보겠습니다.

〈그림 2-10〉 코스피 지수 주봉차트

〈그림 2-10〉은 2016년 주봉차트입니다. 봉 하나가 한 주간의 주가지수 변동을 나타내므로 일봉차트에 비해서 봉의 개수가 1/5로 줄었습니다. 일봉에 비해 일단 보기도 편하고 봉 형태도 많이 깔끔하고 단순해졌습니다. 봉 하나의 형태가 완성되는 데는 일주일이 걸리기 때문에 조금 마음의 여유를 가지고 시장상황을 바라볼 수 있는 장점도 있습니다.

A지점에서 추세 상승 반전을 알리는 관통형과 상승장악형의 중간 형태

인 양봉이 등장하며 추세 상승 반전 신호를 줍니다. 추세 상승이 이어지다 얕은 조정 이후에 B지점에서 추세 하락 반전 신호인 하락장악형 패턴이 나오며 한 달여간 지수가 하락합니다. 적삼병 패턴이 나오며 반등에 성공했지만 바로 장대 음봉이 등장하며 조정을 받습니다.

C지점에서 강한 상승장악형 장대 양봉이 등장하며 반등에 성공하였고, 상승 추세가 진행되다가 고점 부근(D지점)에서 위 꼬리가 긴 음봉들이 연속으로 등장하며 상승 추세의 저항으로 작용하게 됩니다. 추가 상승 에너지가 소진되어 하락 추세를 보이고 있습니다.

주봉차트에서 보는 바와 같이 주봉으로 펀드 관리를 하면 일 년에 3~4회 정도만 관리해주면 됩니다. 대표적인 추세 전환 연결봉 패턴을 숙지한 상태에서 뒤에서 알아볼 이동평균선, 거래량, 추세, 보조지표 등을 활용하면서 펀드 관리 성공확률을 점점 높여갈 수 있습니다.

이어서 연결봉 패턴 분석을 든든하게 도와주는 이동평균선 분석을 알아보겠습니다.

8장

이동평균선 분석

Variable fund

이동평균선의 개념

이미 언급한 바와 같이 봉(캔들)차트 분석방법은 차트 분석의 가장 기본입니다. 변액보험 주식형 펀드의 경우 해당 국가나 지역을 대표하는 주가지수 차트를 분석해야 하고, 주가지수 주봉차트를 활용해서 펀드 변경과 적립금 이전, 추가납입 타이밍을 잡아야 합니다. 그러나 봉차트는 일정한 패턴이 항상 발생하는 것도 아니고 애매한 연결봉의 형태가 나오면 투자 판단이 어려운 경우가 많습니다. 또 주가가 상승할 때와 하락할 때 대략 어느 정도까지 오르고 내릴지, 조정을 받는다면 어느 정도까지 조정을 예상할 수 있을지를 봉 모습만 보고 판단하기 어렵습니다.

이런 경우에 도움을 주는 대표적인 분석방법 중 하나가 이동평균선 분석방법입니다. 이동평균선$^{MA: Moving Average}$은 주가의 흐름을 쉽게 파악하기 위해 이동평균 계산방법으로 일정기간의 평균주가를 산출해서 선으로 연결한 것입니다. 이동평균선 분석방법은 주가의 평균값 흐름을 선으로 보여주는 이동평균선과 봉의 패턴 분석을 함께 활용하여 주가의 흐름, 지지 및 저항 등을 예측하는 분석방법입니다.

이동평균지수 산출방법 예시(5일 이동평균선)

영업일수	1	2	3	4	5	6	7	8
주가지수	1,950	1,970	1,975	1,985	1,960	1,973	1,990	1,999
5일(주, 월) 이동평균지수	-	-	-	-	1,968	1,972.6	1,976.6	1,981.4

예시처럼 5일 이동평균지수는 5일간의 지수가 나오면 생기기 시작하는데, 당일 날짜부터 역순으로 산정하므로 기간이 가장 먼 날짜가 순차적으로 평균지수 산정에서 빠지게 됩니다. 5일간의 지수를 합하고 5로 나누어서 평균지수를 산출하는데, 기본적으로 종가 기준으로 이동평균선이 생성되도록 되어 있으나 시가, 저가, 고가를 기준으로 이동평균선을 만들 수도 있습니다. 차트는 이런 방식으로 5일, 10일, 20일, 60일, 120일, 240일 등 사용자가 지정하는 일수대로 자동으로 이동평균선을 만들어줍니다. 주봉과 월봉도 같은 방식으로 매주 또는 매월 봉의 종가를 기준으로 이동평균선이 만들어집니다.

이렇게 만들어진 각 이동평균선은 정해진 기간 동안의 평균값을 연결한 선이기 때문에 대단히 중요한 의미를 갖습니다. 현재 주가지수가 이동평균선 위에 위치하고 있다면, 평균값 위에 있으므로 그 시기에 투자한 시장 투자자들이 대체로 이익을 보고 있다는 의미입니다. 반대로 주가지수가 이동평균선 아래에 있으면 대체적으로 손해를 보고 있다는 의미로 해석할 수 있습니다. 예를 들어 현재 주가가 5일 이동평균선 위에 위치하고 있다면, 주가가 5일 동안의 평균값보다 높다는 의미이므로 투자자들이 대체적으로 이익을 보고 있다고 해석하는 것입니다.

이러한 이동평균선의 속성 때문에 '지지와 저항'이라는 개념이 등장하게 됩니다. 앞서 주식시장의 '본전심리'를 언급한 바 있습니다. 손해를 보고 있는 사람은 주가가 본전 가격에 왔을 때 매도하여 본전을 챙기고자 하는 심리가 있고, 수익을 냈다가 하락하여 본전 근처에 주가가 머무르면 추가 매수로 반등을 기대하는 심리가 존재하는 것입니다. 이런 심리가 이동평균선의 지지와 저항이라는 개념을 만드는데, 이동평균선을 투자자들의 본전 라인으로 생각해보면 이해하기가 쉽습니다.

강한 매수세로 주가가 상승 추세를 이어가면 일반적으로 투자자들은 상승 추세가 멈추고 주가가 하락할 때까지 주식을 팔지 않습니다. 당연히 주가는 이동평균선과 멀어지며 위로 점점 더 높게 위치하게 되고, 매수세가 약해지며 매물이 나오기 시작하면 주가가 하락하면서 이동평균선과 주가의 위치가 가깝게 됩니다.

주가가 이동평균선에 가까워지면 다시 추가 매수세가 유입되며 주가반등을 모색하는 현상이 발생하는데 이런 현상을 '이동평균선 지지'를 받는다고 말합니다. 반대로 매도세가 강하여 주가가 이동평균선 밑으로 하락하게 되면 매도 물량과 손절매 물량이 나오기 시작하며 빠르게 이동평균선 아래로 주가가 하락하게 됩니다.

매도세가 진정되고 이동평균선 아래에서 주가가 반등해서 상승할 때, 이번에는 이동평균선 근처에서 본전심리가 발동하게 돼서 매물이 나오게 됩니다. 매수세가 충분히 강하지 않으면 이동평균선 근처에서 나오는 매물에 밀려 다시 주가가 하락하게 되는데, 이런 현상을 '이동평균선 저항'을 받는다고 말합니다.

이동평균선의 지지와 저항 특성 때문에 주가가 상승 추세일 때는 이동평균선의 지지를 받고 주가가 하락 추세일 때는 반등 시마다 이동평균선의 저항을 받습니다. 이 특성을 차트로 확인해보겠습니다.

차트에서 이동평균선 설정하기

HTS 우측에 있는 툴바^{TOOL BAR}에서 '설정(이평)' 버튼을 누르면 〈그림 2-11〉처럼 이동평균선을 설정하는 창이 나옵니다. 그림과 같이 주봉을 선택하고 5, 10, 20, 60, 120, 240 이동평균선을 체크합니다.

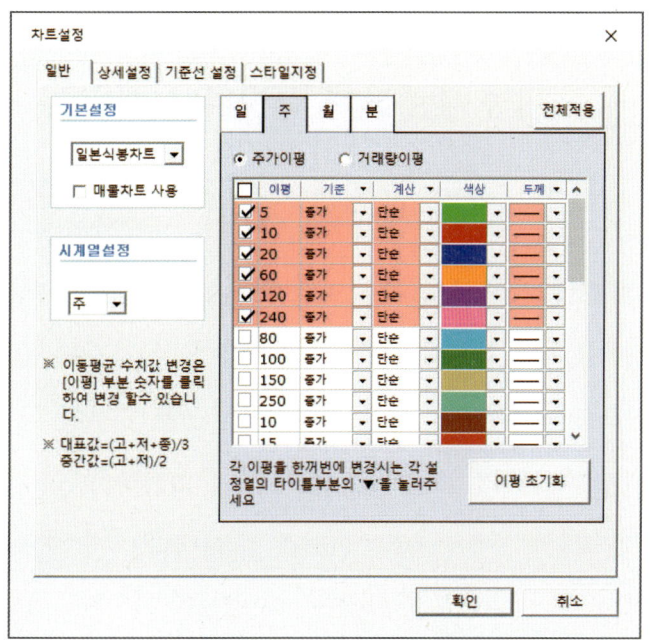

〈그림 2-11〉 이동평균선 설정

일, 주, 월, 분 탭을 눌러서 각각 이동평균선을 다르게 설정할 수 있고, 우측 상단 '전체적용' 버튼을 누르면 일봉, 주봉, 월봉, 분봉이 모두 같은 이동평균선으로 설정됩니다. 상단의 다른 메뉴 버튼도 한 번씩 눌러서 어떤 보조 기능이 있는지 직접 확인해보기 바랍니다. 차트를 익히는 가장 빠른 방법은 메뉴 버튼을 하나씩 직접 눌러가면서 기능을 체험하는 것이고, 매일 한 번씩 습관적으로 차트를 보는 것입니다. 휴대폰 애플리케이션도 나와 있으므로 매일 봉의 모습과 이동평균선을 관찰하며 예측해나가는 재미를 들이면 금방 차트에 익숙해집니다.

처음부터 너무 이동평균선이 많으면 혼란스러울 수 있으므로, 우선 주봉차트에서 실전에서 가장 많이 사용하는 5, 10, 20 이동평균선만 설정해 보겠습니다. 앞으로 편의상 이동평균선을 '이평선'으로 줄여서 말하겠습니다. 실전투자에서도 '5이평선' 또는 '5이평'이라고 많이 부릅니다.

이동평균선의 지지와 저항

〈그림 2-12〉는 코스피 지수 주봉차트입니다. 이평선 설정을 마치면 봉차트만 있던 차트에 이평선이 자동으로 표시됩니다. 조금 복잡해 보이기도 하지만 봉만 표시된 차트에 선이 그려지면서 각 기간별 주가의 흐름이 눈에 잘 들어옵니다. 각 이평선은 차트 좌측 상단에 숫자와 색으로 구분 표시(5MA, 10MA, 20MA)되어 있습니다.

〈그림 2-12〉 차트에 표시된 이동평균선

이평선의 지지

〈그림 2-12〉에서 A구간을 보면 바닥권에서 상승형 장대 양봉과 적삼병 연결봉 형태가 나오면서 상승 추세 반전을 예고합니다. 장대 양봉이 녹색 5이평선을 타고 상승하면서 10, 20이평선 위로 주가가 지속적으로 상승 추세를 이어갑니다. 상승 추세 중 음봉 두 개가 나오면서 주가가 조정을 받았지만 5이평선의 지지를 받아 종가가 모두 5이평선 위에서 마감하는 것을 볼 수 있습니다. 상승 추세 중에는 봉의 몸통이 5이평선에 닿거나 근처에 머무르며 5이평선 밑으로 잘 내려가지 않습니다. 따라서 이런 상승 추세에 있는 주가지수에 영향을 받는 주식형 펀드는 하락 반전되기까지는 현 상태를 유지하는 것이 정석입니다.

상승 추세의 정점에서 ⓐ와 같이 하락장악형 장대 음봉이 등장하며 추세 하락 반전을 예고하는데, 이익을 낸 사람이 많으므로 차익매물이 나오게 되고 주가가 조정을 받는 것은 당연하다고 생각해야 합니다. 이 시점에 투자자들의 성향에 따라 다양한 대응방법이 나옵니다.

첫째, 상승 추세의 하락 반전을 알리는 하락장악형 장대 음봉이 나왔으므로 즉각 채권형 펀드나 다른 주식형 펀드로 적립금을 이전하는 스타일입니다. 차트 분석에 어느 정도 자신이 있는 분들이 취하는 전략입니다.

둘째, 장대 음봉이 나왔지만 아직 5, 10이평선을 깨지 않고 있기 때문에 좀 기다렸다가 이평선 지지 여부를 확인하고 대응하는 스타일입니다. '무릎에 사서 어깨에서 팔아라'는 주식 격언에 적합한 투자 방식이며, 개인적으로 변액보험 투자자에게 권하고 싶은 방법입니다.

ⓐ고점에서부터 장대 음봉 두 개가 연속해서 나타났지만 10이평선 지지를 받고 튕기듯 올라갔습니다. 이때까지 지지를 확인하고 기다려보는 것은 정석입니다. 그러나 주의할 점이 있습니다. 이평선 지지를 받고 재상승했는데 직전 고점을 돌파하지 못한 채 ⓑ와 같이 장대 음봉이 등장하면 이번

에는 즉각적으로 주식형 펀드에서 적립금을 빼서 채권형 펀드나 다른 펀드로 이전해야 손실을 줄일 수 있습니다. 반등을 지켜보면서 고점 돌파를 기대하던 대기 매물들이 실망 매물이 되어 일시에 쏟아져 나오고, 주가가 급락하는 경우가 많기 때문입니다. 따라서 어느 정도 펀드에서 수익이 난 상태라면 조금 욕심을 버리고 선제적으로 대응하는 것이 바람직합니다.

셋째, 고점에서 적립금 이전을 하지 못한 것에 미련이 있어서 혹시 다시 그 자리까지 반등하지 않을까 하는 기대감으로 계속 지켜보는 스타일입니다. 가장 손해를 많이 볼 수 있는 투자 형태로서 원칙이 없이 기대감으로만 투자하는 경우일 수 있습니다. ⓑ에서 적립금 이전 기회를 놓쳤다면 그다음 20이평선 근처에서 주가의 반등을 노려볼 수 있습니다. 그런데 이 경우도 직전 고점 탈환에 실패한다면 실망 매물에 밀려서 급락할 가능성이 많으므로 냉정하게 원칙을 가지고 대응하는 습관을 들여야 합니다.

이평선의 저항

〈그림 2-12〉의 B구간에 접어들면서 주가가 하락하며 이평선도 하락하기 시작합니다. 기간이 짧은 5이평선부터 먼저 하락하기 시작하고 뒤를 이어 10, 20이평선 등 장기 이평선이 따라서 움직이기 시작합니다. 아무래도 기간이 긴 이평선은 평균값이 빠르게 움직이지 않기 때문에 단기 이평선이 장기 이평선보다 먼저 움직이는 것이 당연합니다.

B구간을 자세히 보면 하락하는 이평선에 봉들이 눌려 있는 듯한 모습을 확인할 수 있습니다. 이렇게 하락 추세에서 봉의 고점이 이평선에 가로막혀 넘어서기가 힘든 상황을 '이평선의 저항'이라고 말합니다. 상승 추세에서는 하락 지지선으로 봉의 발밑을 받쳐주던 이평선이 하락 추세에서는 반등하려고 하는 봉의 머리를 누르는 상승저항선으로 작용합니다.

이평선의 저항은 하락 추세뿐 아니라 상승 추세 중에서도 주가보다 위쪽에 있는 이평선 근처까지 주가가 상승하면 저항을 받기 시작합니다. 하락했거나 조정을 받던 주가가 반등에 성공하려면, 주가보다 위에 있는 이평선의 저항을 모두 뚫고 올라가야 하기 때문에 매수세가 매도세보다 훨씬 강해야 합니다. 일시적으로 매수세가 힘이 떨어지는 경우에는 상승 추세 중에서도 이평선 근처에서 단기적인 조정이 나올 수 있다고 당연하게 생각해야 합니다. 이평선은 평균 가격선이라서 항상 이평선 근처에는 매물이 몰려 있기 때문입니다.

또 하나의 차트를 통해 이평선의 지지와 저항을 살펴보겠습니다.

〈그림 2-13〉은 홍콩 H지수 주봉차트입니다. A의 상승구간에서 보면 상승 도중에 횡보하며 조정을 받던 지수가 ⓐ부분에서 20이평선의 지지를 받고 급등하는 모습을 볼 수 있습니다. B의 하락구간에서 지수가 5이평선의 지속적인 저항을 받으며 급락하였고, 반등을 모색했다가 ⓑ부분에서 역시 20이평선의 저항을 받아 다시 하락하는 모습을 보여주고 있습니다. 이렇듯 이평선은 봉과 함께 주가의 흐름을 판단하는 중요한 역할을 해줍니다.

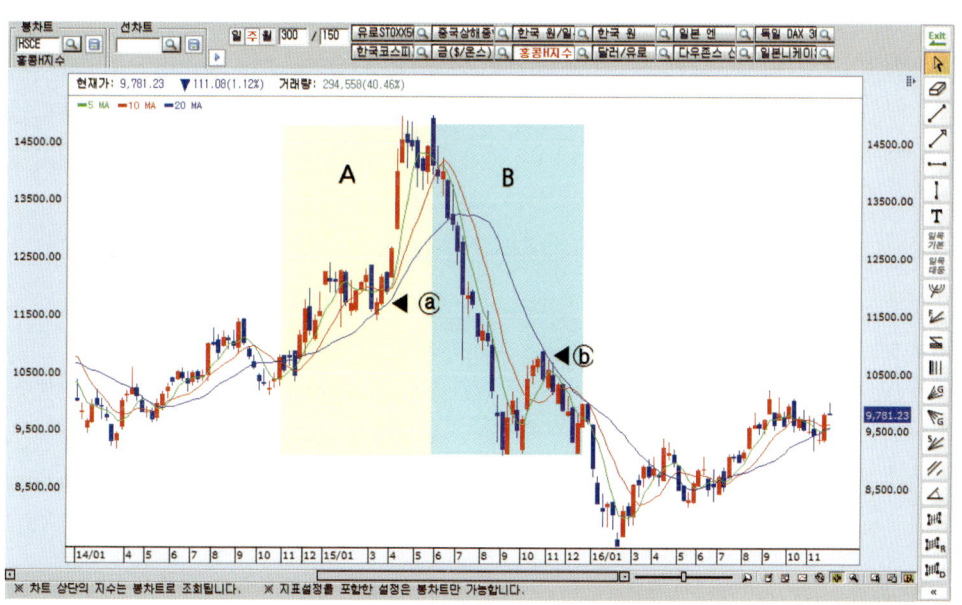

〈그림 2-13〉 이동평균선의 지지와 저항

이동평균선의 돌파 및 교차 분석

이평선의 돌파 및 교차 분석은 이평선의 배열, 돌파 및 교차를 이용하여 투자시점을 판단하는 분석방법을 말합니다. 선으로 표시되는 이평선의 흐름을 육안으로 쉽게 관찰할 수 있기 때문에 매우 직관적으로 투자 판단을 할 수 있다는 장점이 있습니다.

이평선의 배열

주가 > 단기 이평선 > 중기 이평선 > 장기 이평선 순으로 배열된 상태를 정 배열이라고 합니다. 주가가 모든 이평선 위에 있으므로 대부분의 투자자가 수익을 내고 있는 상태입니다. 정 배열 상태가 유지되면 주가의 상승 추세가 지속될 확률이 아주 높으므로 수익을 내고 있는 주식형 펀드는 현 상태를 유지합니다.

주가가 하락하더라도 밑에 배열된 이평선들이 지지선 역할을 해주므로 확실한 매도 신호(적립금 이전 신호)가 나올 때까지 대기합니다.

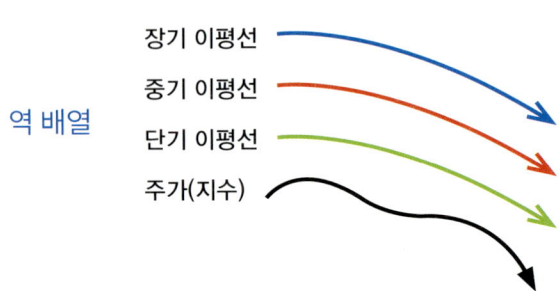

장기 이평선＞중기 이평선＞단기 이평선＞주가 순으로 배열된 상태를 역 배열이라고 합니다. 주가가 모든 이평선 밑에 있으므로 대부분의 투자자가 손해를 보고 있는 상태입니다. 역 배열 상태에서 주가가 상승을 하려면, 위에 있는 모든 이평선이 저항선으로 작용하므로 상당한 돌파 에너지가 필요합니다.

반등 시도 시마다 받는 저항정도를 체크해가면서 확실한 매수 신호가 나올 때까지 기다리는 것이 좋습니다. 주가가 장기간 하락해서 역 배열된 이평선 간의 간격이 좁혀져갈 때는 매수 대기 관점에서 바라보며 저점에서 매수할 수 있는 좋은 기회로 삼아야 합니다.

이평선의 돌파와 교차

하락 추세 중이거나 횡보하던 주가가 이평선을 돌파하는 모습을 보고 매수와 매도 시점을 판단할 수 있습니다. 기본적으로 주가가 이평선을 상향 돌파하면 매수(채권형에서 주식형으로 적립금 이전 및 추가납입)하고 이평선을 하향 돌파하면 매도(채권형으로 적립금 이전)하는 전략을 구사합니다.

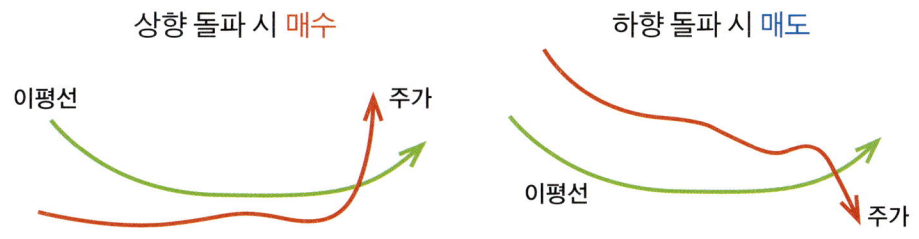

보통 주가가 이평선을 상향 또는 하향 돌파할 때는 이평선 간의 교차도 같이 발생하는 것이 일반적입니다. 이평선의 교차를 활용하여 매매하는 방법이 이평선의 교차 분석방법입니다. 이때의 매매도 주가의 돌파와 비슷하게 단기 이평선이 중·장기 이평선을 상향 돌파할 때(골든크로스)를 매수 시점으로 하고, 단기 이평선이 중·장기 이평선을 하향 돌파할 때(데드크로스)를 매도 시점으로 하는 방법입니다.

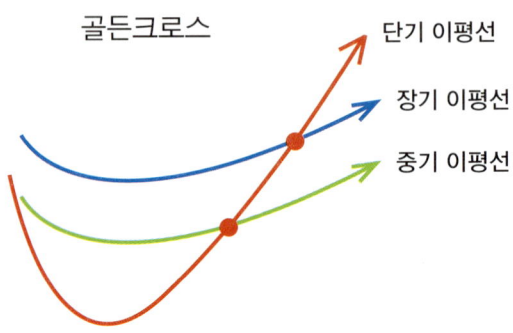

골든크로스는 단기 이평선과 중·장기 이평선이 교차되는 각각의 점이 매수 포인트입니다. 위험관리를 위해서 단기 이평선이 중기 이평선을 돌파하는 시점에 모든 투자를 집중하는 것보다는 2차 돌파까지 추세가 이어지는지를 확인한 후에 분할하여 투자하는 것이 좋은 방법입니다. 왜냐하면 자칫 2차 이평선이 저항선으로 작용하여 추세가 하락 반전될 수도 있기 때문입니다.

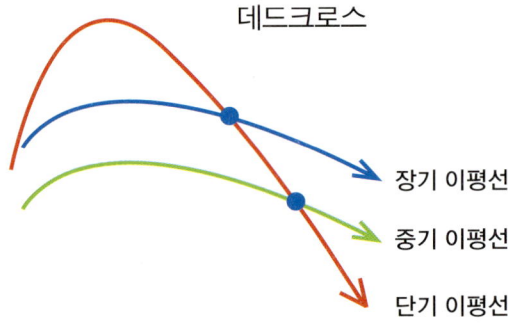

데드크로스는 하락하는 단기 이평선과 중·장기 이평선의 교차점이 매도 포인트입니다. 골든크로스 시 매수와 마찬가지로 1차 교차 시점에서 모든 주식형 적립금을 채권형으로 이전하기보다는 분할하여 이전하는 것도

좋은 방법입니다. 2차 교차점의 이평선이 지지선이 돼서 상승 추세로 반전될 수도 있기 때문입니다.

이평선의 돌파와 교차 분석을 차트로 확인해보겠습니다.

〈그림 2-14〉는 일본 니케이225 지수 주봉차트입니다. 검은색 원 안의 영역이 주가가 이평선을 상승 또는 하락 돌파하거나, 이평선의 상승 및 하락 교차가 발생하는 지점입니다.

그런데 A부분 노란색 원을 보시면 5이평선이 10이평선을 상향 돌파했지만, 20이평선의 저항을 받아 아래로 미끄러지듯 하락하는 모습을 보여주고 있습니다.

우리가 차트를 공부하는 이유는 투자 성공 확률을 더 높이려는 것이라는 점을 잊지 말아야 합니다. 한 가지라도 더 투자 성공 확률을 높일 수 있는 방법이 있다면 차트에 적용하면서 판단의 근거를 차곡차곡 쌓아가야 합니다. 실전 감각을 높이는 차원에서 〈그림 2-14〉를 보면서 그동안 배운 것을 잠시 복습하겠습니다. 먼저 차트에서 1부터 8까지 숫자로 표시된 지

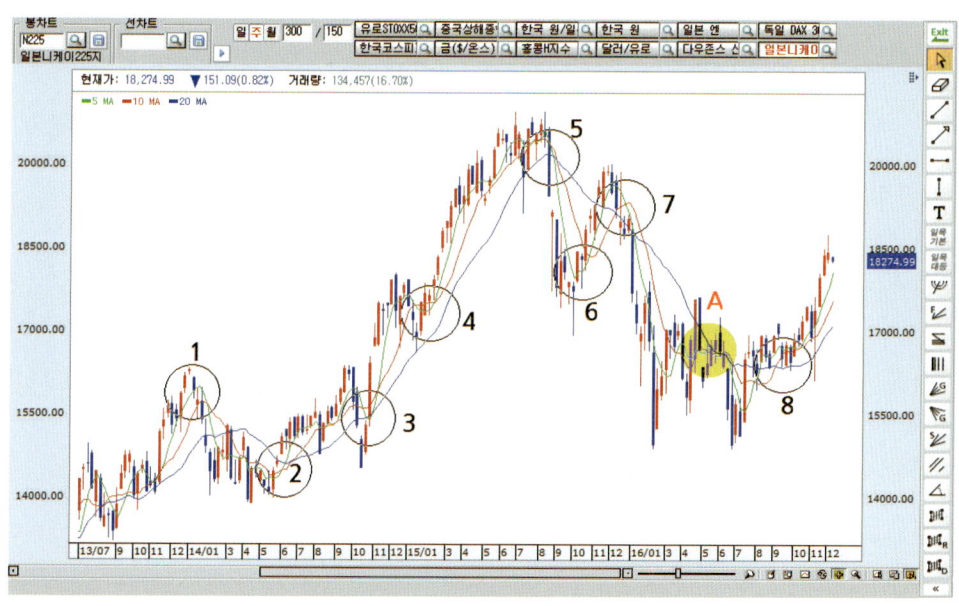

〈**그림 2-14**〉 이동평균선의 돌파와 교차

역을 보고 봉의 모양과 이평선의 지지와 저항, 돌파 등을 분석하고 예측해 보기 바랍니다.

1지역

상승하던 주가가 고점에서 석별형 봉 패턴이 나오면서 하락 반전을 암시합니다. 이어서 5이평선이 10이평선을 하향 돌파하는 데드크로스가 발생하며 급락이 나타났습니다.

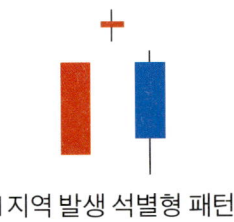

1지역 발생 석별형 패턴

2지역

급락했던 주가가 저점에서 상승장악형, 적삼병 봉 패턴이 발생하며 상승 추세 반전을 예고합니다. 이어 5이평선이 10, 20이평선을 돌파하는 모습을 보이며 상승 추세를 2개월 이상 이어갑니다. 상승 도중에 장대 음봉이 등장했지만 20이평선에 터치하며 하락세를 멈추었고 연속되는 양봉이 등장하며 주가가 5, 10이평선을 돌파하며 다시 상승합니다.

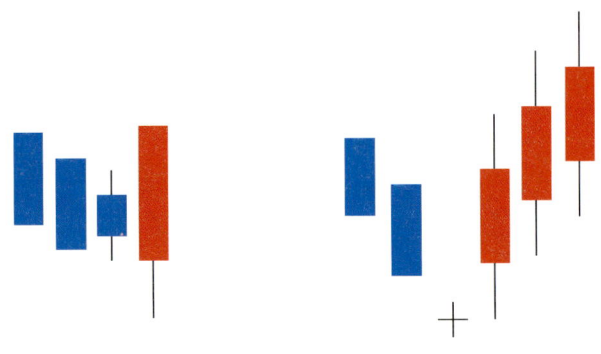

2지역 발생 상승장악형, 적삼병 패턴

3지역

장대 음봉 2개에 이어 하락 갭이 발생했고 장대 음봉이 또 나오며 하락 추세의 지속을 예고했습니다. 하지만 장대 양봉이 바로 출현하며 하락 갭을 바로 메우는 관통형과 상승장악형 유사 패턴이 등장하여 반등에 성공했습니다. 두 번째 장대 양봉이 5, 10, 20이평선을 모두 돌파하는 모습이 나오는데, 돌파하는 시점이 매수 또는 추가납입 포인트입니다.

3지역 발생 관통형, 상승장악형 패턴

4지역

하락장악형 음봉이 등장하며 5, 10이평선을 뚫고 내려갔으나 20이평선 지지를 받았습니다. 이어 등장한 장대 양봉이 5, 10이평선을 다시 돌파하며 급등세를 이어갑니다. 이후에는 5이평선의 지지를 받으며 약 6개월간 상승세를 이어갑니다.

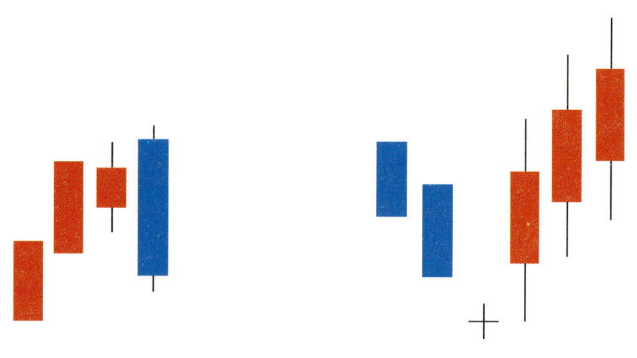

4지역 발생 하락장악형, 적삼병 패턴

5지역

4지역 이후 급등한 주가가 우측으로 횡보 조정을 받았고 5지역에서 장대 음봉이 등장합니다. 천장권에서 이런 장대 음봉의 출현은 일반적으로 급락세를 연출하므로 항상 주의 깊게 시장을 바라보며 탈출 준비를 해야 합니다. 5, 10이평선이 20이평선을 하향 돌파하는 데드크로스가 발생했습니다. 하락 기간 중에 아래 꼬리 긴 양봉이 나오며 하락세를 멈추려고 하지만 또다시 장대 양봉이 등장하며 추가 급락합니다.

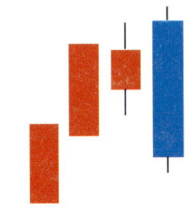

5지역 발생 하락장악형 패턴

6지역

급락하던 주가가 6지역에서 아래 꼬리 긴 상승 망치형 패턴이 나오며 반등에 성공합니다. 아래 꼬리 긴 망치형 패턴은 음봉이든 양봉이든 추세 상승 반전을 암시합니다. 꼬리의 길이만큼 매수 세력이 물량을 받아내며 주가를 밀어 올렸다고 판단하는 것입니다. 이후 장대 양봉이 등장하며 주가가 5이평선을 돌파하는 모습을 보였고 7지역까지 5이평선 지지를 받으며 상승하는 모습을 보입니다.

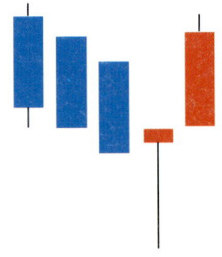

6지역 발생 상승 망치형 패턴

7지역

6지역에서 상승 반전에 성공한 주가가 두 달여간 상승하였으나 7지역에 이르러 석별형 패턴이 등장하며 하락 반전을 예고합니다. 이어서 5이평선이 10이평선과 20이평선을 차례로 돌파하며 급락합니다. 천장권에서 석별형 패턴의 등장은 아주 강력한 하락 추세 반전이라는 것을 명심하기 바랍니다.

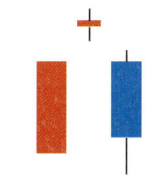

7지역 발생 석별형 패턴

8지역

A지역에서 내려오는 20이평선의 저항에 밀려 상승 돌파에 실패한 주가는 직전 저점까지 밀려 내려옵니다. 횡보하는 20이평선을 5, 10이평선이 상승 돌파하는 골든크로스가 발생하였고, 주가가 5이평선 지지를 받으며 급등세를 연출합니다.

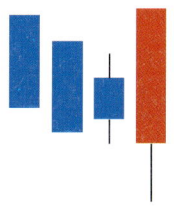

8지역 발생 상승장악형 패턴

봉과 이동평균선의 변동 시차에 따른 대응방법

하루 동안 분봉의 변화가 일봉이 되고, 한 주 동안 일봉의 변화가 주봉이 되고, 한 달 동안 주봉의 변화가 월봉이 됩니다. 따라서 주가의 상승과 하락은 분봉부터 그 변화의 움직임이 시작됩니다. 변액보험 펀드 관리는 기본적으로 주봉을 기준으로 해야 한다고 했지만, 급등세나 급락세가 나올 때처럼 한 주 동안 주가의 변동 폭이 클 때는 주봉이 아니라 일봉의 패턴과 이평선의 움직임을 보고 선제 대응할 수 있도록 준비해야 합니다.

주가가 급등할 때는 장대 양봉이 나오고 급락할 때는 장대 음봉이 나오는 것이 일반적입니다. 일봉에서 장대 양봉이 나오기 시작하면 주봉에서도 봉과 이평선이 우상향으로 방향을 틀게 됩니다. 따라서 일봉에서 큰 추세 반전의 신호가 일어나기 시작하면 뒤따라서 주봉이 변하게 되므로, 그 이전에 일봉의 봉 패턴과 이평선의 돌파 등을 근거로 먼저 적립금을 이전하거나 추가납입을 하여 수익을 키우는 방법을 익혀두는 것이 필요합니다.

〈그림 2-15〉는 봉과 이동평균선의 시차를 보여줍니다. 좌측 상단부터 코스피 지수 30분봉, 일봉, 주봉, 월봉 차트를 차례로 표시했습니다. HTS에서는 차트 ▶종합차트 ▶멀티차트 메뉴에서 설정할 수 있습니다.

〈그림 2-15〉 좌측 상단 첫 화면 30분봉이 계단처럼 상승하는 것을 볼 수 있습니다. 30분봉은 정규 주식시장 거래시간인 9시부터 15시 30분까지 하루에 봉 7개가 만들어집니다. 실제 주식 현물투자에서는 1분 단위 분봉을 많이 활용합니다만, 변액보험 펀드 관리는 1분봉으로 할 수 없습니다. 대신 추세의 변곡점으로 보이는 부분에서 30분봉과 일봉을 관찰하는 것은 필요합니다. 앞으로 변화할 주봉의 모양을 예측 가능하게 하기 때문입니다.

<그림 2-15> 봉과 이동평균선의 변동 시차

　30분봉 중 마지막 봉이 장대 양봉으로 나오면서 그날의 일봉이 장대 양봉으로 마무리되었습니다. 이후에 발생하는 일봉에서 갭 상승 양봉이 나오고, 주봉, 월봉에서 주가가 모두 이평선을 돌파하는 모습을 보여주며 향후 상승흐름으로 전환을 예고하고 있습니다. 이런 흐름을 보인다면 꼭 주봉이 완성되기 전이라도 미리 주식형 펀드로 전환을 검토하고 실행할 수 있어야 합니다.

　이상에서 봉과 이평선을 활용한 분석방법을 알아보았습니다. 차트 분석 방법을 이 책에서 처음 접하는 독자들은 많이 낯설고 어렵다고 느낄 수 있습니다. 무엇이든 처음에는 많이 낯설고 어색하고 복잡하게 느껴집니다. 결국 반복적으로 차트를 보면서 봉을 이해하고 이평선의 지지와 저항, 돌파 및 교차를 분석하고 예측하는 습관을 들여야 합니다. 예측이 맞아가면서 수익이 나는 쾌감을 느낄 것입니다.

9장

거래량 분석

Variable fund

거래량 분석의 개념

거래량 분석방법은 주식을 사고팔면서 발생하는 거래량의 변화를 분석하여 향후 주가의 흐름을 예측하는 방법입니다. 보통 단독으로 활용하기보다는 봉과 이평선을 활용한 분석방법과 연계하여 보조적으로 활용합니다.

주가가 올라갈 때 거래량이 증가하고 주가가 하락할 때 거래량이 감소하는 것이 일반적입니다. 거래량은 주가 상승의 추진동력이기 때문에 봉과 이평선의 돌파 및 교차 등을 통해 매수나 매도 타이밍을 잡을 때, 당시의 거래량을 확인하는 것이 신뢰도를 높일 수 있는 방법입니다.

거래량 분석의 핵심 정리

> ① 주가의 상승에 거래량이 동반되지 않으면 추세가 곧 꺾인다.
> ② 주가가 바닥권에 있을 때 이평선을 돌파하는 장대 양봉이 등장하고 대량으로 거래량이 발생하면, 상승 추세 반전의 시작을 알리며 신뢰도가 매우 높다.
> ③ 주가가 많이 상승한 천장권에서 장대 음봉이 발생하며 거래량이 폭증한다면, 대량의 차익매물이 나오는 것으로 판단하여 주식형 펀드에서 채권형 펀드로 적립금 이전을 적극 검토한다.
> ④ 주가는 많이 오르지 않았지만 평소보다 거래량이 점진적으로 증가하고 이평선들이 모이기 시작하면, 조만간 상승 추세가 본격화되는 전조현상으로 간주하고 주식형 펀드로 적립금 이전을 준비한다.
> ⑤ 하락 추세 중 주가가 잠시 반등하는 구간에서 양봉이 나타난 이후에 이평선의 저항을 받아 음봉이 나타나고 거래량이 크게 증가한다면, 추가적인 큰 폭의 하락을 예고한다. 보수적인 관점에서 대응하고 주식형 펀드로 추가납입 등을 유보하는 것이 좋다.
> ⑥ 몸통이 긴 양봉에 많은 거래량이 발생하면 긍정적인 신호로 보고, 몸통이 긴 음봉에 많은 거래량이 나타나면 부정적인 신호로 본다.
> ⑦ 전 고점을 돌파하는 양봉의 거래량이 전 고점 당시보다 적으면, 추진력이 약해서 전 고점 근처의 매도 물량에 밀려 하락할 확률이 높다.

봉·이동평균선·거래량 연계 분석

주가의 흐름을 분석하고 예측하기 위해서 단일봉과 연결봉, 이평선의 지지·저항·돌파 등을 활용하는 방법을 알아보았습니다. 여기에 거래량 정보를 더해 신뢰도를 높이는 거래량 분석방법을 예를 들어 알아보겠습니다.

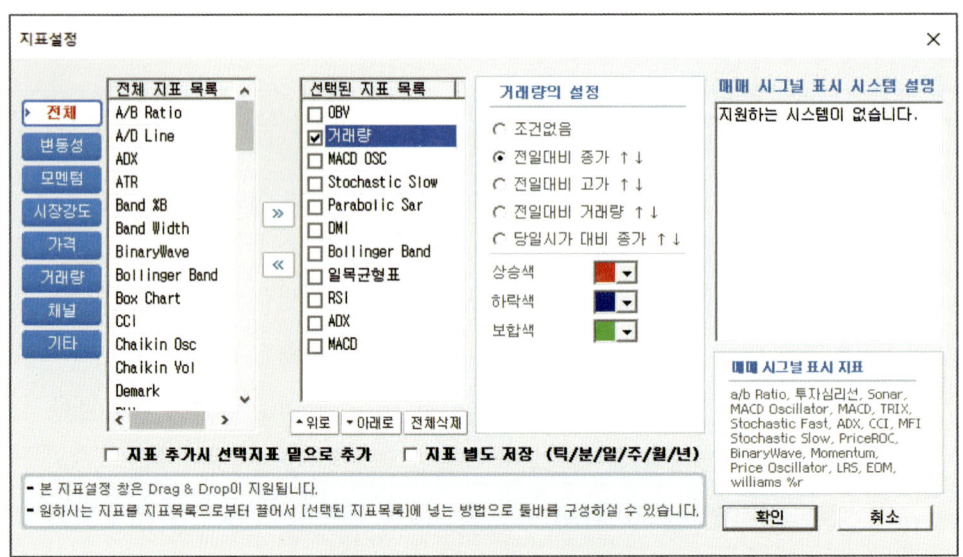

<그림 2-16> 거래량 보조지표 설정

먼저, 차트상에 거래량 정보를 표시하려면 HTS 우측에 있는 툴바에서 '지표설정' 버튼을 누릅니다. 〈그림 2-16〉과 같이 지표설정 창이 나타나는데, 거래량에 체크하고 확인을 누르면 봉과 이평선이 표시된 차트 하단에 거래량 정보가 막대차트로 표시됩니다. 기본 설정은 주가가 전일(전주, 전월) 종가보다 높게 마감하면 적색으로 표시되고, 전일 종가보다 낮게 마감하면 청색으로 표시됩니다. 해당 봉의 수직 방향 아래에 있는 거래량 막대의 높이가 거래량을 표시합니다. 거래량 이동평균선도 같이 표시되지만, 봉차트의 이평선보다 더 후행하는 특성이 있으므로 참고하기 바랍니다.

뒤에 배우게 될 다른 보조지표들도 '지표설정' 메뉴로 설정할 수 있는데, 이 장에서는 거래량에 대해서만 우선 알아보겠습니다.

〈그림2-17〉는 중국 상해종합주가지수 주봉차트입니다. A~D구간까지 주가의 상승 추세 중 각 구간과 거래량과의 상관관계를 알아보겠습니다.

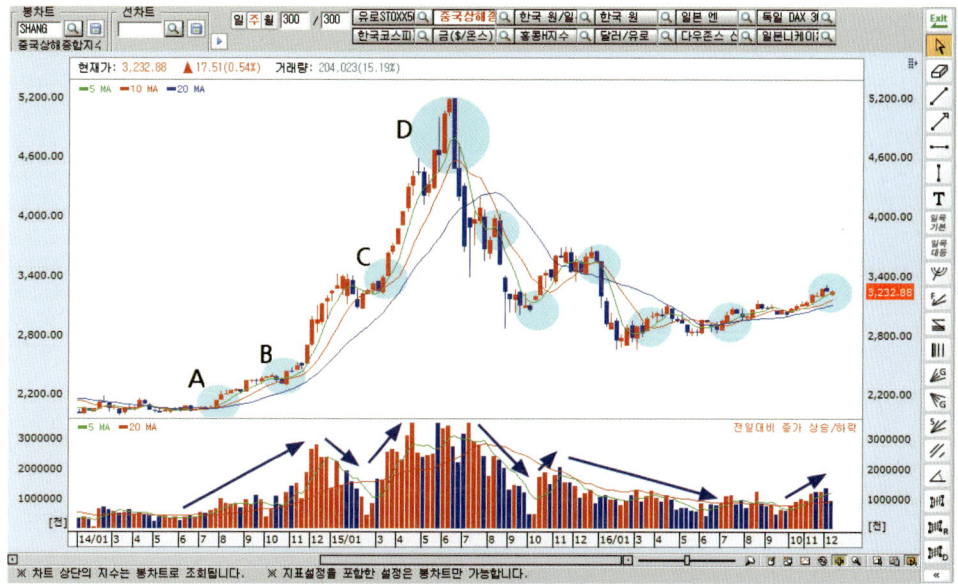

〈그림 2-17〉 주가와 거래량과의 관계-상승 추세

A구간

바닥권에서 주가는 크게 상승하지 못하고 횡보 추세를 보이다가 A구간에서 이평선이 모이며 거래량이 증가하기 시작합니다. A구간에서 5, 10, 20이평선을 돌파하는 장대 양봉이 등장하며 매수 신호를 보내는데, 거래량을 확인하지 않은 상태에서도 A구간은 봉과 이평선 분석만으로도 추세 상승 반전을 알리기에 충분한 모습입니다.

이때 밑에 있는 거래량을 습관적으로 확인하는 것이 중요합니다. 주가가 이평선을 돌파하는 시점의 거래량을 보면 최근 6개월 중 최고치에 근접하여 주가의 추세 상승을 예고하므로, 주식형 펀드로 적립금 이전과 추가 납입에 적극적으로 대응해야 합니다.

B구간

A구간부터 상승하기 시작한 주가가 상승 도중 정점에서 얕은 횡보 조정

을 받고 5, 10이평선을 잠시 이탈합니다. 그러나 짧은 음봉인 데다 10이평선을 크게 벗어나지 않고 지지받는 모습입니다. 아래 거래량을 보니 주가 상승 시 거래량보다 많지 않으므로 매도 물량이 많이 출회되지 않은 것으로 판단합니다. 이럴 땐 일단 보유하며 다음 봉과 거래량을 보고 판단하는 것이 정석입니다.

그다음 등장한 상승장악형 장대 양봉이 5, 10이평선을 돌파하는 모습을 보이고 전 고점을 돌파합니다. 전 고점을 돌파할 때는 전 고점 부근에 몰린 매물을 이겨내야 하기 때문에 많은 거래량이 필요하게 됩니다. 돌파 시점의 거래량을 확인해보면 그해에 가장 많은 거래량이 확인되므로, 이런 모습에서는 상승 추세가 이어질 것으로 판단하여 적극적인 투자를 해야 합니다.

C구간

B구간에서 다시 시작된 상승 추세는 5이평선의 지지를 받으며 급등세를 연출합니다. 상승의 정점에서 음봉 두 개가 나란히 나타나는데 10이평선을 이탈하는 모습까지 보입니다. 이런 경우가 판단하기 애매할 때인데, 밑에 거래량을 보고 매도할지 여부를 결정하면 도움이 됩니다. 거래량을 보니 이전 상승 시기보다 거래량이 적게 발생한 것을 확인할 수 있습니다. 그렇다면 아직 매도세가 본격화되지 않았다고 판단하여, 다음 봉의 모습과 이평선 지지 여부를 확인해 결정하는 것이 좋습니다. 물론, 이미 수익이 많이 난 상태이므로 일부 적립금을 채권형으로 옮겨놓는 것도 안전한 투자방법입니다.

음봉 두 개에 이어 등장한 상승장악형 양봉은 향후 주가가 상승할 것으로 기대되는 아주 중요한 단서를 제공합니다. 그것은 음봉으로 하락할 때의 거래량보다 더 적은 거래량으로 주가를 상승시켰다는 것입니다. 일반적으로 고점에서 매도세를 이겨내며 상승하려면 많은 거래량이 필요한데, 오히려 음봉으로 하락할 때보다 적은 거래량으로 상승장악형 장대 양봉을 만들었습니다. 이것은 많은 투자자가 추가 상승을 노리고 물량을 내놓지 않고 있다고 해석할 수 있습니다. 이후 추세 상승이 이어지고 또다시 많은 거래량이 나오면서 전 고점을 돌파하는 멋진 모습을 보여줍니다.

D구간

A~B~C 구간을 힘차게 달려온 주가가 정점으로 치닫고 있는 모습을 보여줍니다. 바닥권으로부터 지수가 무려 250% 정도 상승한 상태입니다. 상승 도중에 조정다운 조정도 없었기 때문에 보수적인 투자가 필요한 구간이며, 수익을 더 추구하는 것보다 수익을 지키는 전략을 구사해야 하는 구간입니다. 이미 천장권에서 나타난 장대 음봉은 시장을 탈출하라고 경고를 보내고 있습니다. 거래량도 상당히 많이 나오면서 이익을 실현하려는 매물이 많이 나오고 있음을 알 수 있습니다. 아무리 늦어도 주가가 10이평선을 하향 돌파하거나 5이평선이 10이평선을 하향 돌파하는 데드크로스가 발생한 시점에는 시장을 빠져나와 적립금을 채권형으로 이동시켜놓고 시장을 관망해야 합니다.

이번에는 〈그림 2-18〉 D~H구간까지 하락 추세 중의 주가와 거래량의 상관관계, I~J구간까지 바닥권에서 반등하는 구간의 주가와 거래량과의 상관관계를 알아보겠습니다.

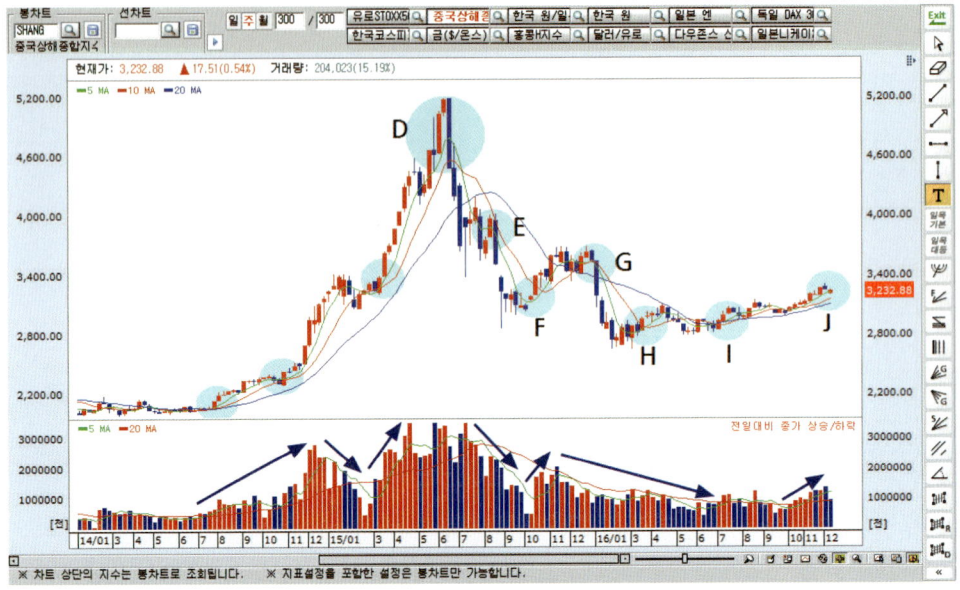

〈그림 2-18〉 주가와 거래량과의 관계-하락 추세

E구간

D구간부터 급락하기 시작한 주가가 E구간에서 반등을 시도합니다. 그런데 내려오는 10이평선의 저항을 받아 아래로 재차 급락합니다. 연속되는 장대 양봉이 두 개가 나왔지만 거래량을 살펴보니 앞에 장대 음봉이 발생할 때보다 훨씬 적습니다. 반등 추세에서 거래량이 적으면 에너지가 부족하여 상승 추세로 반전시키기 어렵다는 것을 알 수 있습니다.

일반적으로 급락하던 주가가 반등 시에는, 원래 급락하기 시작한 지점까지 단번에 반등하지 못합니다. 왜냐하면 급락에 미처 대응하지 못한 차익매물과 손절매 물량이 주가가 반등하기 시작하면서 계속 쏟아지기 때문입니다. 따라서 급락 초기에 대응하지 못했다면 첫 번째 반등할 때를 놓치면 안 됩니다.

F구간

E구간부터 2차 급락한 주가가 F구간까지 거래량이 급감하는 것을 알 수 있는데, 이제 급락세가 진정되고 있음을 말해줍니다. 바닥권에서 다시 거래량이 폭증하며 갭 상승한 짧은 양봉이 등장하며 바닥을 탈출하리라는 기대감을 갖게 합니다. 이럴 때 바로 매수로 들어가는 것보다는 그다음 봉과 거래량을 보고 판단해야 합니다. 그다음에 등장한 장대 양봉이 10이평선을 많은 거래량으로 돌파하는 모습이 나오는데 이런 모습일 때가 매수 타이밍입니다.

G구간

F구간 바닥권에서 반등에 성공한 주가가 20이평선까지 돌파합니다. 그러나 거래량이 부족하여 상승 추세를 이어가지 못합니다. 결국 부진한 거래량 속에 횡보 조정을 받다가 G구간에서 장대 음봉이 이평선들을 하향 돌파하며 급락하게 됩니다.

H구간

G구간부터 급락한 주가가 H구간에서 거래량이 늘면서 10이평선을 돌파해 반등합니다. 그러나 거래량이 충분하지 못한 모습입니다. 반등 추세를 이어가지 못하고 20이평선의 저항을 받아 다시 미끄러지듯 I구간 초입까지 하락합니다.

I구간

저점이 H구간 저점보다 높은 위치에 있으므로 급락세는 완료되었다고 판단합니다. 거래량이 늘면서 모여 있는 이평선 위로 장대 양봉이 돌파하는 모습이 등장합니다. 횡보하거나 저점 근처에서 I구간 같은 모습이 나오면서 많은 거래량이 동반된다면 결정적인 매수 기회라고 여겨도 됩니다. <mark>상승장악형 양봉이 나오면서 주가가 이평선을 돌파하는 장대 양봉을 꼭 기억</mark>해두기 바랍니다.

J구간

I구간부터 시작한 주가의 상승 추세가 이평선들의 지지를 받으며 J구간까지 꾸준히 상승하는 모습입니다. 거래량도 점점 늘어가며 안정된 상승 에너지를 공급하고 있습니다. 그런데 J구간 정점에서 짧은 음봉이 나오면서 아래 거래량을 보니 연중 최고치를 기록하는 모습입니다. 주가가 하락하면서 최고의 거래량이 발생한다면 일단은 추가 하락을 의심해봐야 합니다. 아직까지는 5이평선을 지지하고 있으므로 일단 매도를 보류하고 다음 봉을 보고 결정하는 것도 괜찮습니다. 그다음 등장한 짧은 양봉을 보니 종가가 전에 있는 음봉에 미치지 못하고 거래량도 적습니다. 이렇게 거래량이 적은 모습으로 반등하는 양봉은 추세 반전의 힘이 부족하다고 판단하여 조만간 조정이 올 것이라고 생각해야 합니다.

이상에서 봉, 이평선과 거래량을 연계해서 분석하는 방법을 알아보았습니다. HTS에서 중국, 일본, 미국 등 해외지수 차트를 확인하려면 '<mark>차트 ▶ 해외지수 차트 ▶ 해외지수 및 환율 차트</mark>' 메뉴에서 확인할 수 있으므로 직접 HTS 상에서 앞서 배운 구간들을 크게 확대하여 확인해보기 바랍니다.

HTS에서 다양한 해외지수 및 환율 차트를 알아보려면, 〈그림 2-19〉에서처럼 차트에 표시된 돋보기 버튼을 눌러서 원하는 지역의 지수나 환율을 선택하면 됩니다.

〈그림 2-19〉 해외지수 및 환율 차트 설정

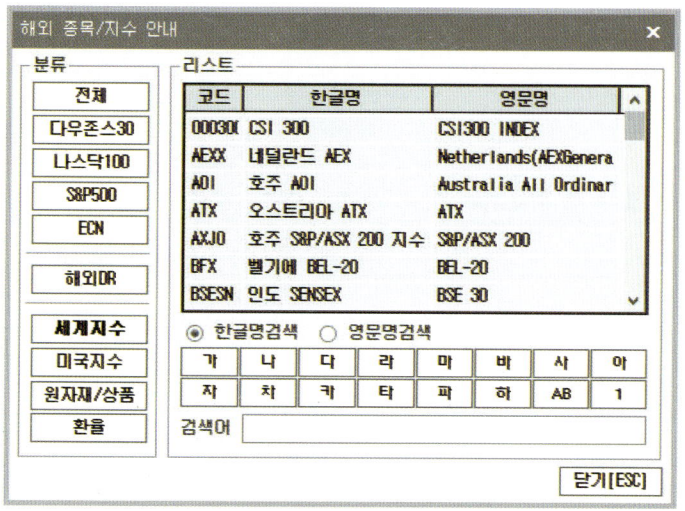

〈그림 2-20〉 해외지수 상세 설정

〈그림 2-20〉은 돋보기 버튼을 누르면 나오는 창입니다. 원하는 국가나 지역의 지수와 환율, 원자재 등 다양한 정보를 차트로 확인할 수 있습니다. 연습하는 차원에서 세계 여러 나라의 지수 차트를 보고 상승과 하락 시 봉·이평선·거래량을 분석해보고 실전 감각을 키우기 바랍니다.

지지와 저항, 추세 분석

Variable fund

　차트 분석의 목적은 다양한 분석방법을 활용하여 주가의 흐름을 예측하고, 투자의 성공 확률을 높이는 데 있습니다. 앞에서 봉·이평선·거래량 분석에 대해 알아보았는데, 이 세 가지 요소만 잘 이해하고 활용해도 차트 분석의 효과를 충분히 거둘 수 있습니다.

　이번 장에서는 지지와 저항, 추세 분석을 통해 주가가 대략 어디까지 상승하고 어디까지 하락할 것인지, 어디쯤에서 지지를 받고 어디쯤에서 저항을 받아 밀릴지, 상승 추세나 하락 추세가 지속될 것일지 반전될 것일지 등을 예측하는 방법에 관해 알아보겠습니다. 이 방법 또한 봉·이평선·거래량 분석의 보조적인 방법으로 많이 활용되고 있습니다.

지지와 저항의 개념

　실전에서 주가의 움직임을 관찰하다 보면 일정한 규칙성을 발견할 수 있습니다. 주가가 상승하다가 어느 지점부터는 더 상승하지 못하고 매물의 저항을 받아 하락 반전하는 경우가 있고, 무섭게 하락하던 주가가 어느 지점에 이르러서는 더 이상 하락하지 않고 지지를 받아 상승 반전하는 경우가 많다는 것입니다.

이렇게 주가가 상승 추세 중에 특정 지점에서 밀리며 하락하는 경우를 저항을 받는다고 말하고, 반대로 하락 추세 중에 특정 지점에서 반등하며 상승하는 경우를 지지를 받는다고 말합니다.

앞서 이평선 분석방법에서 상승하던 주가가 이평선의 저항을 받아 하락하고, 하락하던 주가가 이평선의 지지를 받아 반등한다는 것을 알아보았는데, 여기에 추가로 확인해야 할 핵심사항을 알아보겠습니다.

지지와 저항의 법칙

봉이 1차적으로 지지와 저항 역할을 한다

봉은 1차적으로 지지와 저항 역할을 합니다. 양봉이든 음봉이든 상관없이 각각의 시가, 종가, 고가, 저가가 이후에 등장하는 봉들에 영향을 미치는데, 차트를 통해 알아보겠습니다.

〈그림 2-21〉은 미국 다우존스 산업지수 2016년 주봉차트인데, 편의상 이평선을 표시하지 않았습니다.

A구간

양봉들이 연속적으로 나타나며 상승 추세에 있는 모습입니다. 자세히 관찰해보면 이전에 있는 양봉의 종가를 지지점으로 하고, 아래 꼬리는 앞에 있는 봉의 몸통 절반 이하로 내려가지 않은 상태로 지지를 받으며 상승하고 있음을 확인할 수 있습니다. 즉, 양봉의 몸통과 종가가 그 자체로 주

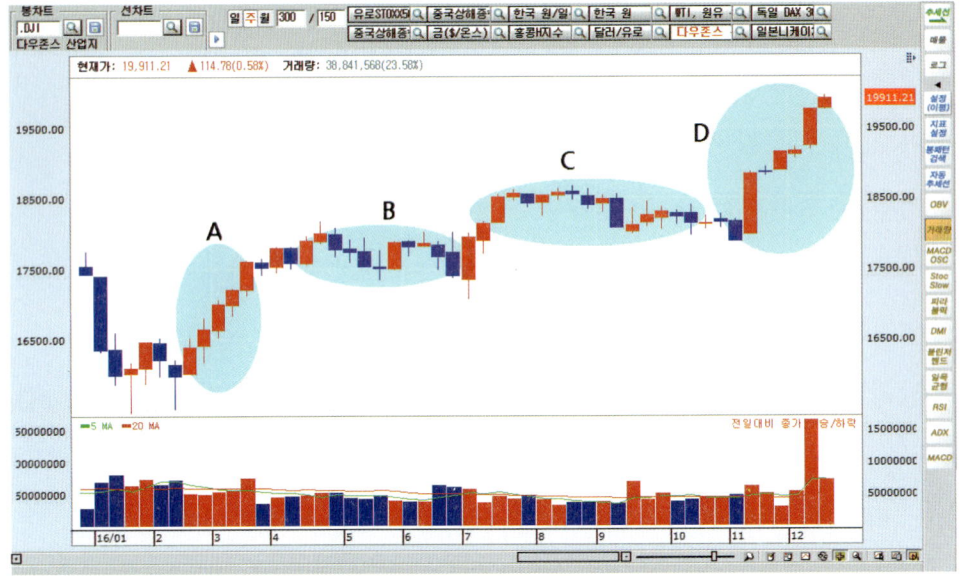

〈그림 2-21〉 봉의 지지와 저항

가를 받쳐주는 상승 추세의 지지점으로 작용했습니다.

B구간

단기간 급등에 대한 부담으로 주가가 횡보하며 조정을 받고 있는 모습입니다. 앞부분 연속되는 음봉 네 개를 보면 시가가 이전 봉의 종가 부근에서 상승하지 못하고 저항을 받아 밀리는 모습을 확인할 수 있습니다. 상승 추세 중에는 이전 봉의 종가가 지지선으로 작용하지만, 하락 시에는 저항선으로 작용하는 것입니다. 구간의 끝부분에서 위 꼬리가 긴 역망치형 음봉이 나오지만, 종가가 B구간의 저점을 깨지는 않았으므로 아직까지는 힘겹게 지지를 받고 있다고 판단합니다. 이어서 등장한 상승장악형 장대양봉이 상승 추세 반전을 암시하는데, B구간 고점을 아직 완전히 돌파하지는 못했고 다음 양봉이 앞의 장대 양봉을 지지 삼아 전 고점을 돌파합니다.

C구간

B구간에서 전 고점을 돌파하며 상승한 지수가 횡보하며 조정을 받고 있습니다. 고점에서 짧은 팽이형·도지형 양봉과 음봉들이 옹기종기 모여 있는 모습입니다. 균형을 이루며 각각의 고가와 종가가 저항과 지지 역할을 하고 있습니다. C구간 마지막에 장대 음봉이 나타났지만 거래량이 많지 않고, 구간 초반에 전 고점을 돌파하며 나타난 장대 양봉의 몸통 아래로 주가가 무너지지 않았으므로 지지를 받는 모습으로 해석할 수 있습니다. 애매할 수 있으므로 이 경우에는 이평선 지지를 받는지 보완해서 분석합니다.

D구간

C구간 이후 얕은 반등으로 상승한 주가가 횡보 조정을 받은 이후에 장대 양봉이 등장하며 C구간의 고점을 다시 돌파합니다. 역사상 전 고점을 돌파하는 경우에는 앞으로 어디까지 상승할지 알 수 없습니다. 따라서 이렇게 장대 양봉으로 전 고점을 돌파하는 모습이 나오면, 적극적으로 투자에 참여(해당 주식형 펀드로 이전, 추가납입)해야 합니다.

장대 양봉 이후 십자형 도지가 나타나고 이후 등장하는 봉들이 앞 봉의 종가를 지지 삼아 지속 상승하는 것을 확인할 수 있습니다.

이평선이 2차 지지와 저항 역할을 한다

봉의 모습만 보고 판단하기 애매한 경우가 많은데 〈그림 2-21〉에 이평선을 표시해보겠습니다. 차트 위에 마우스를 위치하고 마우스 오른쪽 버튼을 누릅니다. 이어서 나타나는 메뉴에서 '차트 설정(이평)'을 선택하면 〈그림 2-22〉처럼 이평선 설정 창이 나옵니다. 그동안 표시하지 않았던 60, 120이평선까지 체크하고 '전체적용' 버튼을 누른 다음 '확인'을 눌러

줍니다.

그동안 편의상 5, 10, 20이평선만 주봉차트에 표시했습니다. 이평선이 추가되면 지지와 저항을 파악하는 데 더 도움이 되므로 차트 보기에 익숙해진 분들은 60, 120이평선까지 추가해서 보기 바랍니다. 이평선이 많이 표시되면 조금 정신없어 보일 수도 있습니다만, 보이지 않던 지지와 저항선이 생기는 것을 확인할 수 있어서 많은 도움이 되므로 지속적으로 활용하기 바랍니다.

〈그림 2-21〉에 60, 120이평선을 추가로 표시하도록 설정하면, 〈그림 2-23〉처럼 그동안 보이지 않던 60, 120이평선이 차트 중간에 표시됩니다. 봉만 표시될 때보다 지지와 저항의 모습을 더 잘 확인할 수 있습니다.

A구간 상승기간 동안과 정점에서는 봉의 지지와 함께 5이평선의 지지가 있었음을 확인할 수 있습니다. 또 조정기간 중에는 5이평선의 저항도

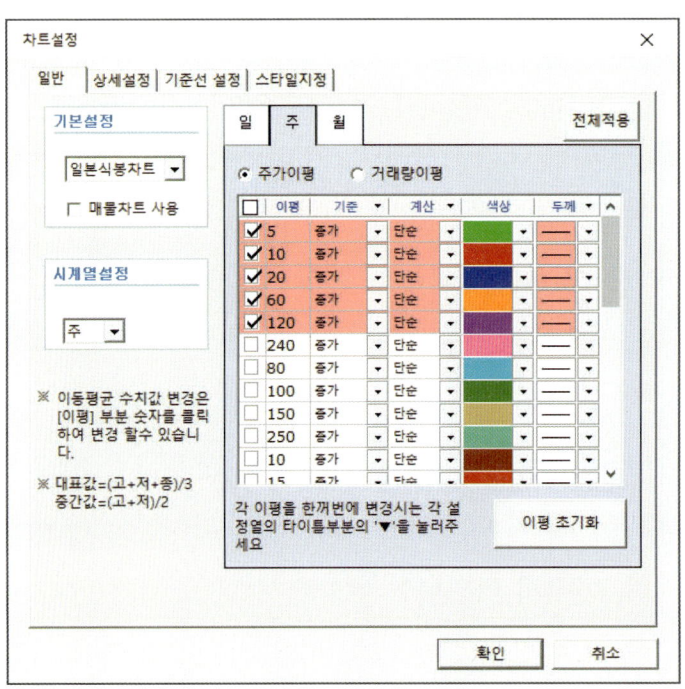

〈그림 2-22〉 이평선 추가설정

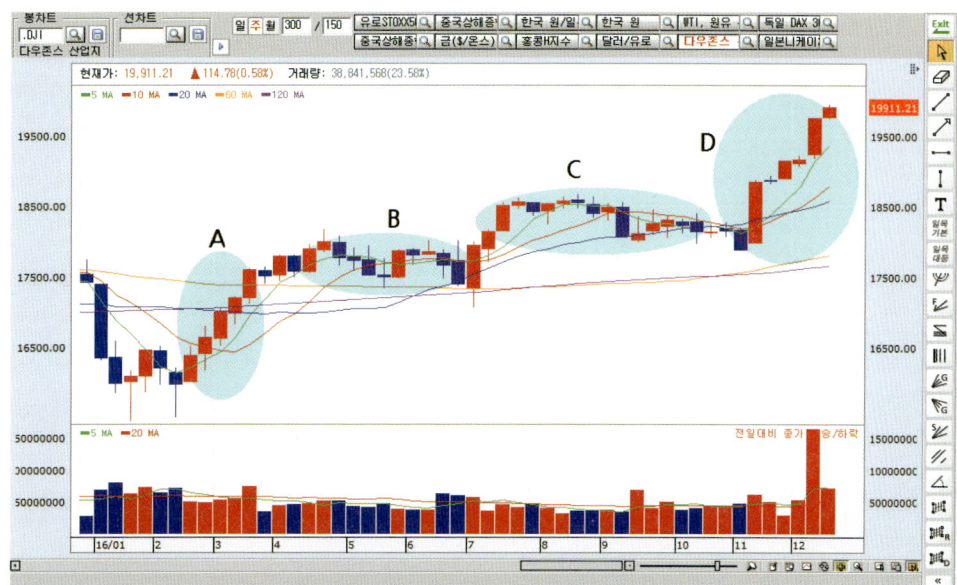

〈그림 2-23〉 봉과 이평선의 지지와 저항

확인할 수 있습니다.

B구간 끝에 등장한 역망치형 음봉은 봉의 지지와 저항만으로는 판단하기 애매했지만, 이평선이 표시되면서 20이평선의 지지를 받고 있음을 알 수 있습니다. 이어서 등장한 아래 꼬리 장대 양봉은 60, 120이평선 지지를 받는 모습을 확인할 수 있는데, 만약 60, 120이평선을 표시하지 않았다면 확인할 수 없었을 것입니다.

C구간 우하향으로 횡보 하락하는 기간 중에는 봉들이 이평선 근처를 오르내리며 5, 10, 20이평선의 지지와 저항을 받는 모습이 모두 확인되고 있습니다.

D구간에서 5, 10, 20이평선을 돌파하는 장대 양봉의 출현이 매수 시점을 알려주고, 이후 봉과 5이평선의 지지를 받으며 착실하게 상승하고 있는 모습을 볼 수 있습니다.

전 고점과 전 저점이 저항과 지지 역할을 한다

주가가 상승 추세에서 이전 고점 근처에 근접하면, 이미 이익을 낸 사람들의 차익매물과 본전심리에 기인한 대기매물 등이 나오면서 저항을 받게 됩니다. 이 저항을 뚫고 올라가려면 많은 에너지인 거래량이 필요한데, 같은 거래량이라도 장대 양봉으로 주가를 상승시키는 거래량이 필요합니다. 상승 추세 중에 장대 음봉이 나오면서 많은 거래량이 발생하면 매도세가 더 강하기 때문에 상승 추세가 꺾이는 것으로 간주해야 합니다. 차트를 통해 전 고점과 전 저점의 저항과 지지에 대해 알아보겠습니다.

〈그림 2-24〉는 독일 DAX지수 주봉차트입니다. 차트 우측 툴바에서 '추세선' 버튼을 누르면 〈그림 2-24〉 우측에 추세선 세부 메뉴가 나타나는데, 수평선 툴을 선택하여 봉차트의 고점과 저점에 수평 추세선을 그립니다. 잘못 그렸을 때에는 지우개 메뉴를 활용해 다시 그리면 됩니다. 여러 추세선 메뉴를 연습해보고, 이전 툴바 메뉴를 활용하려면 'Exit' 버튼을 누르면 됩니다.

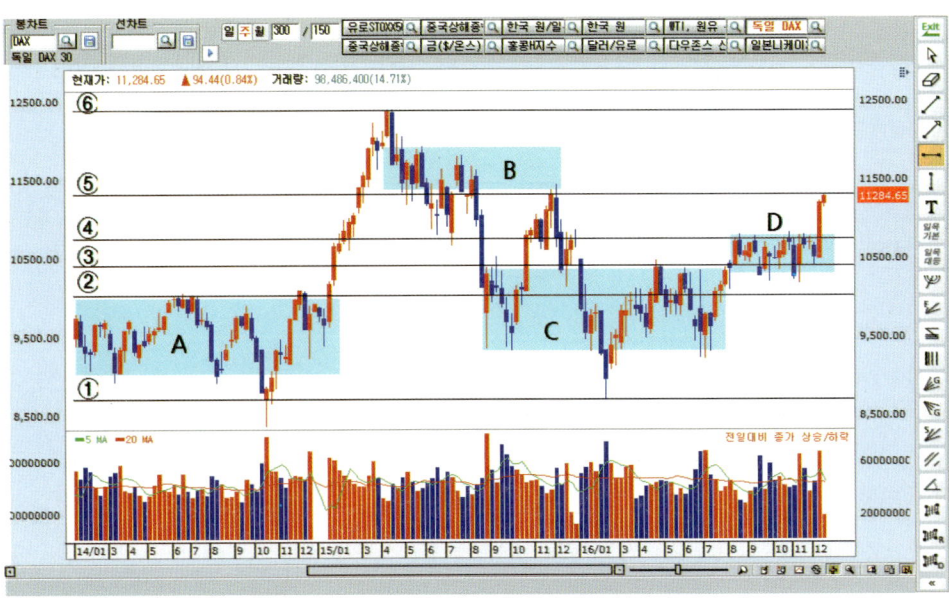

〈그림 2-24〉 전 고점과 전 저점의 지지와 저항

①~⑥번까지 각 추세의 고점과 저점에 수평 추세선을 표시해보았습니다. 각 수평 추세선의 의미를 알아보겠습니다.

①번 추세선

①번 추세선은 차트에 표시된 기간 중 최저점 라인입니다. C구간에서 급락 시에 어디까지 떨어질 것인지 1차적으로 예측할 때 지지선으로 예측해볼 수 있는 라인입니다.

②번 추세선

②번 추세선은 A구간의 고점 라인입니다. A구간에서 상승 추세에 있던 봉들이 ②번 추세선의 고점 라인에서 저항을 받아 하락과 재상승을 반복하였고, 4회째 시도에서 장대 양봉으로 A구간을 탈출하며 급등하기 시작합니다. 이렇게 주가 상승의 장벽처럼 작용하던 고점의 저항선이 뚫리면 주가가 급등할 가능성이 높고, 고점을 뚫은 이 선이 하락 시에는 지지선으로 바뀌게 됩니다.

③번 추세선

③번 추세선은 C구간에서 급락 후 반등했던 지수가 다시 바닥 근처까지 하락 후에 전 고점을 뚫고 올라갈 때의 저항선 역할을 합니다. 이 선을 뚫고 올라가면 이 추세선이 지지선으로 작용해 D구간의 추가 하락을 방어하는 지지점으로 작용하고 있습니다.

④번 추세선

④번 추세선은 D구간의 고점 라인으로서 D지역의 돌파 저항선으로 작용합니다. 6회의 돌파 시도에서 장대 양봉과 많은 거래량으로 돌파하고 있

는 모습이므로 적극적인 투자가 필요한 시점입니다. 주가가 하락 반전 시에는 이 선이 지지선으로 작용하게 됩니다.

⑤번 추세선

⑤번 추세선은 C구간의 고점과 D구간의 고점이 이어지는 모습을 보여줍니다. 전 고점에서 저항이 발생하므로 D구간에서 힘차게 고점대를 뚫고 나온 기세가 어디까지 이어질지를 1차적으로 예측할 때, 전 고점인 C구간의 고점을 예측해야 합니다. D구간의 상승세가 거의 전 고점에 이르렀기 때문에 곧 저항을 받을지를 유심히 관찰하며 대응할 때입니다.

⑥번 추세선

⑥번 추세선은 차트에 표시된 구간의 최고점 라인입니다. 만약 D구간에서 상승한 지수가 1차적으로 ⑤번 추세선의 저항을 뚫고 거침없이 상승한다면, B구간이 속한 지수영역이 전 고점대에 해당하므로 저항을 받기 시작할 것입니다. B구간 지수대의 저항을 이겨내고 B구간을 지나 ⑥번 추세선마저도 한 번에 뚫린다면, 그 이후로는 저항선이 없으므로 어디까지 상승할지 아무도 예측할 수 없습니다. 장대 음봉과 엄청난 거래량이 나올 때까지는 계속 보유하는 전략을 구사해야 합니다.

추세선의 종류와 활용 및 주가 예측방법

주가는 상승이든 하락이든 한 번 추세가 형성되면, 그 추세를 지속하려는 속성을 가지고 있습니다. 이런 주가의 속성을 차트상에 선으로 표시한 것이 추세선인데, 추세선의 종류 및 주요 특징과 주가의 방향성을 예측하는 방법에 대해 알아보겠습니다.

추세선의 종류와 특징

상승 추세선

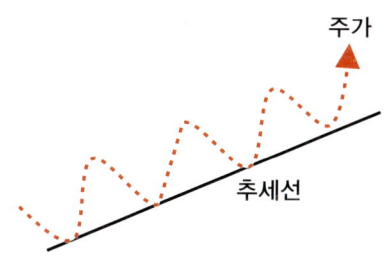

저점을 점점 높여가며 상승하는 주가의 저점을 선으로 연결하면 상승 추세선이 됩니다. 우상향으로 상승하면서 주가조정을 받기도 하지만, 추세선이 지지선이 되어 주가 상승을 받쳐주고 상승 추세를 유지하게 됩니다. 상승 추세선에 닿았다가 재상승할 때가 추가납입 포인트가 됩니다.

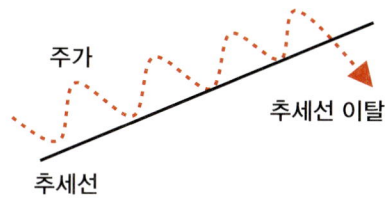

상승 추세선의 지지를 받으며 상승하던 주가가 추세선을 이탈하면, 매도 관점으로 보고 봉과 이평선의 지지 정도를 확인하여 적립금 이전을 적극 검토합니다.

하락 추세선

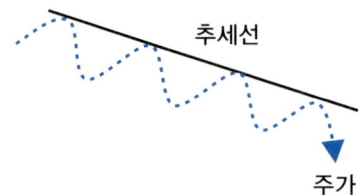

고점을 점점 낮추어가며 하락하는 주가의 고점을 선으로 연결하면 하락 추세선이 됩니다. 우하향으로 하락하면서 주가가 반등을 시도하지만, 추세선이 저항선이 되어 주가 상승을 가로막고 하락 추세를 이어가게 됩니다.

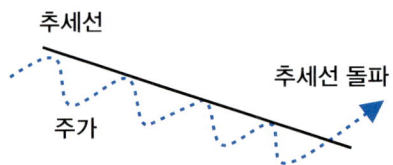

하락 추세선의 저항을 받으며 하락하던 주가가 추세선을 돌파하면, 매수 관점으로 보고 봉과 이평선의 돌파를 확인해 추가납입 등 적극적인 투자를 검토합니다.

횡보 추세선

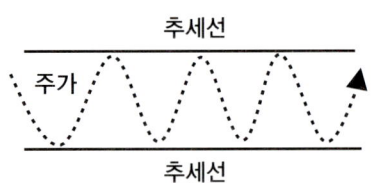

고점을 연결한 추세선을 저항선으로 하고, 저점을 연결한 추세선을 지지선으로 하여 그 사이에 주가가 갇힌 형태로 등락을 반복하며 횡보하는 모습입니다. 상자 속에 갇힌 모습과 같다고 해서 박스권 행보를 한다고도 합니다.

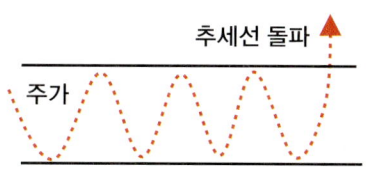

박스권 상단 저항선을 돌파하면 매수 관점으로 보고 적극적으로 투자하는 것이 좋습니다. 박스권 돌파 후에는 상단 추세선이 지지선이 되어 새로운 상승 추세를 이어가는 것이 일반적입니다.

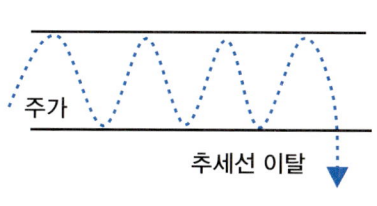

박스권 하단 지지선을 이탈하면 매도 관점으로 봅니다. 특히 장기간 박스권에 갇혀 있다가 하단 지지선을 이탈하는 경우에는 상당한 급락이 발생하게 되므로 주의 깊게 관찰해야 합니다.

추세대의 종류와 특징

주가의 고점과 저점을 추세선으로 각각 연결하면 일정한 밴드BAND가 형성되는 경우가 많은데, 이것을 추세대라고 합니다. 이 추세대를 돌파하는 점과 이탈하는 시점이 중요 매수와 매도 포인트가 됩니다.

상승 추세대

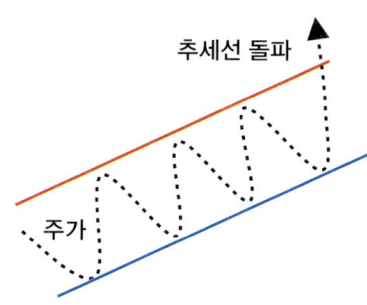

주가의 저점을 연결한 상승 추세선과 고점을 연결한 추세선이 밴드BAND를 이루며 상승 추세를 이어가다가 고점을 연결한 추세선을 주가가 상승 돌파하면, 향후 더 큰 상승을 예고하므로 적극적인 투자 관점에서 추가납입을 고려해야 합니다.

특히 바닥권에서 상승 추세대를 주가가 돌파하는 모습이 나오면 큰 수익을 낼 가능성이 매우 높습니다.

하락 추세대

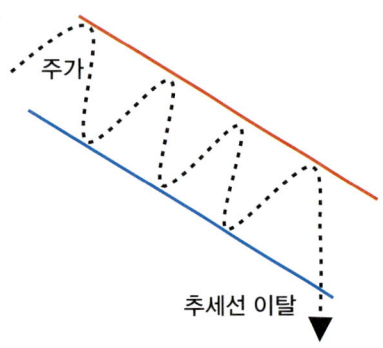

주가의 고점을 연결한 하락 추세선과 저점을 연결한 추세선이 밴드^{BAND}를 이루며 하락 추세를 이어가다가 저점을 연결한 추세선 밑으로 주가가 하향 이탈하면, 향후 더 큰 폭의 하락을 예고하므로 매수를 보류하고 관망해야 합니다. 천장권에서 주식형 펀드에 투자하고 있는 상태에서는, 이런 모습이 나오기 이전에 봉과 이평선 분석을 통해 선제적으로 수익을 취하는 전략을 구사해야 큰 손실을 피할 수 있습니다.

삼각 추세대

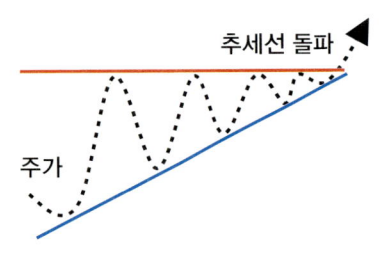

저점을 높이며 상승하는 주가가 고점권에서 저항을 받으며 돌파를 시도하다가 저항선을 뚫고 올라가는 모습입니다. 저점을 이은 상승 추세선과 고점을 이은 수평 추세선이 삼각형 추세대를 형성하면, 두 추세선이 교차되는 지점에서 상승과 하락의 길이 결정되는 것이 일반적입니다. 고점의 저항선을 돌파하면 새로운 상승 추세가 연속될 가능성이 매우 높으므로 적극적인 대응이 필요합니다.

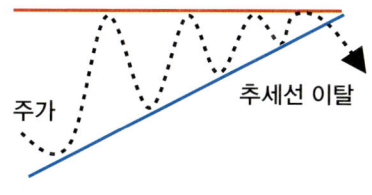

추세선의 교차점에서 주가가 추세선을 하향 이탈하면, 보유한 펀드의 적립금 이전을 즉각 검토해야 합니다. 전 저점과 이평선 지지 등을 확인한 후에 대응하고, 보수적인 마인드로 시장을 바라봐야 합니다.

추세선과 추세대의 활용방법 요약

추세선과 추세대를 활용한 주가 예측방법은 봉과 이평선 분석의 보조적인 방법으로 활용하므로, 항상 봉과 이평선, 거래량 분석을 먼저 하고 나서 추세 분석을 하기 바랍니다. 추세선과 추세대를 활용한 분석방법을 요약하면 다음과 같습니다.

추세선과 추세대 분석의 핵심 정리

① 주가가 저항선으로 작용하던 추세선을 상향 돌파하면, 저항 추세선이 주가 하락 시의 지지선으로 작용하게 되고 새로운 상승 추세가 형성될 가능성이 높으므로 적극적인 투자 관점에서 대응합니다.
② 주가가 지지선으로 작용하던 추세선을 하향 돌파하면, 지지 추세선이 주가 반등 시의 저항선으로 작용하게 되고 급락할 가능성이 높으므로 보수적인 관점에서 대응합니다. 지지선 이탈을 뒤늦게 확인했다면, 첫 번째 반등 시에 돌파 여부를 확인하고 신속하게 적립금 이전을 검토합니다.
③ 추세대의 경사가 가파를수록 상승/하락 전환 속도도 빠르고, 경사가 완만할수록 상승/하락 속도가 느립니다. 따라서 가파른 경사의 상승/

하락 추세대에서는 봉과 이평선 분석을 활용해야 합니다.
④ 추세대는 추세가 이어지는 기간이 길고 폭이 넓을수록 신뢰도가 높아집니다. 특히, 주가가 바닥권에서 장기간 횡보하다가 상단 추세선을 상향 돌파하는 시점과, 고점권에서 장기간 횡보하다가 하단 지지선을 하향 이탈하는 경우는 매우 신뢰도가 높으므로 많은 관심을 가져야 합니다.
⑤ 주가가 박스권 추세에서 상단과 하단에 터치할 때 매매를 할 수도 있지만, 경계선에서 속임수 신호가 나올 수도 있으므로 추세돌파와 추세이탈을 확인한 후에 추가납입과 적립금 이전을 해야 합니다.

추세선 그리기

차트상에서 추세선을 그리는 방법을 알아보겠습니다. 추세선은 시가나 종가가 아니라 고가와 저가를 연결하여 그립니다. 즉, 상승 추세선은 상승 추세에 있는 주가의 저가를 연결하고, 하락 추세선은 하락 추세에 있는 주가의 고가를 연결하여 그리며, 횡보 추세선은 횡보구간 주가의 고가와 고가, 저가와 저가를 각각 직선으로 연결하여 그립니다. 추세구간 중 일시적으로 급등과 급락으로 형성된 고점과 저점 때문에 전체적인 추세선 그리기가 애매한 경우에는, 전체적인 추세를 기준으로 판단하여 추세선을 그리면 됩니다.

상승 추세선 그리기

〈그림 2-25〉는 홍콩 H지수 주봉차트입니다. 차트 우측 툴바에서 '추세선' 메뉴를 선택하면 다양한 추세선 그리기 툴이 표시됩니다. 각 메뉴에 마우스를 가져가면 메뉴 이름이 표시되는데, 지우개 밑에 있는 '일반 추세

선'을 선택하고 추세선을 그릴 최초 지점에서 마우스 왼쪽 버튼을 꾹 누른 상태에서 저점을 연결하여 선을 그립니다. 추세선이 표시되면 마우스 버튼에서 손가락을 떼면 됩니다. 추세선을 너무 정밀하게 표시하려 하지 않아도 되고 추세가 보이는 정도만 선을 그려도 무방합니다.

추세선을 그리다 잘못 그리면 툴바에서 지우개 버튼(전체 추세선 삭제)을 누르고 다시 그리면 됩니다. 단, 지우개 버튼을 사용하면 현재 표시된 모든 추세선이 한꺼번에 지워지므로 화면에 추세선이 여러 개 그려진 경우에는, 화살표로 표시된 '추세선 선택 모드' 버튼을 눌러서 지우고자 하는 추세선만 선택한 다음 'Delete' 키를 누르면 해당 추세선만 지워집니다.

봉과 이평선, 거래량 분석을 해도 판단하기 애매한 경우에 추세선 분석이 요긴하게 쓰입니다. 〈그림 2-25〉를 보면 급락하던 주가가 바닥권에서 저점을 높이며 조금씩 상승해나가는 모습입니다. 조정을 받던 주가가 A지역에서 이평선을 이탈했지만, 상승 추세선의 지지를 받고 장대 양봉으로 반등에 성공합니다.

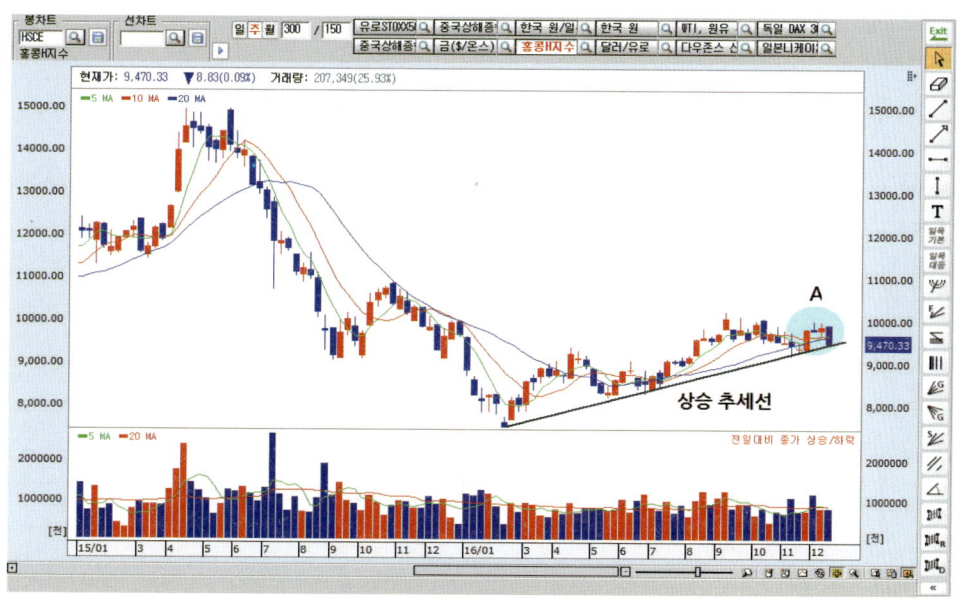

〈**그림 2-25**〉 상승 추세선

그러나 A지역 마지막에 나타난 음봉을 해석하기가 애매합니다. 비교적 긴 장대 음봉이 나왔고 5, 10, 20이평선을 하향 돌파하므로 매도 관점에서 보는 것이 일단 정석입니다. 그런데 거래량이 많이 나온 것도 아니고 지수 영역이 이전 봉들이 많이 밀집된 지수대에 속해 있어서 어쩌면 지지를 받을 수도 있다는 생각이 들 수도 있습니다. 그래서 추세선을 그려보니 상승 추세선을 아직 하향 이탈하지 않은 상태입니다. 이럴 때 추세선을 기준으로 하향 이탈할 때를 적립금 이전 타이밍으로 잡고 지켜보면 조금 마음의 여유가 생기게 됩니다. 결국 추세선이 또 하나의 보조적인 판단 근거가 되는 것입니다.

하락 추세선 그리기

〈그림 2-26〉은 독일 DAX지수 주봉차트입니다. 하락하는 지수의 고점들을 연결하여 하락 추세선을 그립니다. A지점에서 추세선 없이 봉과 이평선 분석으로 매수 시점을 판단한다면, 바닥권에서 5, 10, 20이평선을 장

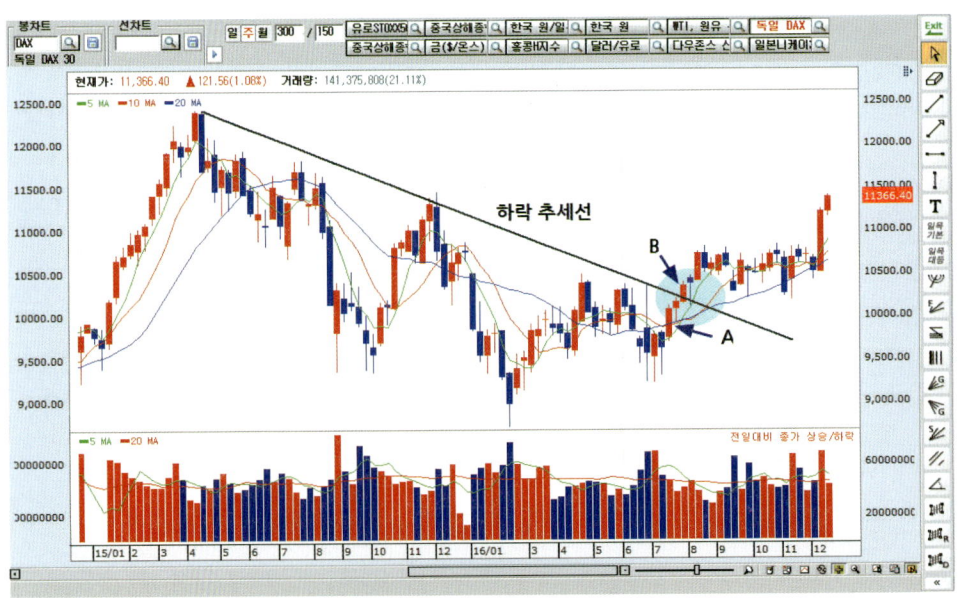

〈그림 2-26〉 하락 추세선

대 양봉으로 돌파하는 지점을 유력하게 볼 수 있습니다. 단, 거래량이 좀 부족해 보인다는 판단이 들면 조금 멈칫거릴 수도 있는 구간입니다. 추세선을 그려보고 하락 추세선을 양봉으로 상향 돌파하는 B지점을 추가납입과 적립금 이전 타이밍으로 잡는다면, A지점에서 투자한 것보다 수익은 덜할 수 있지만 더 안전한 투자방법이 될 수 있습니다. 여기서도 역시 추세선이 또 한 가지 보조적인 판단 근거를 제공했습니다.

횡보 추세선 그리기

〈그림 2-27〉은 상해종합지수 주봉차트입니다. 횡보 추세선을 그릴 때는 '수평 추세선' 메뉴를 활용하면 됩니다. 저항선인 고점대를 연결하고 지지선인 저점대를 연결하면 간단하게 횡보 추세선을 그릴 수 있습니다.

저점대에서 횡보하던 주가가 A지점에서 횡보 추세선 상단을 양봉으로 돌파하는 모습을 보인 후 급등하는 모습입니다. 차트에서 이런 모습을 발견할 수 있다면 정말 큰 수익을 거둘 수 있으므로 평소에도 꾸준히 차트를

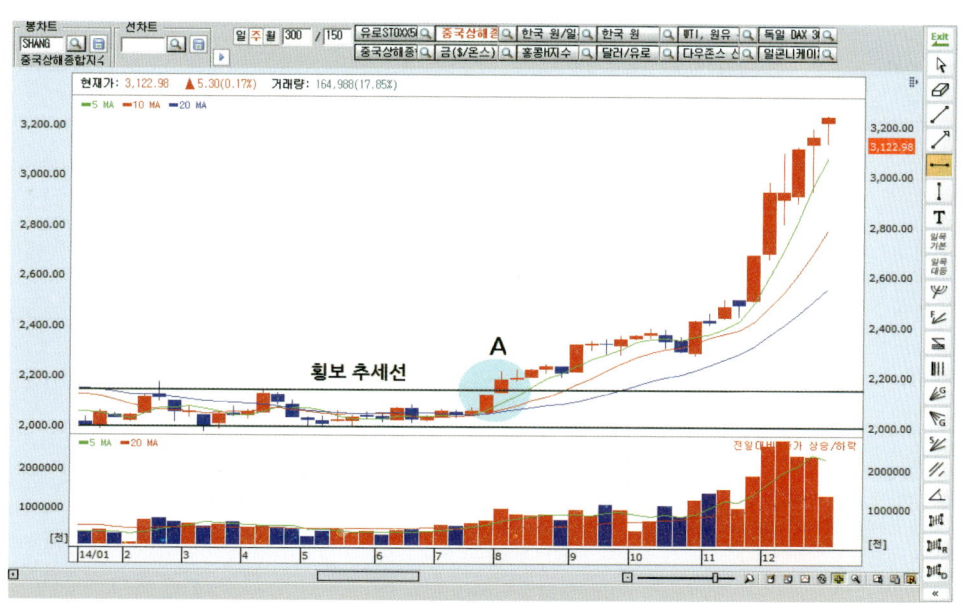

〈그림 2-27〉 횡보 추세선

보는 습관을 들이기 바랍니다. 추세선이 없더라도 A지점은 주가가 거래량을 동반하며 이평선과 전 고점을 돌파하는 모습이므로 당연히 적극적인 투자가 이루어져야 하는 지점입니다.

추세대 그리기 - 상승 추세대

〈그림 2-28〉은 독일 DAX지수 주봉차트인데, 2011~2014년 구간입니다. 저점대와 고점대를 연결하면 상승 추세대가 형성되고 있었다는 것을 알 수 있습니다. 당시 주가가 상승 추세대 안쪽에서 무려 3년여 기간을 상승과 조정을 반복하며 지수 상승률로 100% 상승했습니다. 상승 도중에 이평선을 이탈하기도 하지만 상승 추세선의 지지를 받고 추세를 이어갑니다.

상승 추세에 있던 주가가 A지점에서 장대 음봉이 연속으로 나오며 상승 추세선을 하향 이탈하는 모습이 나옵니다. 추세선 이탈 이전에 5이평선이 10, 20이평선을 하향 돌파하는 데드크로스가 나오기 시작하므로 일단 매도(적립금 이전) 준비로 들어가야 하는 것도 잊지 말아야 합니다.

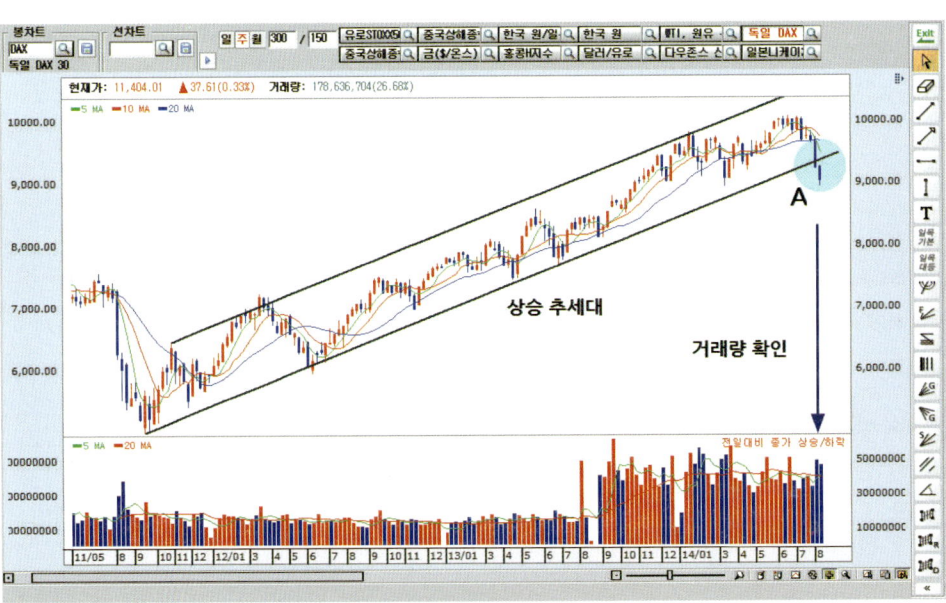

〈그림 2-28〉 상승 추세대

추세선을 이탈하는 모습이 나오면 반드시 해당 지점에서 거래량도 확인해야 합니다. 이미 수익을 내고 있는 사람들이 많은 상태이므로 하락이 시작되면 속도가 가속화될 확률이 높기 때문입니다. A지점에 해당하는 거래량을 확인하니 많은 거래량이 확인됩니다. 주식을 파는 사람이 많은 것으로 해석하며, 적립금 이전으로 대응하고 관망하는 것이 정석입니다. 이후에 다시 급반등할 수도 있지만 지지와 돌파를 다시 확인한 후 대응하는 것이 바람직합니다. <mark>수익을 내기는 힘들지만 수익을 잃는 것은 순간이라는 점을 늘 상기하기 바랍니다.</mark>

추세대 그리기 - 하락 추세대

〈그림 2-29〉는 유로 STOXX50 지수 주봉차트입니다. 고점을 연결한 하락 추세선과 평행하게 저점선을 연결하면 하락 추세대가 완성됩니다. 하락 추세 중에 반등을 노린 A지점과 B지점에서 5이평선과 추세선의 저항을 함께 받는 모습이 관찰됩니다.

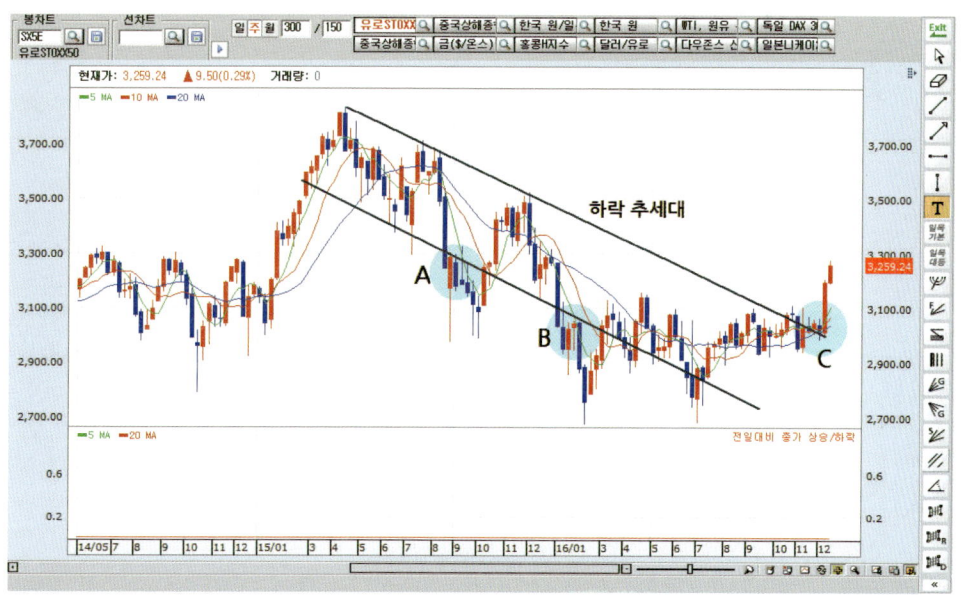

〈그림 2-29〉 하락 추세대

기본적으로 A, B지점의 저항이 5이평선 저항이라고 판단하지만, 추세선까지 저항을 확인해주므로 추세선을 이탈한 구간에서는 매수를 유보하는 것이 정석입니다.

하락 추세대 안에서 횡보하던 주가가 C지점에서 장대 양봉으로 하락 추세선을 상향 돌파하는 모습이 등장합니다. 이제 하락 추세에서 벗어난 것으로 해석하며 적극적인 매수전략을 구사하는 것이 정석입니다.

추세대 그리기 - 삼각 추세대

〈그림 2-30〉은 독일 DAX지수 차트입니다. 그림에서 보는 바와 같이 저점을 이은 상승 추세선과 저항선으로 작용하고 있는 고점대의 수평 추세선이 삼각형 모양으로 추세대를 형성하는 있는 모습입니다.

두 추세선이 교차되기 직전에 A지점에서 장대 양봉이 등장하고 저항선을 뚫고 힘차게 상승하고 있습니다. 아래 거래량을 확인하니 대량의 거래가 동반되었으므로 상승 추세가 쉽게 꺾이지는 않을 것으로 판단하고, 적

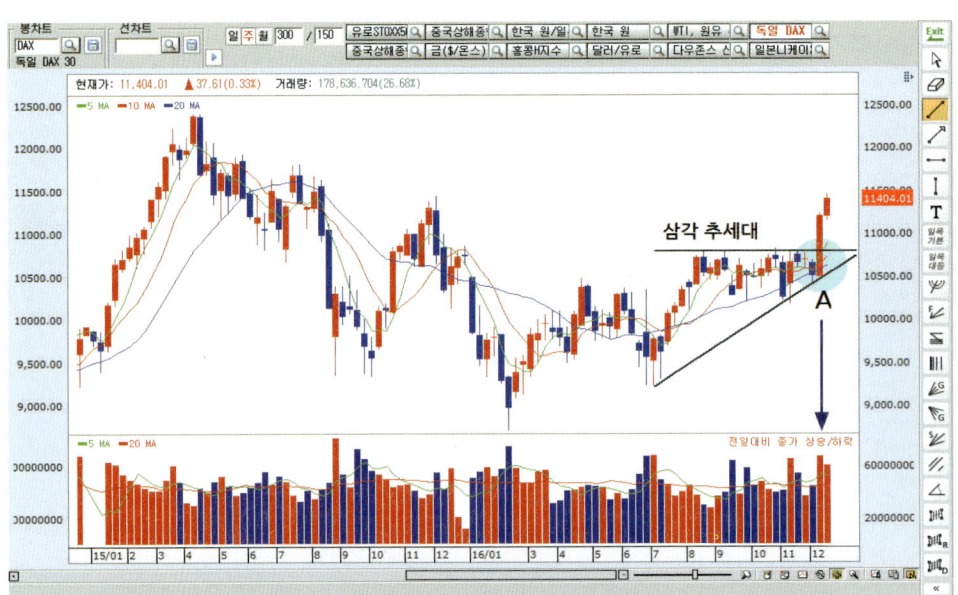

〈그림 2-30〉 삼각 추세대

극적으로 추가납입과 적립금 이전을 하는 것이 정석입니다. 굳이 추세선을 그려보지 않더라도 고점을 돌파하는 장대 양봉이 이평선을 함께 돌파하는 모습이므로, 당연히 적극적인 투자로 대응해야 하는 모습입니다.

다만, 전 고점이 곧 등장하므로 이 부분에서 저항과 거래량을 체크하는 것이 필요합니다. 상승 추세가 멈출 때까지는 봉과 이평선의 지지를 지속적으로 확인하고 가야 합니다.

추세선으로 목표치 설정하기

〈그림 2-31〉은 일본 니케이225 지수 주봉차트입니다. 급등세를 연출하며 전 고점을 향해 질주하고 있는데, 과연 어디까지 목표치를 설정하고 이익실현 계획을 구상해야 할지가 때로는 행복한 고민이 될 때가 있습니다.

기본적으로 상승이나 하락 추세가 진행 중일 때는 추세 반전 신호가 나타나기 전까지는 그 추세가 진행될 것으로 생각해야 합니다. 단, 급등하는 시장상황이 발생하면 봉의 상승 각도가 커지고 봉과 이평선과의 거리가 점점 멀어지게 돼서 이평선 지지를 확인하기 어려운 부분이 있습니다. 이럴 때 유용한 도구가 수평 추세선입니다.

봉의 저점과 고점을 모두 수평 추세선으로 그어보면 지지와 저항 지점이 한눈에 들어옵니다. 앞서 전 고점과 저점이 저항과 지지 역할을 한다고 언급한 바 있는데, 상승 시에는 수평 추세선 등으로 전 고점을 돌파하는지 꼭 확인해야 합니다. 급등세에 있는 주가가 저항을 받으며 장대 음봉과 대량 거래가 나온다면, 이평선 지지까지 확인하기보다는 먼저 수익을 실현하는 전략이 더 좋을 때가 있습니다.

〈그림 2-31〉에서는 상승하던 주가가 1차적으로 전 고점인 A지점 지수

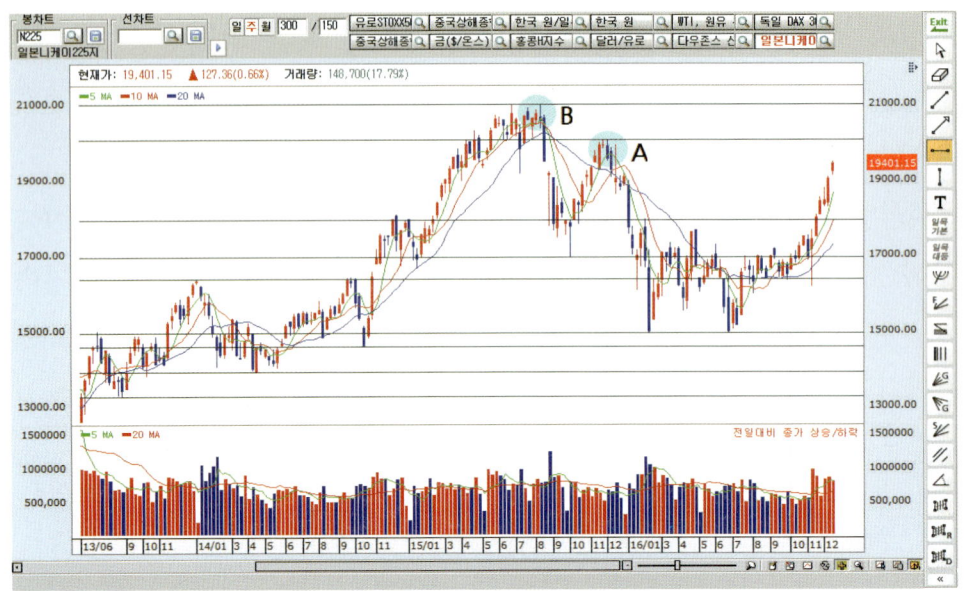

〈그림 2-31〉 수평 추세선을 활용한 목표치 설정

대에서 저항을 받을 것이라고 예측하고, A지점 지수대를 돌파한다면 B지점 지수대에서 역대 최고점 돌파를 시도할 것으로 예측해야 합니다. 따라서 이 경우에는 그동안 수익을 확인하여 저항 시에 분할 매도(적립금 분할 이전)를 할 것인지 여부도 계획해두는 것이 바람직합니다.

주식투자 격언에 '산이 높으면 골이 깊다'는 말이 있습니다. 주가의 상승 및 하락 경사에 따라 추세 반전 속도가 비례한다는 것을 꼭 기억하기 바랍니다. 급등하던 주가가 조정을 받을 때는 급락하는 것이 일반적이기 때문에 수익이 크게 발생하면 욕심을 좀 줄이고 일단 이를 지키는 습관을 길러야 합니다.

이상에서 추세선과 추세대를 활용한 주가 예측방법과 대응방안을 알아보았습니다. 추세선을 활용한 분석방법은 봉과 이평선, 거래량 분석을 선행한 이후에 보조적으로 한 번 더 확인하는 것이 일반적입니다. 봉과 이평선 지지나 저항이 확인되지 않거나 판단하기 애매한 상황일 경우, 그리고 한 번 더 판단할 근거가 필요할 때 추세선 분석을 적극 활용하기 바랍니다.

11장

주가 패턴 분석

V a r i a b l e   f u n d

주가 패턴 분석의 개념

차트 분석을 통해 주가의 움직임을 관찰하다 보면 봉과 이평선, 추세선 등이 일정한 패턴을 보일 때 비슷한 주가 흐름을 보인다는 사실을 발견하게 됩니다. 따라서 과거 수많은 데이터를 기반으로 시장에서 검증된 주가의 이동 패턴을 잘 이해하고 활용하면, 주가의 방향을 예측하는 데 큰 도움이 됩니다. ==주가 패턴 분석은 이와 같이 과거로부터 검증된 주가의 이동 패턴을 활용해 주가의 흐름을 예측하는 분석방법입니다.==

패턴 분석의 장점은, 추세선 분석처럼 주가의 움직임을 시각화하여 관찰할 수 있기 때문에 초보자도 쉽게 차트에서 확인할 수 있다는 점입니다. 봉과 이평선, 거래량 분석을 기본적으로 수행한 이후에 추세 분석이나 패턴 분석을 하면 투자 성공 확률을 더 높일 수 있을 것입니다.

반면에 패턴 분석의 단점은, 투자자에게 상승과 하락에 대한 선입견을 심어줄 수 있다는 것입니다. 패턴 분석에 몰입하다 보면 주가가 패턴에 맞게 움직일 것이라는 맹신에 빠질 수 있습니다. 미래의 주가는 어떻게 변할지 아무도 모르기 때문에 항상 기본적 분석을 먼저 하기를 거듭 강조합니다.

대표적인 주가의 이동 패턴은 상승(전환)형 패턴과 하락(전환)형 패턴으로 나눌 수 있습니다. 대표적인 패턴들에 대해 자세히 알아보겠습니다.

상승(전환)형 패턴

상승형 패턴은 주가가 상승 또는 상승 전환 시에 많이 나타나는 패턴입니다.

이중 바닥형 패턴(W자형 패턴)

여러 패턴 중에 매우 중요한 상승형 패턴입니다. 일명 쌍바닥 패턴이라고도 많이 부르는데, 바닥권에서 두 번 바닥을 다지며 나타나는 이중 바닥형 패턴은 절대 놓치지 말아야 할 상승(전환)형 패턴입니다.

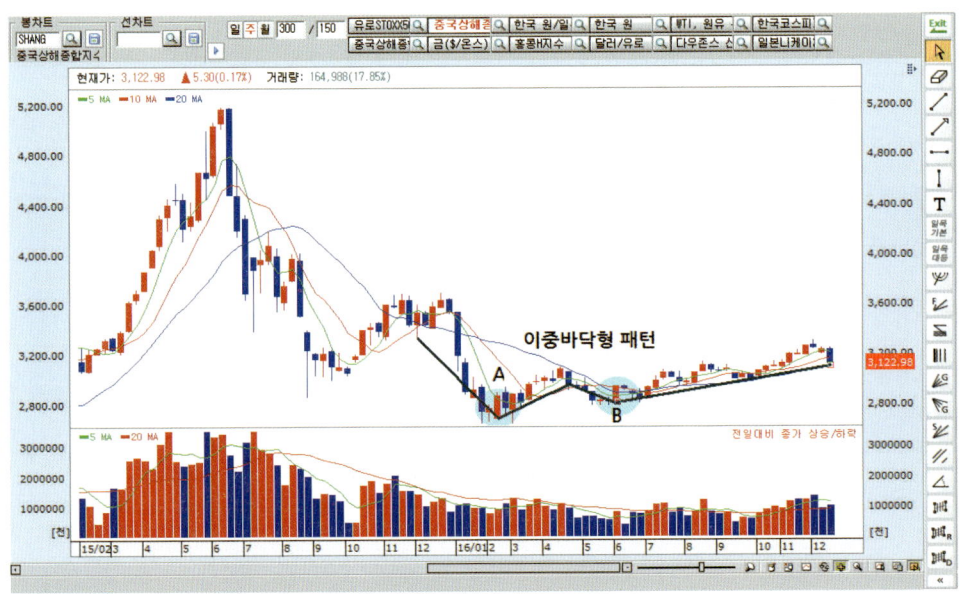

〈그림 2-32〉 이중 바닥형 패턴

〈그림 2-32〉는 중국 상해종합지수 주봉차트입니다. 급락하던 주가가 A지점에서 바닥을 확인하고 반등하다가 B지점까지 조정을 받고, B지점에서 이중 바닥 패턴을 만들며 다시 반등하여 서서히 상승하는 모습입니다.

이중 바닥형 패턴의 핵심 포인트는 두 번째 바닥을 다지는 B지점입니다. A지점보다 무조건 저점이 높아야 하고 거래량도 평균 거래량 이상 많은 거래량이 나와야 상승 확률이 높습니다. 장대 양봉과 이평선 돌파까지 해준다면 금상첨화입니다.

만일 A지점보다 B지점의 저가가 낮게 형성되는 이중 바닥형 패턴이라면, 상승을 위한 에너지가 더 많이 필요하게 되므로 추가 하락에 대비해 신중하게 접근해야 합니다.

다중 바닥형 패턴

이중 바닥형 패턴에 비해 많이 등장하는 것은 아니지만, 삼중·사중 바닥처럼 바닥을 많이 다지면서 상승 에너지를 비축할수록 더 크게 상승할 가능성이 높습니다.

〈그림 2-33〉은 일본 니케이225 지수 주봉차트입니다. 바닥권에서 A~D 지점까지 조금씩 저점을 높이면서 바닥을 다지는 다중 바닥형 패턴을 보이고 있습니다. D지점에서 갭 상승하는 양봉이 등장하며 전 고점을 돌파했습니다. 이후로는 엄청난 상승세를 이어가는 모습입니다.

이렇게 다중 바닥을 형성하며 에너지를 모으는 기간 중에는 주가가 박스권을 형성하며 다소 답답한 횡보기간을 가져가는 것이 일반적입니다. 하지만 박스권 돌파 후에는 엄청나게 상승할 가능성이 매우 높으므로 바닥권에서 횡보하며 저점을 높여가는 시장의 주가에 관심을 갖고 주기적으로 지켜봐야 합니다.

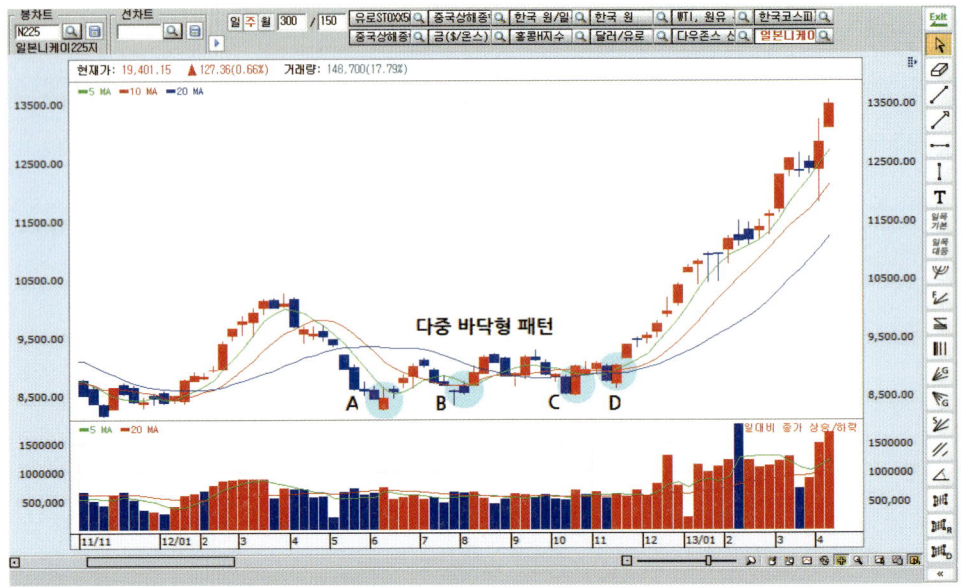

〈그림 2-33〉 다중 바닥형 패턴

V자형 상승 패턴

V자형 상승 패턴은 급락하던 주가가 하락을 멈추고, 거의 비슷한 속도와 각도로 반등하는 경우에 만들어집니다.

경제적·사회적 큰 이슈들이 악재가 되어 금융시장의 불확실성을 높일 경우 주식시장에서 자금이 빠져나가면서 급락이 발생하고, 문제 해결과 불확실성 해소를 위한 대책들이 나오기 시작하면서 주가가 급반등하는 경우에 V자형 상승 패턴이 주로 발생합니다.

〈그림 2-34〉는 코스피 지수 월봉차트입니다. 2007년 말부터 서브프라임 모기지 사태로 촉발된 미국발 전 세계 금융 위기는 주식시장에 직격탄을 날렸고 그림과 같이 주가를 폭락시켰습니다. 미국의 양적완화로 대변되는 전 세계적인 돈 풀기와 초저금리 정책으로 금융시장이 안정을 되찾았고, 풍부한 유동성에 힘입어 다시 주가가 급등하기 시작했습니다.

V자형 상승 패턴은 일반적으로 저점에서 장대 양봉과 엄청난 거래량이

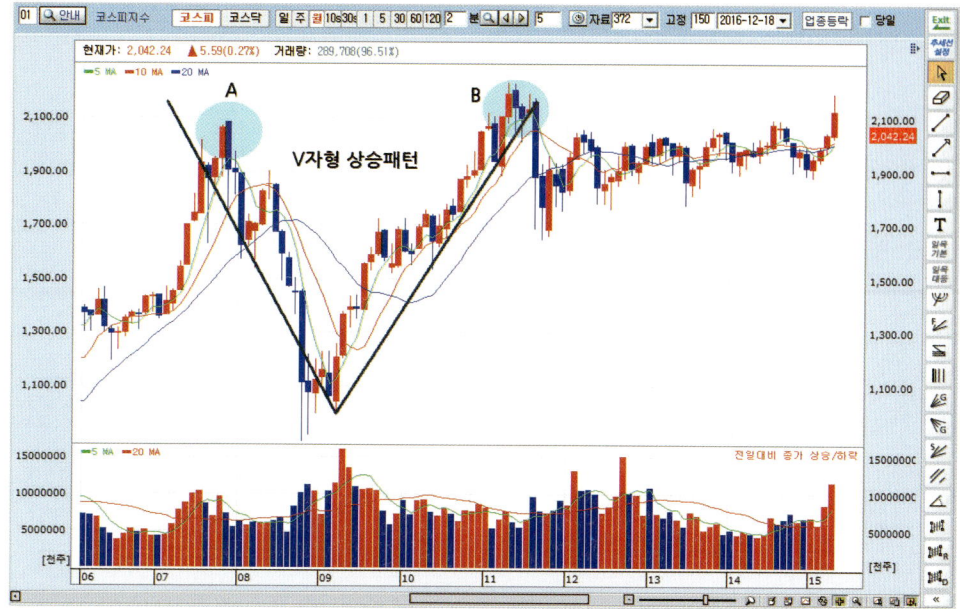

〈그림 2-34〉 V자형 상승 패턴

등장하며 주가가 이평선을 돌파하는 모습으로 시작되며, 급락이 시작된 지점 근처까지 급반등하려는 경향이 있습니다. 따라서 그림에서처럼 상승 시 일차 목표치는 하락이 시작된 A지점 근처인 B지점으로 보는 것이 정석입니다.

수렴 삼각형 패턴

고점을 연결한 하락 추세선과 저점을 연결한 상승 추세선이 삼각형 형태를 만들며 만나는 지점에서는 추세가 새롭게 결정되는 경우가 많습니다.

〈그림 2-35〉는 중국 상해종합주가지수 주봉차트입니다. 하락 추세선과 상승 추세선이 만나는 A지점에서 장대 양봉이 나타나며 5, 10, 20이평선을 많은 거래량을 동반하며 상승 돌파하고 있습니다.

봉과 이평선, 거래량 등 기본 분석만 하더라도 A지점은 절호의 투자 지점입니다. 주가가 조정을 받고 바닥권에서 이러한 지점이 나타난다면 적

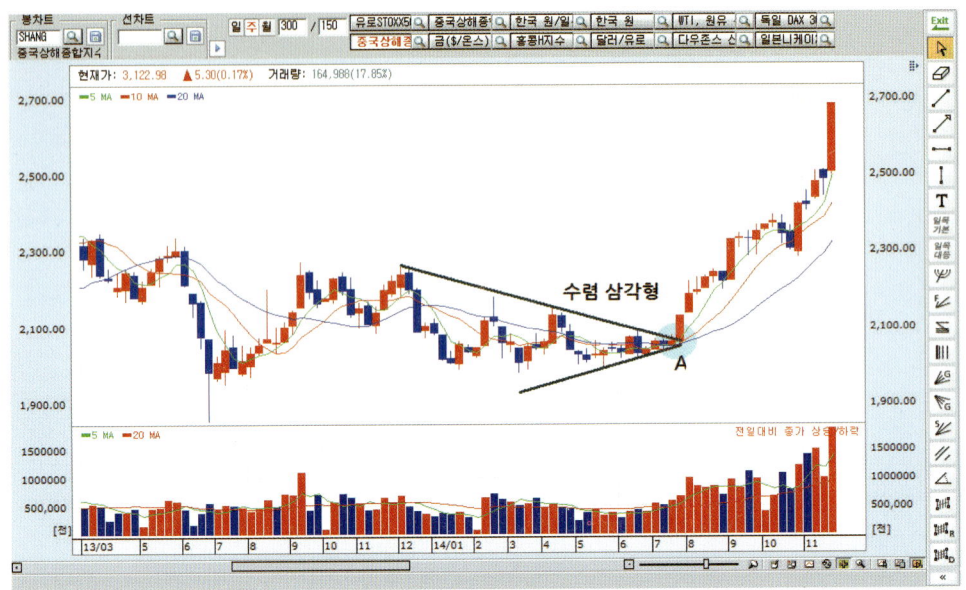

〈그림 2-35〉 수렴 삼각형 패턴

극적인 추가납입과 적립금 이전을 해야 합니다.

그러나 만약 A지점에서 장대 양봉이 아니라 음봉이 나오면서 상승 추세선을 이탈한다면, 이전 저점에서 지지를 받고 다시 올라올 때까지 관망하고 대기해야 합니다.

역 Head & Shoulder 패턴

3중 바닥형이라고 부르기도 하며, 바닥권에서 왼쪽 어깨, 머리, 오른쪽 어깨 모양으로 저점이 발생하여 상승으로 전환하는 패턴을 역 Head & Shoulder 패턴이라고 부릅니다.

〈그림 2-36〉은 홍콩 H지수 주봉차트입니다. 하락하던 주가가 A지점에서 왼쪽 어깨를 형성하며 반등 후에 이평선의 저항을 받고 하락했다가 B지점에서 머리 부분을 만들고 반등합니다. 이어서 C지점까지 하락 조정을 받은 다음 장대 양봉으로 상승 반전에 성공하며 오른쪽 어깨를 완성하고 패턴을 완성합니다.

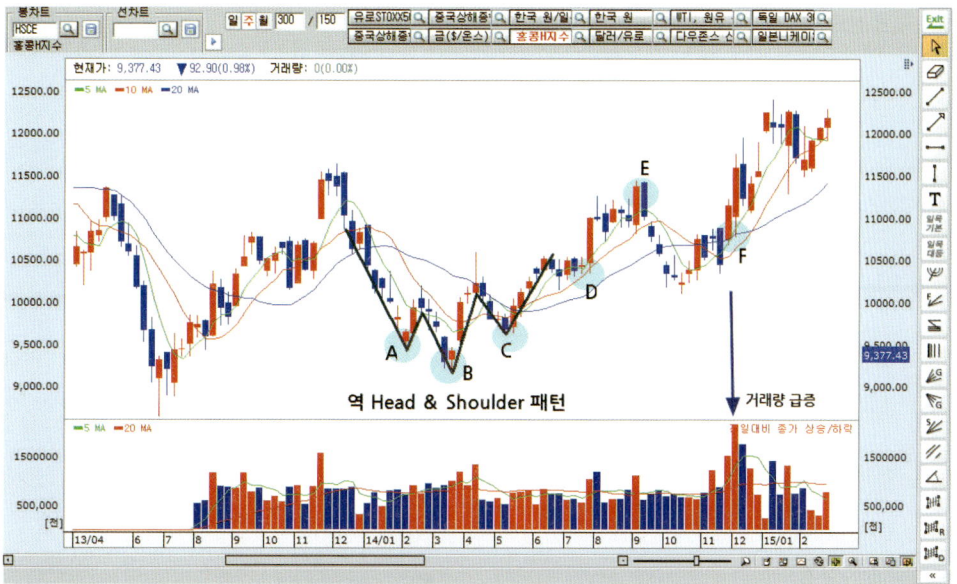

⟨그림 2-36⟩ 역 Head & Shoulder 패턴

이어지는 추세를 보면, 횡보하던 주가가 10이평선 지지를 받고 장대 양봉으로 상승 돌파하는 D지점이 추가 매수 포인트가 됩니다. 전 고점대인 E지점에서 장대 양봉 이후에 하락장악형 장대 음봉이 발생했으므로 적립금을 채권형으로 옮기는 전략을 취합니다.

하락 조정을 받은 이후에는 추세를 관망하다가, 5이평선이 10, 20이평선을 골든크로스로 돌파하고 장대 양봉과 거래량이 폭발하는 F지점이 추가 매수 포인트가 됩니다.

하락(전환)형 패턴

하락(전환)형 패턴은 주가 하락 또는 하락 전환 시에 많이 나타나는 패턴입니다. 일반적으로 상승 및 상승 전환형 패턴을 거꾸로 돌려놓은 형태가 대부분입니다.

Head & Shoulder 패턴

〈그림 2-37〉은 중국 상해종합지수 주봉차트입니다. 〈그림 2-36〉 역 Head & Shoulder 패턴과 비교해보면 거꾸로 뒤집어놓은 듯한 모습입니다.

급등한 주가가 A지점 머리 부분에서 장대 음봉을 만들면서 대세 하락을 시작합니다. 급락하던 주가는 기술적 반등으로 B지점까지 반등하지만 다시 하락하면서 오른쪽 어깨를 만듭니다. 재차 반등을 시도하지만 내려오는 이평선의 저항을 받아 다시 급락합니다. 이 패턴에서는 늦어도 B지점에서 반등 실패 시 반드시 빠져나와야 합니다. 이후에는 바닥권까지 하락하면서 많은 매물저항이 쌓이기 때문에 큰 손실을 안은 채 상당한 기간을 기약 없이 보낼 수 있습니다.

따라서 어떠한 패턴이든 기본적으로 고점권에서 장대 음봉과 많은 거래량이 발생한다면, 기본적으로 매도 관점에서 대응한다는 것을 꼭 기억하기 바랍니다. 전량 매도는 아니더라도 일부 적립금이라도 수익을 취하는 전략을 구사하는 것이 좋습니다.

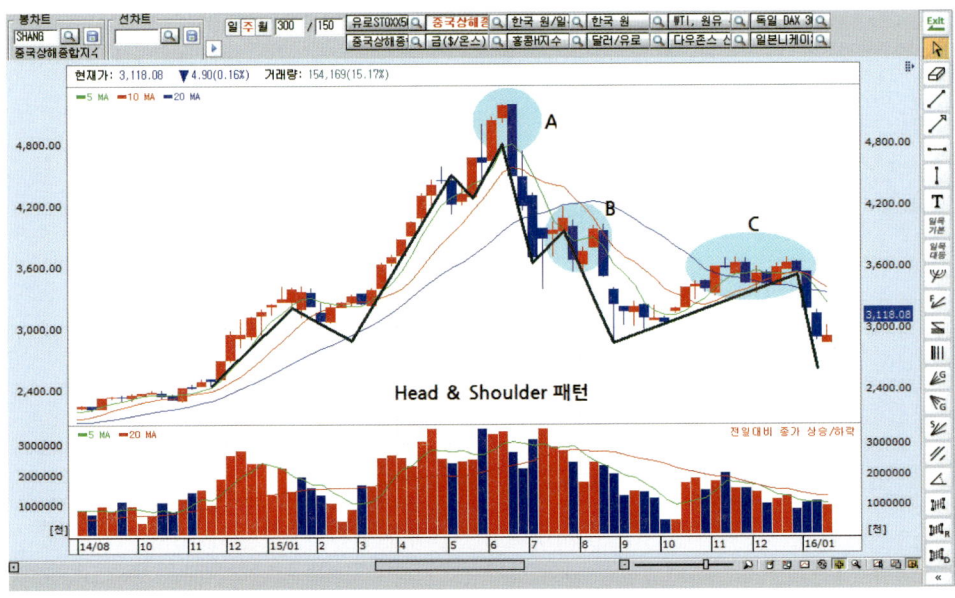

〈그림 2-37〉 Head & Shoulder 패턴

이중 천장형 패턴(M자형 패턴)

〈그림 2-38〉은 코스피 지수 주봉차트 1999~2000년 구간입니다. 급등한 주가가 천장권에서 A와 B처럼 봉우리를 만들고 하락으로 전환하는 대표적인 패턴입니다. W자 패턴을 뒤집은 M자와 같은 형태라서 M자형 패턴 또는 쌍봉 패턴이라고도 부릅니다.

A지점에서 하락을 시작한 주가가 V자 패턴으로 반등하여 B지점까지 올라갔지만, A지점 봉우리의 저항을 이기지 못하고 무너지는 형태입니다. 이평선의 저항을 뚫지 못하고 지속적으로 하락하던 주가가 장대 양봉으로 반등하여 이평선을 돌파해보지만, C지점 고점에서 음봉과 함께 엄청난 거래량이 출현했으므로 더는 상승이 어렵다고 보고 일단 매도 관점에서 대응하고, 아무리 늦어도 음봉이 이평선을 갭으로 하향 돌파하는 지점에서는 모든 적립금을 채권형 등으로 이전시켜야 하는 패턴입니다.

이런 이중 천장형 패턴에서는, 두 번째 봉우리(B지역)를 벗어나면서 이

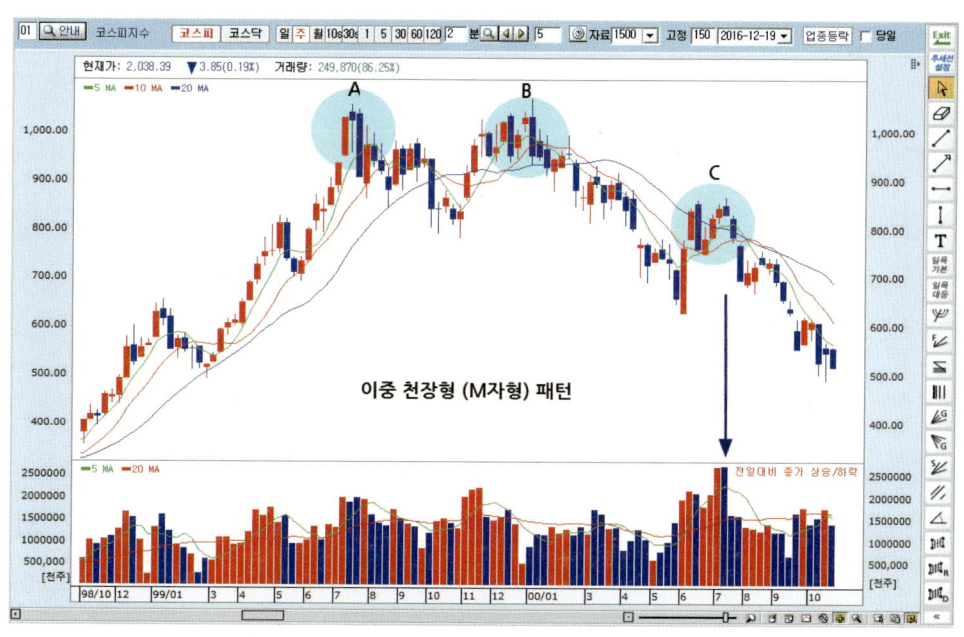

〈그림 2-38〉 이중 천장형 패턴

평선 지지를 하향 이탈하는 시점에서 적립금 이전 관리를 해야 합니다. 이미 많은 수익이 나서 빠른 대응을 하고 싶은 투자자는, 전 고점 돌파 실패를 확인한 직후 장대 음봉이 나오기 시작한다면 매도로 대응하는 것이 좋습니다.

역V자형 하락 패턴

〈그림 2-39〉는 홍콩 H지수 주봉차트이고 2011~2014년 구간입니다. V자형 상승 패턴으로 상승한 A구간에 이어 다시 급락을 시작한 주가가 B지역에서 역V자형 하락 패턴을 보이며 전 저점 이하까지 급락했습니다. C구간에서 V자형 상승 패턴으로 급반등에 성공한 주가는 전 고점 돌파에 실패하며 D구간처럼 역V자 하락 패턴을 보이며 하락했습니다.

이런 패턴에서는 전 저점 부근과 전 고점 부근의 지지와 저항을 잘 체크하여 추세대로 투자한다면, 의외로 수익을 내기 쉬운 패턴입니다. 너무 바

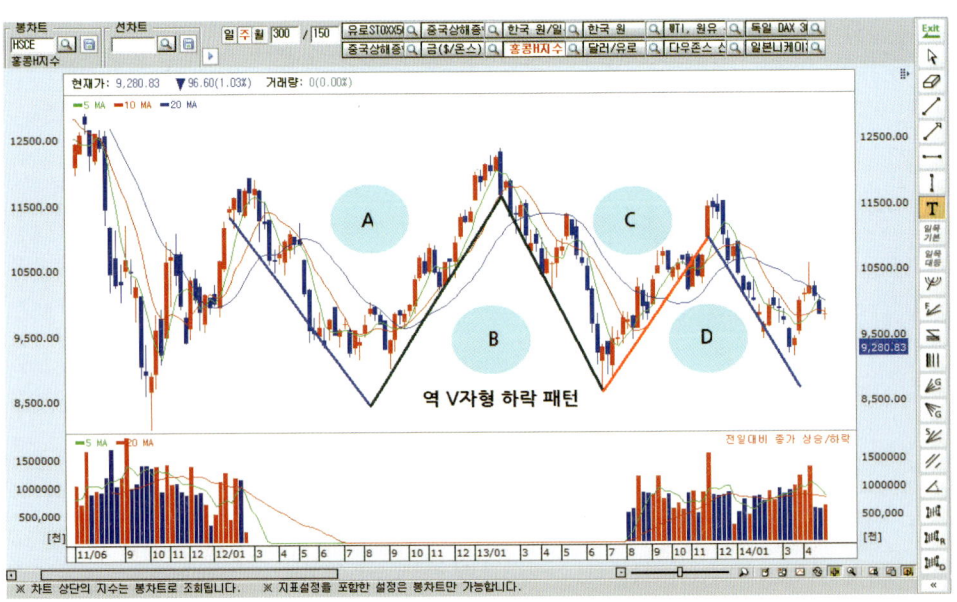

〈그림 2-39〉 역V자형 하락 패턴

닥에서 매수하여 천장에서 매도하려 하지 말고 전 저점 부근에서 주가가 이평선 돌파(골든크로스) 시 매수하고, 고점 부근에서 이평선 이탈 시(데드크로스) 매도한다는 생각으로 대응하기 바랍니다.

이 패턴은 상승 각도와 하락 각도가 비슷하게 형성되는 것이 특징입니다. 상승 시 급등하고 하락 시 급락하므로 매수 및 매도 신호가 나온다면, 다른 패턴보다 매수와 매도가 비교적 신속하게 이루어져야 합니다.

하락 삼각형 패턴

〈그림 2-40〉은 코스피 지수 주봉차트입니다. 우리나라 국민에게 큰 고통을 안겨주었던 1997년 IMF 구제 금융을 받던 무렵의 구간입니다.

점점 낮아지는 고점을 연결한 하락 추세선과 저점의 지지 라인을 연결한 수평선이 교차하며 삼각형을 만드는 지점에서 추세를 크게 이탈하는 장대 음봉이 나타납니다. 지지 라인을 이탈한 주가는 속절없이 무너져 내

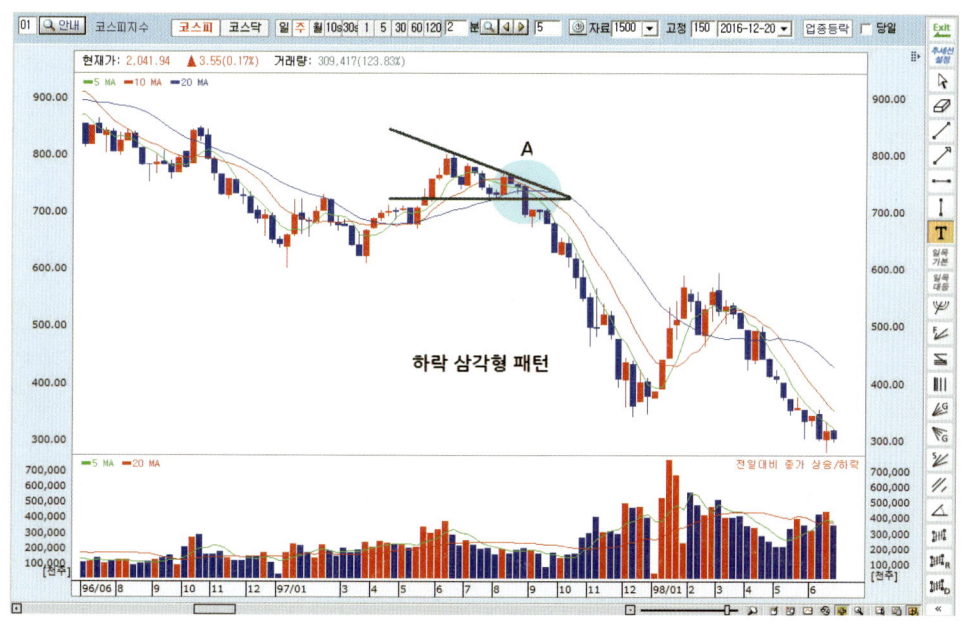

〈그림 2-40〉 하락 삼각형 패턴

리며 거의 반 토막이 났습니다. 하락 삼각형 패턴을 인지하지 못하였더라도, A지역에서 이평선이 데드크로스 되면서 장대 음봉이 발생했으므로 당연히 매도 관점에서 대응해야 되는 지점입니다.

패턴을 익히기에 앞서 봉과 이평선, 거래량 분석을 제대로 할 수 있다면 어떤 형태든지 대응할 수 있으므로 평소에 많은 차트를 보면서 봉, 이평선, 거래량 분석을 연습하기를 거듭 강조드립니다.

주가의 미래는 아무도 알 수 없기 때문에, 패턴이 완성될 것으로 예단하여 투자하면 수익이 줄거나 손실이 커질 수 있습니다. 봉과 이평선의 지지와 저항, 전 고점과 전 저점의 지지와 저항, 거래량 분석으로 투자 타이밍을 먼저 살피고, 해당되는 패턴이 있는지를 확인 차원에서 분석하기 바랍니다.

12장
보조지표 분석

Variable fund

　차트 분석에서 가장 기본이 되는 주된 지표 분석은 봉, 이평선, 거래량 분석입니다. 이 세 가지 분석만 잘할 수 있어도 변액보험 투자에 큰 어려움은 없을 것입니다. 여기에 추세 분석과 패턴 분석을 추가로 활용하면 투자 성공 확률을 더 높일 수 있습니다.

　그럼에도 불구하고 기본적 분석에 의한 주가 예측방법은 약간 아쉬움이 있는데, 기본적 분석으로 매매 시점을 파악하면 다소 반응속도가 느릴 수 있다는 점입니다. 상승 추세와 하락 추세에서 조금이라도 일찍 대응할수록 수익을 더 내고 지킬 수 있는 것이 당연하기 때문에, 투자자라면 누구나 상승과 하락 초기에 매매 타이밍을 잡고 싶어 합니다. 이럴 때 ==주된 지표 분석과 함께 사용하여 매매의 정밀도를 높이는 유용한 기술적 분석 지표가 보조지표입니다.==

　차트상에서 활용할 수 있는 보조지표의 종류는 수십 가지가 넘고 그 내용도 방대합니다. 이 책에서는 변액보험의 펀드 관리에 유용한 모멘텀 지표인 스토캐스틱^{Stochastic}, RSI, MACD를 활용하는 방법만 언급하겠습니다. 실제로 변액보험 펀드 관리에는 기본 분석 외에 이 세 가지 기술적 분석 지표만 활용해도 충분하다고 생각합니다.

또 이 책에서는 보조지표 산출을 위한 이론적 배경은 간단히 설명하고, 그것을 어떻게 실전에서 해석하고 활용하는지에 집중해 설명하고자 합니다. 왜냐하면 차트가 분석에 필요한 모든 계산을 자동으로 해주기 때문에 독자들이 그 계산방법에 집중하기보다는 차트에 표시되는 정보의 의미를 아는 것이 더욱 중요하기 때문입니다.

보조지표를 활용하는 방법은 크게 ①기준선 돌파, ②교차, ③과매수 이탈, ④과매도 돌파, ⑤다이버전스 등 다섯 가지 방법입니다. 이 방법들은 복잡하지 않고 육안으로 즉시 확인할 수 있으므로 숙달되면 불과 몇 분 안에 주식시장의 개괄적인 분석을 마칠 수 있는 장점이 있습니다. 이제 본격적으로 보조지표를 알아보겠습니다.

모멘텀 Momentum 지표의 원리

모멘텀은 물리학에서 운동에너지 또는 가속도를 의미하는데, 모멘텀 지표는 주가 추세의 속도가 증가하고 있는지, 아니면 감소하고 있는지를 추세 운동량으로 측정하여 나타내는 지표이며, 현재 주가와 일정기간 전 주가의 차이 또는 비율로 나타냅니다.

모멘텀 지표 계산방법
① 현재 주가와 일정기간 전 주가와의 차이로 계산하는 방법

> ROC(Rate Of Change) = (현재 주가 - 일정기간 전 주가)

수식으로 표시해서 조금 어려워 보일 수도 있지만, 간단히 요약하면 이

렇습니다.

(현재 주가 – 일정기간 전 주가)	= 0	횡보 추세
	> 0	상승 추세
	< 0	하락 추세

현재 주가 대비 일정기간 전 주가와의 차이가 제로(0)가 되면 현재 주가와 일정기간 전 주가와 차이가 없으므로 횡보 추세로 봅니다. 차이가 플러스(+)이면 상승 추세에 있고 마이너스(-)이면 하락 추세라고 보는 것입니다. 이 방식을 응용한 지표가 MACD 지표입니다.

봉이 생성될 때마다 현재 주가와 보조지표에 설정한 일정기간 전 주가와의 차이 값이 연속적으로 기록될 것이고, 이 값을 선으로 연결하면 0을 기준으로 등락을 하면서 추세의 방향과 선의 경사에 따른 추세의 강도를 나타내게 됩니다. 이런 진폭과 추세로 주가의 방향을 예측하는 것이 모멘텀 지표의 원리입니다.

② 현재 주가와 일정기간 전 주가와의 비율로 계산하는 방법

$$ROC(비율) = \frac{(현재\ 주가 - 일정기간\ 전\ 주가)}{일정기간\ 전\ 주가} \times 100$$

현재 주가와 일정기간 전의 주가와의 차이를 값으로 나타내지 않고 비율로 나타내는 방법을 활용할 수도 있습니다. 이 방식을 응용한 지표가 스토캐스틱 지표입니다.

MACD 지표

MACD 지표의 의미

MACD는 단기 이동평균선과 장기 이동평균이 반복적으로 서로 가까워졌다 멀어졌다 하는 특성을 이용해 주가의 흐름과 추세를 확인하는 지표입니다. MACD는 Moving Average Convergence & Divergence의 머리글자를 조합한 것입니다. 즉, 이동평균선의 수렴과 확산 지표를 말합니다.

> **MACD = 단기 이동평균선 – 장기 이동평균선**

MACD는 단기 이평선 값에서 장기 이평선 값을 뺀 값으로 표시됩니다. 단기 이평선과 장기 이평선을 어떤 것으로 설정할지는 사용자가 정하면 됩니다. 일반적으로 단기 이평선은 5이평선 값을 사용하고 장기 이평선은 20이평선 값을 사용합니다. 시장 변화에 빠르게 대응하기 위해서 필자는 개인적으로 주봉차트에서 단기 5이평선, 장기 10이평선을 설정해 사용합니다. 설정방법은 잠시 뒤에 알아보겠습니다.

사용자의 설정에 따라서 봉이 만들어질 때마다, 해당 봉 위치에 있는 단기 이평선 값에서 장기 이평선 값을 뺀 값을 차트 프로그램이 기간이 경과함에 따라 자동으로 연결된 선으로 표시해줍니다. 이 선이 우상향으로 추세를 보이면 상승 추세, 우하향으로 추세를 보이면 하락 추세, 수평 방향으로 추세를 보이면 횡보와 얕은 조정 추세를 나타냅니다.

==MACD 값이 '0'보다 크면== 단기 이평선 값이 장기 이평선 값보다 크다는 의미가 되고, 주가가 급등할수록 단기 이평선 값이 장기 이평선 값에 비해 빨리 상승하면서 MACD 값이 빠르게 상승하고 우상향하는 각도도 커지게 됩니다.

반대로 MACD 값이 '0'보다 작으면 단기 이평선 값이 장기 이평선 값보다 작다는 의미가 되고, 주가가 급락할수록 단기 이평선 값이 장기 이평선 값에 비해 빨리 하락하면서 MACD 값이 빠르게 하락하고 우하향하는 각도도 커지게 됩니다.

주가가 상승하면서 우상향으로 급한 각도로 상승하던 MACD 곡선이 완만한 기울기로 접어들게 되면, 주가의 상승이 멈추거나 혹은 횡보 조정을 받거나 추세가 반전되어 하락할 수 있다는 것을 암시하게 됩니다. 그리고 그 반대의 경우도 마찬가지입니다.

그렇다면 이렇게 주가의 방향과 추세를 나타내는 MACD 지표를 어떻게 투자에 활용하는지 알아보겠습니다.

MACD의 구성과 매매 시 활용방법

MACD는 MACD 곡선과 시그널Signal 선으로 구성되어 있습니다.

> MACD(단기 이평선, 장기 이평선, 시그널)
> Signal(시그널) = N(일, 주, 월) 동안의 MACD 지수 이동평균

예를 들어 MACD 지표를 MACD(5, 10, 3) 이렇게 설정한다면, 단기 이평선은 5이평선, 장기 이평선은 10이평선, 시그널은 3을 사용한다는 의미입니다. 이렇게 만들어지는 MACD 곡선은 5이평선과 10이평선의 차이를 계산한 것이 되고 이 값을 최근 값 기준 3개 단위로 이동평균 해나가면서 만든 선이 시그널 선이 된다는 의미입니다. 언급한 바와 같이 이평선과 시그널 선의 기간은 사용자가 임의대로 설정해서 활용할 수 있습니다.

시그널 값은 가장 최근 MACD 값을 이동평균 한 것이므로 시그널 값과 MACD 값이 가까워지고 만나게 된다는 것은, 상승 추세든 하락 추세든 MACD의 추세가 지속되지 않고 반전될 가능성이 많다는 것을 의미합니다.

이런 점에 착안해서 아래와 같은 MACD와 시그널 선을 활용한 매매기법이 등장했습니다.

> * MACD 곡선이 시그널 선을 상향 돌파하면(골든크로스 발생) 매수
> * MACD 곡선이 시그널 선을 하향 돌파하면(데드크로스 발생) 매도

이상에서 MACD 지표의 의미와 활용방법을 설명드렸습니다. 이제 본격적으로 차트상에서 MACD 보조지표를 활용한 매매방법에 대해 알아보겠습니다.

차트상에 MACD 지표 설정하기

차트상에 보조지표를 표시하려면 차트 우측 툴박스에서 '지표설정' 메뉴를 선택하거나 차트 위에서 마우스 오른쪽 버튼을 눌러 '지표설정' 메뉴를 선택하면 됩니다. 〈그림 2-41〉과 같이 보조지표를 설정하는 메뉴가 나옵니다.

맨 좌측 전체 지표 목록 중에서 MACD를 선택하고 더블클릭하거나 '≫'

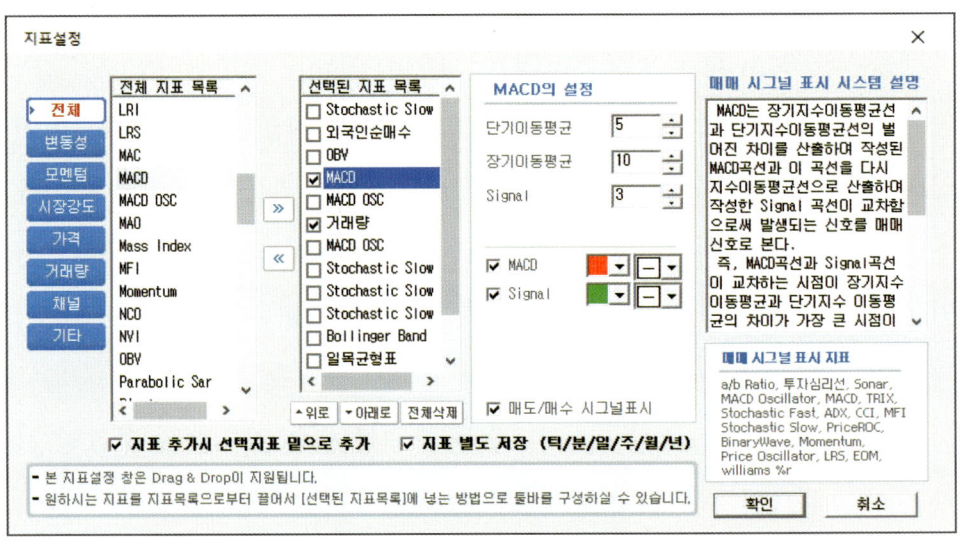

〈그림 2-41〉 MACD 지표 설정하기

모양 버튼을 눌러서 옆의 선택된 지표 목록에 보냅니다. MACD를 두 개로 활용하고 싶으면 다시 추가해서 수치를 달리해서 사용할 수 있습니다. 앞으로 배우게 될 모든 보조지표를 차트에 설정할 때 이와 동일한 방법으로 하게 되니 잘 익혀두기 바랍니다.

MACD 설정 메뉴에서 단기 이평 5, 장기 이평 10, Signal 3 이렇게 설정합니다. 장기 이평선을 20, 시그널을 6으로 할 수도 있습니다. MACD와 시그널 선의 색과 선 두께를 설정할 수 있고, 하단에 '매도/매수 시그널 표시'에 체크하면 선의 교차 부분에서 화살표로 매도/매수 표시가 나타나게 됩니다. 때때로 표시가 잘 안 될 때는 체크를 해지했다가 다시 체크하면 매도/매수 표시가 나타납니다.

MACD 곡선의 시그널 선 돌파 활용

〈그림 2-42〉는 코스피 지수 주봉차트입니다. MACD(5, 10, 3)으로 설정하고 차트 하단에 표시한 결과, A, C, E, G, I의 저점에서 MACD 곡선이 시그널 선을 골든크로스로 상향 돌파하며 매수 신호를 주는 모습이 나옵니다. 반대로 B, D, F, H의 고점에서는 MACD 곡선이 시그널 선을 데드크로스로 하향 돌파하며 매도 신호를 주고 있습니다.

기본적 분석을 먼저 해보면, A, C, E, G, I의 저점에서 상승장악형 장대양봉이 나오면서 추세 반전을 알리고 주가가 이평선을 돌파하는 모습을 보이고 있으므로 매수 관점에서 대응해야 한다고 판단합니다. 또 B, D, F, H의 고점대에서는 하락장악형 장대 음봉과 함께 아래 거래량을 체크하니 비교적 많은 거래량이 발생했으므로 매도 관점에서 적립금 이전을 검토해야 한다고 판단합니다.

이런 기본적 분석방법에 더하여 MACD 지표 분석을 하면 정말 단순하게 현재 시장상황을 파악할 수 있습니다. 아래 노란색 원으로 표시된

<그림 2-42> MACD 지표의 실전 활용

A~I까지 저점과 고점에 해당하는 지역의 MACD 곡선과 시그널 선의 교차와 돌파 여부만 보더라도 어떻게 대응해야 하는지 신호로 알려줍니다. MACD 지표는 이렇게 기본적 분석에 더하여 한 번 더 판단할 근거를 제공해 투자 성공 확률을 높여줍니다.

MACD 지표의 다이버전스Divergence 활용 – 상승형 다이버전스

주가의 추세와 MACD 곡선의 추세가 반대로 움직이는 것을 다이버전스Divergence라고 합니다. 〈그림 2-43〉은 일본 니케이225 지수 주봉차트입니다. A지역은 주가의 추세는 하락 추세인데도 MACD 곡선의 추세는 우상향하고 있습니다. 이런 다이버전스가 발생하면 이후에 추세 반전이 있다는 것을 암시합니다. A지역을 지나자마자 주가가 급등하는 것을 확인할 수 있습니다.

B지역은 주가가 횡보하고 있는데 MACD 곡선의 추세는 우상향하고 있

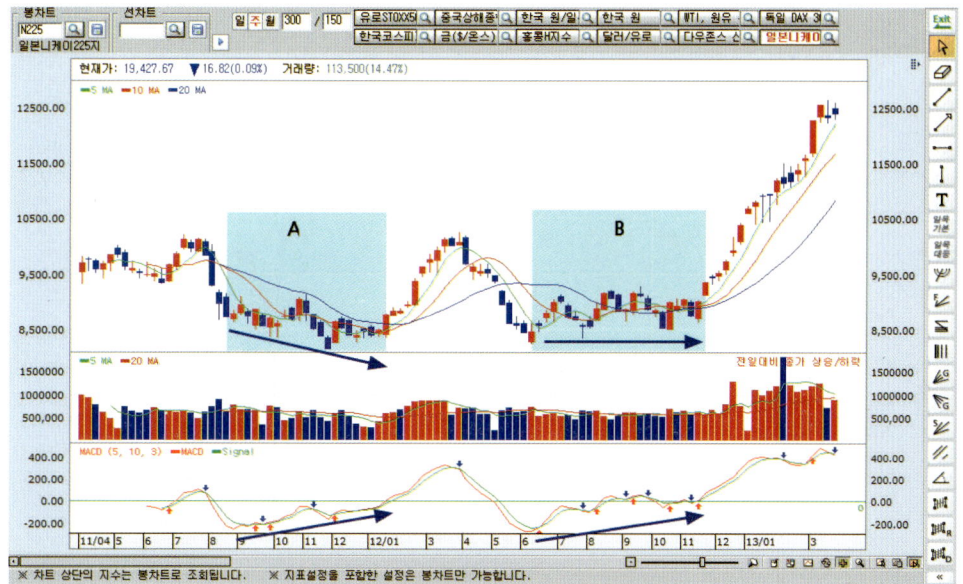

〈그림 2-43〉 MACD 상승형 다이버전스

습니다. B구간을 지나자마자 급등세를 이어갑니다. <mark>다이버전스가 발생하면, 이어지는 추세는 보조지표의 추세를 따라갑니다.</mark> 즉, 주가가 하락하거나 횡보할 때 보조지표가 상승하는 다이버전스는 조만간 주가의 상승 반전이 있고, 주가가 상승하고 있을 때 보조지표가 하락 추세로 진행되고 있으면 주가도 조만간 하락 추세로 전환됩니다.

다이버전스가 발생하는 이유는, 주가의 추세 진행 가속도가 점점 탄력을 잃어가고 있는데도 주가의 추세 전환이 바로 이루어지지 않고 일정기간 시차를 두고 발생하기 때문입니다. 실전에서 다이버전스는 자주 발생하지 않으므로 다이버전스를 발견한다면, 매우 확률 높은 투자 포인트를 발견했다고 할 수 있습니다.

MACD 지표의 다이버전스^{Divergence} 활용 – 하락형 다이버전스

〈그림 2-44〉는 일본 니케이225 지수 주봉차트입니다. A구간의 주가는

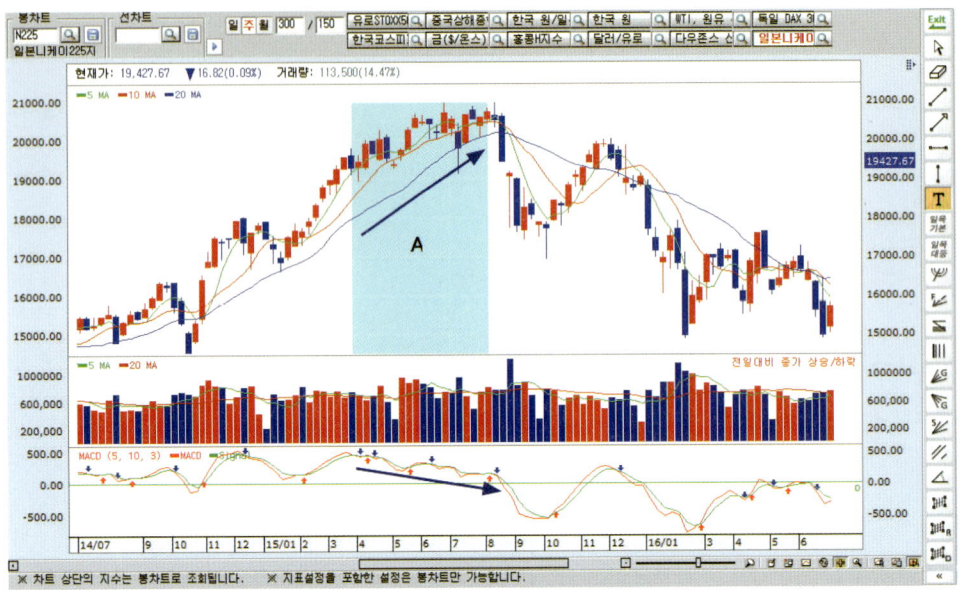

〈그림 2-44〉 MACD 하락형 다이버전스

상승 추세인데도 MACD 곡선은 하락 추세를 보여주며 다이버전스가 발생했습니다. 추세의 하락 전환을 암시하였고 뒤이어 하락세가 이어지고 있습니다.

하락형 다이버전스를 발견했다면 기본적으로 매도에 대비하고 있어야 합니다. MACD 지표를 확인하지 않은 상태에서 기본적 분석을 해본다면, A구간의 끝에서 장대 음봉이 등장하며 주가가 하락을 시작할 때 매도를 시작하고, 적립금 이전을 해야 하는 시점임을 알 수 있습니다.

기본적 분석을 하면서 MACD 등 보조지표를 확인할 때는, 차트 우측 하단에 있는 '십자선' 버튼을 눌러서 항상 수직 방향의 봉과 이평선, 거래량 그리고 해당되는 MACD 곡선의 움직임을 체크하는 습관을 들이면 좋습니다.

그리고 한 가지 경계할 점을 미리 말씀드리고 싶습니다. MACD와 같은 보조지표 사용에 익숙해지면, 기본적 분석을 소홀히 하거나 금융시장 환경 변화에 무감각해질 수 있다는 점입니다. 단순히 MACD 같은 보조지표의 매수 신호에 사고 매도 신호에 파는 매매기계가 되지 않도록, 기본적 분석은 물론 금융시장 환경의 변화에 관심을 가지기 바랍니다. 기본기와 근거에 입각한 투자가 두려움 없는 투자를 가능하게 합니다.

MACD 지표의 패턴 활용 매매방법 - 이중 바닥 패턴(W자형 패턴)

〈그림 2-45〉는 독일 DAX30 지수 주봉차트입니다. 앞서 주가의 패턴 분석 중, 이중 바닥 패턴(W패턴)을 알아본 바 있습니다. 이중 바닥을 이루는 두 번째 바닥의 주가가 첫 번째 바닥보다 높고 많은 거래량이 수반되면서 장대 양봉이 이평선을 돌파하면, 상승 추세로 전환된다는 것이었습니다.

이중 바닥형 패턴 분석은 MACD 분석방법에서도 적용 가능합니다. A구간을 보면 MACD 곡선이 이중 바닥 패턴을 보이고 있습니다. 여기서도 우측의 바닥 저점이 더 높아야 확률이 높습니다.

A구간의 이중 바닥 패턴이 완성되는 지점의 봉차트를 확인해보면, 아래 꼬리 긴 장대 양봉이 5이평선을 돌파하는 모습을 보이고 있습니다. 바로

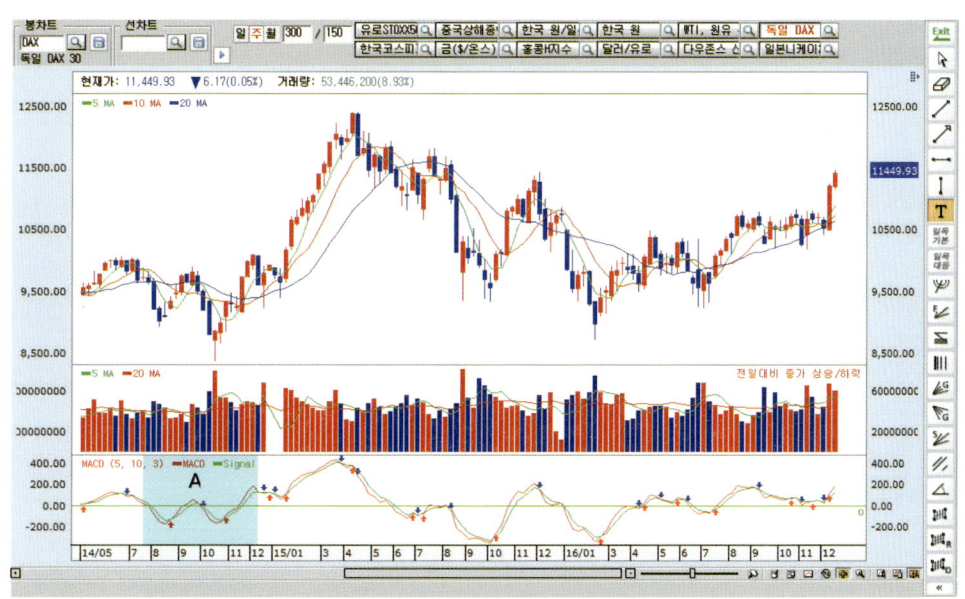

〈그림 2-45〉 MACD 이중 바닥 패턴

매수할 수도 있지만 아직 좌측에 주가가 높은 봉들이 매물대로 자리 잡고 있기 때문에 매수를 망설일 수도 있습니다. 이럴 때 보조지표인 MACD의 신호와 패턴을 체크하면 의사결정에 도움이 됩니다. 저점을 높여가는 바닥이 연이어 3개 이상 등장하는 다중 바닥형 MACD 패턴도 같은 의미에서 해석합니다.

MACD 곡선의 이중 바닥 패턴은 봉차트보다 육안으로 식별하기가 훨씬 쉽기 때문에 MACD 지표 분석을 할 때는 시그널 선 돌파, 다이버전스 확인에 이어 꼭 확인해야 할 패턴입니다.

MACD 지표의 패턴 활용 매매방법 - 이중 천장 패턴(M자형 패턴)

〈그림 2-46〉은 홍콩 H지수 주봉차트입니다. A구간을 봉 패턴으로만 보면 명확하게 이중 천장형이 보이지 않습니다. 그런데 아래 MACD 곡선은 M자형으로 이중 천장형을 나타내고 있습니다. 우측 봉우리에서 MACD 곡선이 시그널 선을 하향 돌파하는 매도 신호를 보내며 하락 추세 전환을

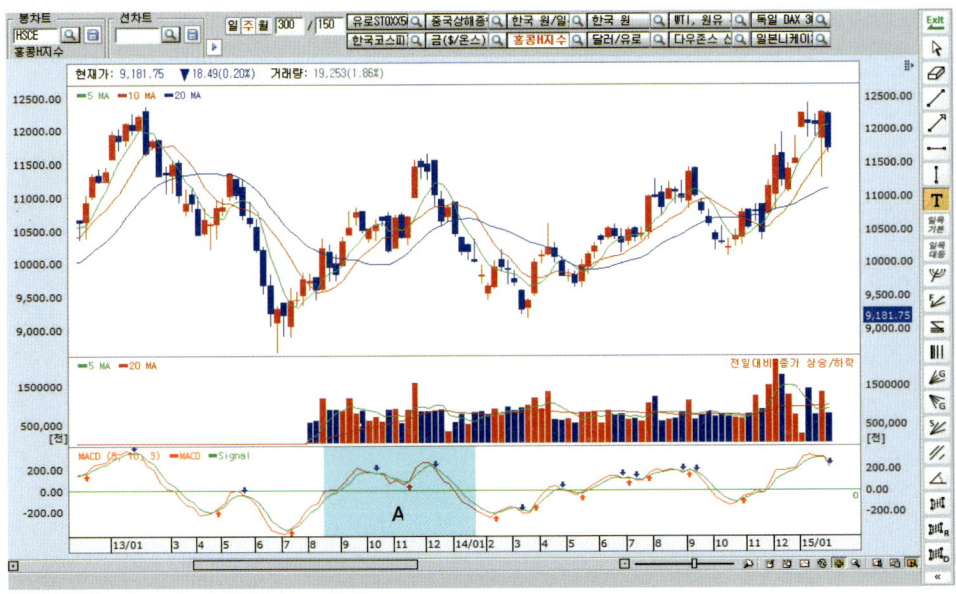

〈그림 2-46〉 MACD 이중 천장 패턴

예고하고 있습니다.

기본적 분석 측면에서 보면, 천장권에서 더 이상 상승하지 못하고 하락장악형 장대 음봉이 나타나고 있습니다. 기본적으로 매도 준비를 해야 하는 시점이고 투자자가 생각하고 있는 이평선 지지를 실패하는 경우에는 매도로 대응해야 하는 지점입니다.

상승 추세 중에 주가의 상승세가 꺾이거나 횡보하면 MACD 곡선의 각도가 완만해지면서 시그널 선에 다가가고 하향 돌파가 임박해집니다. 투자자들이 많이 고민하는 시점이기도 합니다. MACD 교차 시그널은 이평선의 교차 시그널보다 더 빠르게 움직이므로 상승기간 동안 수익을 많이 얻은 투자자는 MACD 매도 신호가 발생하면 적립금을 채권형 펀드로 이전하는 것이 수익을 지키는 방법입니다.

MACD 지표와 기준선의 이격도를 활용한 매매방법 - 단기 저점 공략방법

〈그림 2-47〉은 독일 DAX30 지수 주봉차트입니다. 주가가 상승 추세에 있을 때는 상승 중에도 몇 번의 조정을 받지만, 추세가 무너지지 않는 한 주가 조정 시마다 여러 번 매수 기회가 있는 것이 일반적입니다. 그러나 주가의 추세가 하락으로 전환되면 순식간에 주가가 급락할 수도 있기 때문에 매수 포인트를 잡기 어려울 뿐 아니라 기본적 분석 결과 분명한 매수 포인트인데도 적극적으로 투자하는 것이 부담스러울 때가 많습니다. 이럴 때 효과적인 MACD 지표 활용방법을 알려드리겠습니다.

하락 추세 중 또는 하락 추세의 끝부분에서 'V'자형 반등을 노려 몇 달 동안 비교적 단기간 동안 수익을 노려볼 수 있는 방법이 MACD와 기준선인 '0'선과의 이격도를 활용한 방법입니다. 하락 추세 중 기준선 아래에서 기준선과 MACD 곡선의 간격이 벌어지는 이격도가 크다는 것은 그만큼 하락폭이 크다는 것을 의미하고 추세 반등 기회가 점점 다가오고 있다고

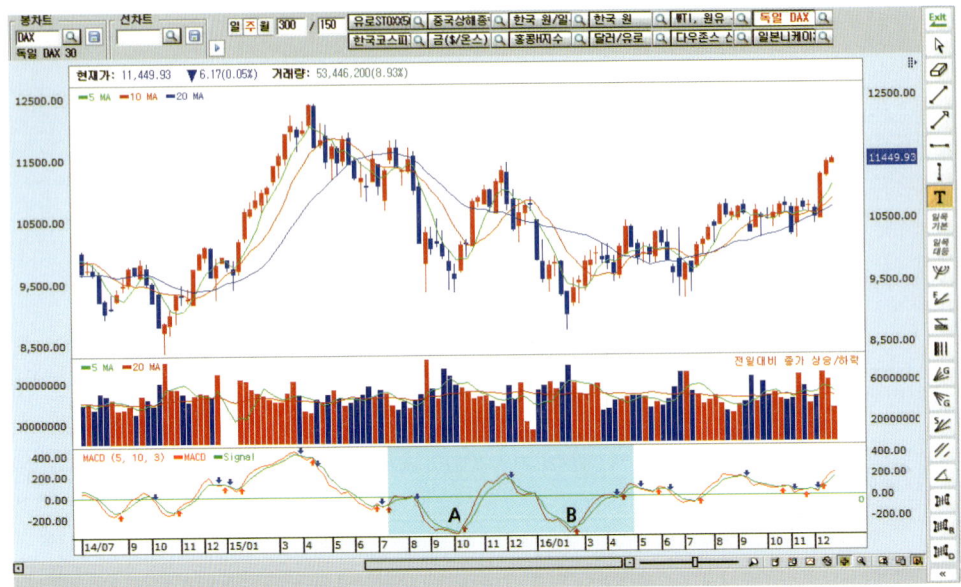

<그림 2-47> MACD와 기준선의 이격도 활용 저점 공략기법

생각해야 합니다.

<그림 2-47>의 A, B지점은 MACD와 기준선의 이격이 상당히 벌어진 상태에서 MACD 곡선이 시그널 선을 상승 돌파하는 매수 신호를 보내고 있습니다. 차트상에는 바닥권에서 장대 양봉이 나타나고 있으며, 차트 좌측 부분을 보니 이전 저점 부근에서 매수 신호가 들어왔습니다. 이런 지점을 노려 단기적으로 공략하고 다시 MACD 매도 신호가 나오면 채권형으로 적립금을 이전하면 됩니다.

이중 MACD 지표의 활용방법

우측 툴바에서 '지표설정' 메뉴를 통해 <그림 2-48> 지표설정 창을 띄우고 전체 지표 목록에서 MACD 지표를 추가로 설정 후 단기 5, 장기 20, 시그널 6으로 설정합니다.

<그림 2-49>는 일본 니케이225 지수 주봉차트입니다. MACD 지표 설정은 사용자의 투자 기간과 투자 성향에 따라 단기, 장기, 시그널 기간 등

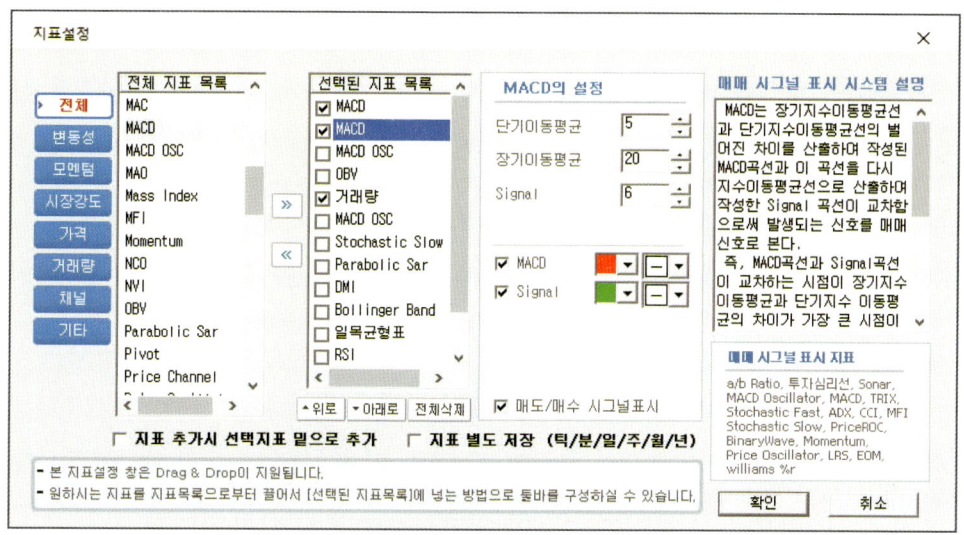

<그림 2-48> 이중 MACD 지표 설정방법

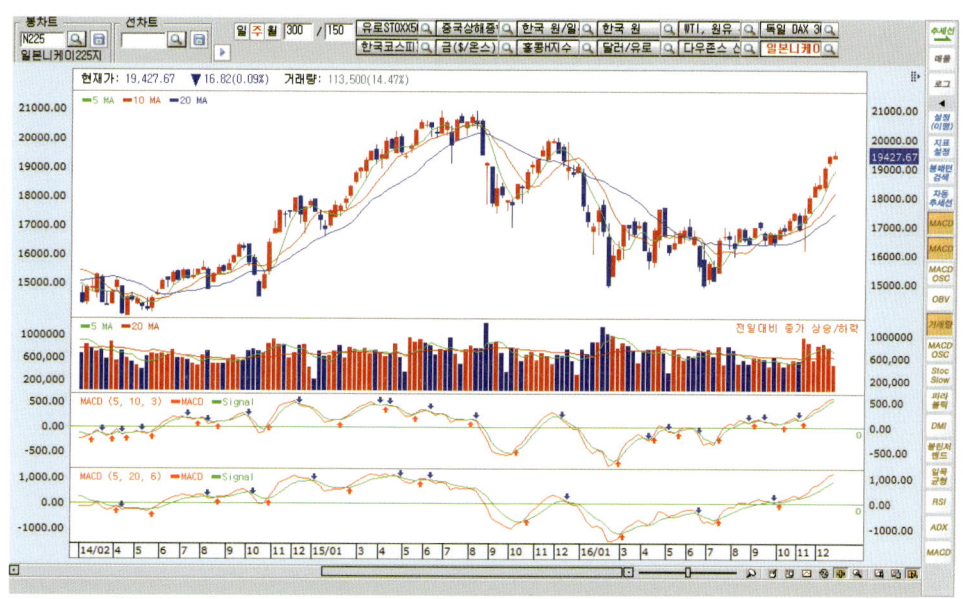

<그림 2-49> 이중 MACD 지표 활용방법

을 마음대로 설정해서 활용할 수 있고, MACD 지표 여러 개를 차트에 나타낼 수도 있습니다.

〈그림 2-49〉에 나란히 표시된 MACD(5, 10, 3) 지표와 MACD(5, 20, 6) 지표를 확인해보면, 형태는 비슷하지만 매수와 매도 신호가 봉 한 개 정도

차이로 MACD(5, 10, 3) 신호가 더 빠르다는 것을 알 수 있습니다.

이평선 지지까지 충분히 확인한 후에 여유 있게 대응하려는 분들은 MACD(5, 20, 6)처럼 장기 이평선을 기간이 긴 이평선으로 설정하면 됩니다. 그러나 봉 패턴과 이평선 돌파, 거래량만으로도 충분히 추세를 판단할 수 있는 투자자는 조금 더 빨리 대응하기 위해 MACD(5, 10, 3)으로 설정하면 됩니다.

차트 우측의 툴바를 보면 현재 표시된 보조지표는 오렌지색으로 바탕이 활성화되어 있습니다. MACD 지표를 보지 않으려면 활성화된 버튼을 누르면 되고, 차트에서 사라진 이후에 다시 누르면 활성화되면서 차트에 표시됩니다. 마지막에 활성화된 보조지표 메뉴가 맨 아래로 위치하게 되므로, 본인의 취향에 따라 모두 비활성화시켰다가 차례대로 활성화시키면 원하는 메뉴 순서대로 차트에 표시됩니다.

MACD 보조지표를 활용한 펀드 관리방법 요약

지금까지 차트상에 MACD 보조지표를 표시하고 활용하는 방법을 알아보았습니다. 기본적 분석에 더한 MACD 지표 분석은 상당한 자신감을 갖게 하는 '한 수'로서 충분한 가치가 있다고 생각합니다. 복습하는 차원에서 MACD 보조지표의 핵심사항을 정리해보겠습니다.

> ① MACD 곡선이 시그널 선을 상향 돌파하면 매수한다.
>   (주식형 펀드로 적립금 이전 또는 추가납입)
> ② MACD 곡선이 시그널 선을 하향 돌파하면 매도한다.
>   (채권형 펀드로 적립금 이전 또는 주식형 펀드 투입 자제)
> ③ 주가와 MACD 곡선의 다이버전스가 발생하면 추세의 반전이 뒤따라온다.

> - 주가는 상승하는데 MACD 곡선은 하락하고 있으면 매도 준비
> - 주가는 하락하는데 MACD 곡선은 상승하고 있으면 매수 준비
>
> ④ 바닥권에서 저점을 높여가는 이중 바닥형 MACD 곡선은 상승 신뢰도가 높다.
> ⑤ 천장권에서 발생하는 MACD 곡선의 M자형 패턴은 하락 신뢰도가 높다.
> ⑥ 기준선 이하에서 급락하는 MACD 곡선과 기준선의 이격도가 커지면 커질수록 반등 기회가 찾아올 확률이 높으므로, 매수 신호를 적극 활용하여 단기 수익을 추구한다.
> ⑦ MACD는 보조지표이므로 항상 봉, 이평선, 거래량을 먼저 분석한 후에 보조적으로 활용한다.

스토캐스틱 Stochastic 지표

스토캐스틱 보조지표는 일정기간 동안 주가가 최고가와 최저가 사이에서 움직인 가운데 현재 주가는 어디쯤에 위치해 있는가를 백분율로 표시한 지표입니다. 일정기간은 MACD 지표처럼 임의로 설정할 수 있습니다.

일정기간 동안 가장 높았던 주가를 100으로 하고 가장 낮았던 가격을 0으로 하면, 주가는 0과 100 사이에서 진폭을 가지며 이동할 것입니다. 따라서 주가가 상승 추세라면 점점 100에 근접할 것이고 하락 추세라면 점점 0에 가까워질 것입니다.

스토캐스틱 지표가 100에 근접한다는 것은 주가가 계속 상승해서 수익이 난 투자자가 많다는 의미입니다. 주식시장이 과열 국면이기 때문에 언제든 차익매물이 쏟아질 것에 대한 대비를 해야 한다는 의미이기도 합니다.

반대로 스토캐스틱 지표가 0에 가까워진다는 것은 주가가 지속적으로

하락해서 바닥권에 진입하고 있으며 매도세가 현저하게 줄어들고 있다는 의미입니다. 주식시장이 침체 국면이라서 추가적으로 하락할 가능성보다는 상승으로 추세 전환할 가능성이 더 높아진다는 의미이기도 합니다.

스토캐스틱 Stochastic 계산 공식

스토캐스틱은 크게 패스트 스토캐스틱 Fast Stochastic 과 슬로 스토캐스틱 Slow Stochastic 으로 나뉩니다. 패스트 스토캐스틱은 매매 신호가 자주 발생해서 단기매매에 적합하므로 변액보험 관리를 위해서는 대부분 슬로 스토캐스틱을 사용합니다.

스토캐스틱은 대표적인 모멘텀 지표로서 과매수·과매도 구간의 이탈과 돌파를 활용하는 방법과, %K(프로K) 선과 %D(프로D) 선의 상·하향 돌파방법을 매수와 매도 신호로 활용하는데 이에 대해 자세히 알아보겠습니다.

- **Fast Stochastic 공식**

  $$\text{Fast \%K} = \frac{(\text{현재가} - \text{N기간 중 최저가})}{(\text{N기간 중 최고가} - \text{N기간 중 최저가})} \times 100$$

  Fast%D = Fast%K를 M기간으로 이동평균 한 것

- **Slow Stochastic 공식**

  Slow%K = Fast%D를 M기간으로 이동평균 한 것
  Slow%D = Slow%K를 L기간으로 이동평균 한 것

- **N, M, L 기간 설정은 임의로 다양하게 설정하여 활용 가능함.**

%K를 계산할 때 N기간 값은 5를 사용하고, 이때 M과 L기간 값은 3일 사용하는 것이 일반적입니다. N기간을 10으로 사용하면 M과 L기간 값은 6으로 배수로 설정해서 활용하는 것이 좋습니다.

매수·매도 신호의 속도는 N=5, M=3, L=3이 더 빠른데, 기간을 길게 하

면 선의 변화가 완만해지므로 당연한 것입니다. 주가지수 주봉차트를 활용한 변액보험 펀드 관리는 Stochastic Slow(5, 3, 3) 설정을 활용하는데, 이 의미는 N기간은 5를 사용하고, Slow%K와 Slow%D의 이동평균 기간을 각각 3으로 하겠다는 의미입니다. 이 수치는 필자의 경험상 가장 성공 확률이 높습니다. 이 부분은 뒤쪽에서 상세히 다루겠습니다.

스토캐스틱 계산방법을 코스피 지수 값을 기준으로 예를 들어 설명하겠습니다.

- 코스피 지수 현재가: 2,035
- N기간: 5(주봉 기준이므로 실제로는 5주 기간입니다.)
- N기간 중 최고가: 2,053
- N기간 중 최저가: 1,962

$$\text{Fast\%K} = \frac{(2{,}035 - 1{,}962)}{(2{,}053 - 1{,}962)} \times 100 = 80.22\%(\text{과열권})$$

이렇게 Fast%K 값이 결정되면 다른 변수들은 설정된 기간에 따라 자동으로 결정됩니다. 사실 차트에서는 이 모든 값을 자동으로 계산해주므로 원리 정도만 간단히 이해하고 넘어가는 것이 좋습니다.

%K 값이 80%를 넘으면 주식시장이 과열권에 접어들었다고 보고, 20% 이하로 내려가면 주식시장이 침체 국면에 있다고 판단합니다. 예제에서는 %K 값이 80.22%를 나타내며 현재 주가가 과열권에 진입했음을 알려줍니다. %K 선은 일정기간 동안 주가가 등락하며 이동한 가격 범위 안에서 현재 주가의 위치를 백분율로 표시한 것입니다. %D 선은 %K 값을 이동평균한 값인데 MACD 지표의 시그널 선과 비슷한 역할을 합니다.

이런 점에 착안해서 아래와 같은 스토캐스틱 %K 선과 %D 선을 활용한 매매기법이 등장했습니다.

> * %K 선이 %D 선을 상향 돌파하면(골든크로스 발생) 매수
> * %K 선이 %D 선을 하향 돌파하면(데드크로스 발생) 매도
> * %K 선이 20% 이하 침체권에 머물다 20% 선을 상향 돌파하면 매수
> * %K 선이 80% 이상 과열권에 머물다 80% 선을 하향 돌파하면 매도

스토캐스틱을 활용한 매매기법을 차트를 통해 좀 더 자세히 알아보겠습니다.

차트상에 스토캐스틱 지표 설정하기

앞서 MACD 지표를 설정했던 것처럼 차트 우측 툴박스에서 〈그림 2-50〉과 같이 '지표설정' 메뉴를 통해 전체 지표 목록에서 Stochastic Slow 메뉴를 선택된 지표 목록으로 이동합니다. Stochastic Slow 항목을 선택한 상태에서 기간 5, Slow%K=3, Slow%D=3으로 설정하고 '확인' 버튼을 누릅

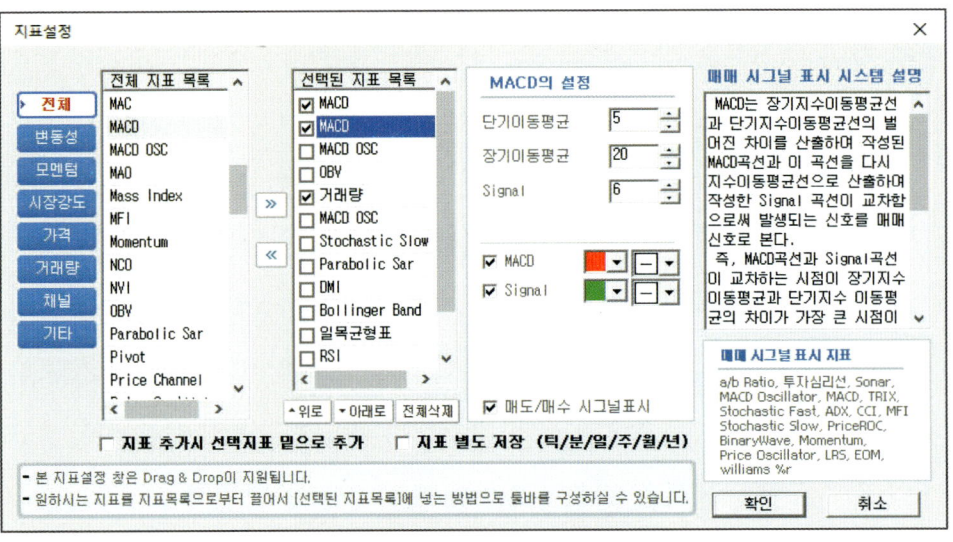

〈그림 2-50〉 스토캐스틱 지표 설정하기

니다.

'지표설정' 메뉴는 자주 활용하는 메뉴이므로 직접 버튼을 눌러서 선택하는 방법보다는 차트 위에서 마우스 오른쪽 버튼을 누르면 나타나는 메뉴에서 '지표설정' 메뉴를 누르면 더 편리하게 활용할 수 있습니다.

이중 MACD 지표 설정 방법처럼 스토캐스틱도 두 개, 세 개를 설정해서 활용할 수 있습니다. '전체 지표 목록'에서 Slow Stochastic을 연속해서 선택하거나 더블클릭해서 '선택된 지표 목록'으로 이동시킨 후에 차트상에 기간을 달리한 스토캐스틱 지표 여러 개를 표시할 수 있습니다.

스토캐스틱 %K 선과 %D선의 돌파 활용

〈그림 2-51〉은 코스피 지수 주봉차트입니다. 차트 하단에 Stochastic Slow(5, 3, 3)으로 지표가 설정되었습니다. 적색 선이 Slow%K 선이고 녹색 선이 Slow%D 선입니다. 차트상에 표시된 A~J까지 지점이 스토캐스틱 교차 지점(노란색 원 부분)입니다. 한눈에 보더라도 고점과 저점이 대체적으로 스토캐스틱 %K 선과 %D 선의 교차 지점에 일치하고 있다는 것을 확인할 수 있습니다.

A지점의 경우, 스토캐스틱 매도 신호에 따라 바로 매도했다면 많이 아쉬울 것입니다. 짧은 조정에 이어 5이평선의 지지를 받고 크게 상승했기 때문입니다. 이런 이유 때문에 항상 봉과 이평선 지지 등 기본적 분석을 먼저 한 이후에 보조지표 분석을 해야 하는 것입니다.

스토캐스틱 20% 이하의 과매도나 80% 이상의 과매수 구간에서의 매매는, 구간 내에서 %K 선이 %D선 을 상·하향 돌파하는 시점이 아니라 그 구간을 벗어나는 시점을 매매 시점으로 잡아야 확률이 더 높아집니다.

B지점의 경우, 기본적 분석으로는 고점에서 장대 음봉과 함께 많은 거래량이 발생하고 있으므로 당연히 매도 관점에서 대응해야 합니다. B지점

〈그림 2-51〉 스토캐스틱 %K 선과 %D 선의 돌파 활용

의 스토캐스틱을 확인해보니 과매수 지역을 하향 돌파하려는 모습입니다. 이럴 때는 과감한 매도가 정석입니다.

C지점은 천장권에서 상승폭의 절반까지 급락하던 주가가 '기술적 반등'을 하는 구간입니다. 기술적 반등 구간은 주가가 급락했을 때 저가 매수세의 유입으로 발생하거나, 급락으로 인해 물량을 다 처분하지 못한 큰 세력들(기관 투자자, 외국인 등)이 물량을 정리하기 위해 주가를 끌어올리며 보유 주식을 처분하거나 줄이려고 할 때 주로 발생합니다.

이후 매수 세력이 빠져나가면 주가가 재차 급락하는 현상이 발생하게 되는데, C~D구간이 해당됩니다. 매수세가 약하기 때문에 거래량도 줄고 손절매 물량까지 더해지며 순식간에 급락하기 때문에 하락 추세로 전환된 시장은 되도록 보수적이며 단기적인 관점에서 바라보고 다른 시장으로 눈을 돌려야 합니다. 악성 매물들이 대량으로 대기하고 있어서 상승 시 많은 에너지와 기간이 소요되기 때문입니다.

D지점은 전 저점 근처인데 장대 양봉이 등장했고, 스토캐스틱도 침체권에 잠시 들어갔다가 나오면서 매수 신호를 보내고 있습니다. 이와 같이 전 저점 근처 바닥권에서 양봉과 함께 나타나는 스토캐스틱 매수 신호는 신뢰도가 높으므로 적극적인 관점에서 대응합니다.

E지점은 고점에서 짧은 음봉이 등장했지만, 주가가 아직 5이평선 위에 있고 거래량도 많지 않으므로 일단 5이평선 지지 유무를 확인하는 것이 정석입니다. 아래에 있는 스토캐스틱을 확인해보니 %K 선이 %D 선을 하향 돌파하려고 합니다. 빠른 대응을 위해 매도하며 수익을 취해도 좋고, 장대 음봉이 등장하며 스토캐스틱이 80% 과열권을 벗어나는 시점에서 매도해도 좋습니다. 결과는 조금 늦게 매매해서 손해를 더 보았지만 5이평선 지지를 받으며 급등할 기회도 있기 때문에 더 확인하고 매도한 것이므로 나쁘지 않습니다.

F지점은 전 저점 근처인데 스토캐스틱 매수 신호로 매수했지만 바로 하락이 발생해서 당황할 수도 있는 구간입니다. 5, 10이평선 저항을 받고 되밀렸지만 전 저점 지지와 장대 양봉의 매수세 등장으로 G지점까지 상승에 성공합니다. G지점의 매도 신호에 바로 매도할 수도 있고 10이평선 지지 여부를 확인하고 이탈 시 매도하는 전략을 구사해도 좋습니다.

H지점과 I지점은 이평선 지지 여부와 스토캐스틱 신호 체크로 대응하면 되는 구간인데, J구간에서 스토캐스틱 신호와 차이가 좀 발생했습니다. 매수 신호 발생 후 2주가 지나서야 상승했기 때문입니다. 그런데 기본적 분석으로 보면 5이평선 저항을 받고 있는 상태만 확인되고 뚜렷한 매수 신호가 없습니다. 이럴 경우에는 매수를 보류하거나 MACD 등 다른 보조지표의 신호를 같이 확인하기 바랍니다. 거듭 강조하지만, 기본적 분석 후 보조지표를 분석해야 합니다.

스토캐스틱 지표의 다이버전스Divergence 활용 - 상승형 다이버전스

〈그림 2-52〉는 독일 DAX30 지수 주봉차트입니다. A구간과 B구간 두 곳에서 주가는 하락하거나 횡보하는데 스토캐스틱은 상승하는 다이버전스가 발생했습니다. A와 B지역 모두 뒤이어 주가가 상승 추세로 전환되었음을 확인할 수 있습니다.

A구간은 사실 실전에서는 매수하기 어려운 구간입니다. 장대 음봉 이후에 아래 꼬리 달린 장대 양봉이 바로 나왔고 거래량도 평소보다 많이 나왔기 때문에 언뜻 보면 매수할 수도 있는 자리입니다. 그러나 이렇게 이평선들이 역배열된 상태에서는 항상 이평선의 저항이 많기 때문에 봉들이 곡선으로 돌아서 상승하는 구간을 매수구간으로 공략해야 합니다.

A구간 최초 장대 양봉에서는 다이버전스를 확인할 수 없기 때문에, 이 경우에는 바닥을 돌아 올라오는 두 번째 양봉이 이평선을 돌파하는 시점을 매수로 보고, 당시의 스토캐스틱 매수 신호를 보조적으로 확인하는 방법이 좋습니다.

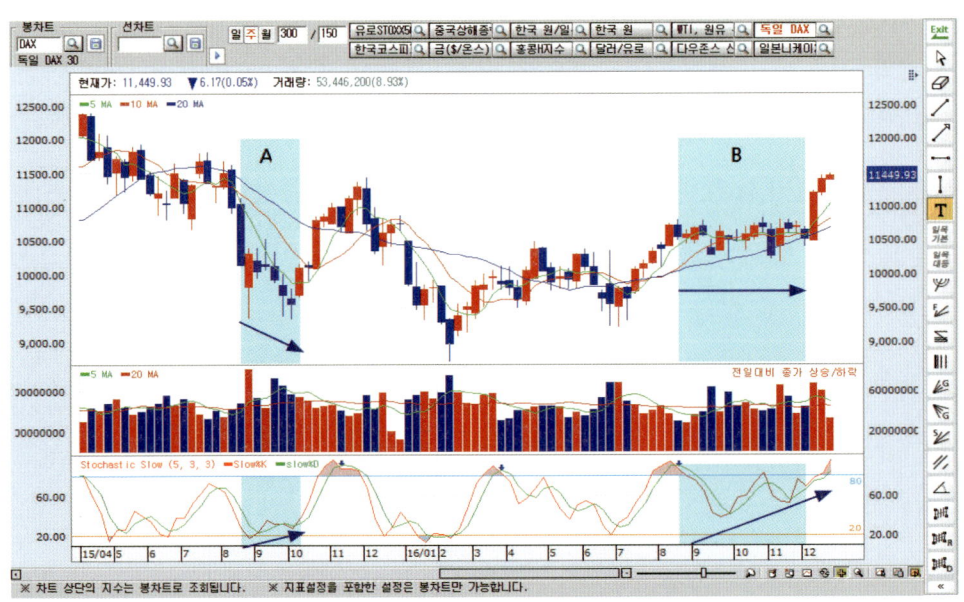

〈그림 2-52〉 스토캐스틱 상승형 다이버전스

B구간은 앞서 배운 패턴 분석에서 상승삼각형 패턴을 보이고 있는 것이 눈에 띕니다. 주가는 횡보하는데 스토캐스틱은 우상향으로 상승하고 있으므로 지켜보고 있다가 이평선을 돌파하는 양봉이 나타날 때 매수하는 것이 정석입니다.

스토캐스틱 지표의 다이버전스Divergence 활용 – 하락형 다이버전스

〈그림 2-53〉은 홍콩 H지수 주봉차트입니다. A구간과 B구간에서 주가는 상승하고 있는데 스토캐스틱은 하락하는 하락형 다이버전스가 발생했습니다. 뒤이어 주가가 하락 조정을 받았습니다.

A구간 초반부에 과매수권에서 %K 선이 과매수 기준선인 80% 선을 하향 이탈하는 매도 신호가 나왔습니다. 그런데 주가는 10이평선을 지지받으며 상승하고 있는 모습입니다. 이와 같이 기본적 분석 측면에서는 완벽한 매도 시점이 아닌데도 스토캐스틱은 매도 사인을 내는 경우가 자주 있으니 주의해야 합니다.

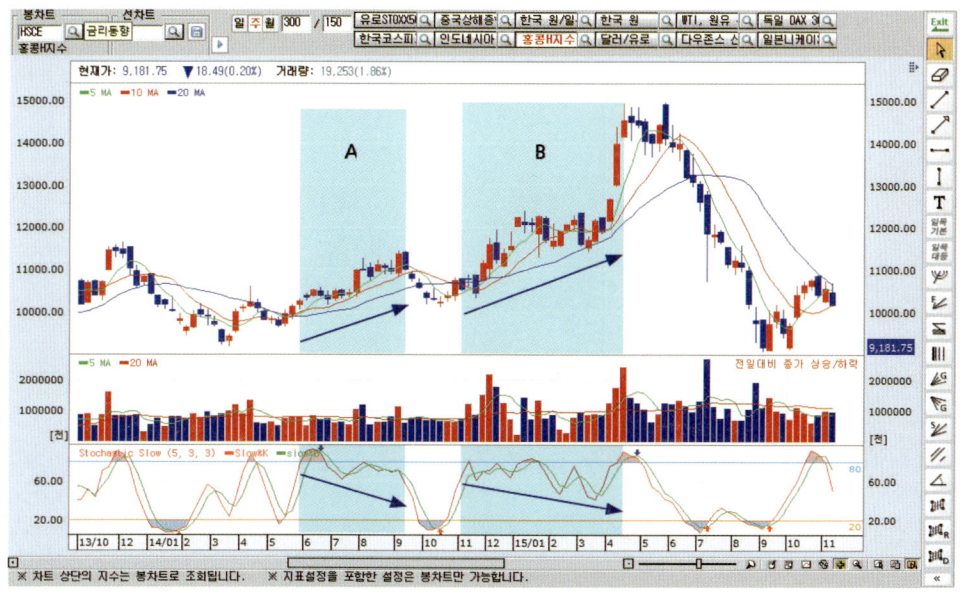

〈그림 2-53〉 스토캐스틱 하락형 다이버전스

B구간 끝부분에서는 주가가 횡보하는 고점대를 장대 양봉이 거래량을 동반하며 돌파하는 모습이 나옵니다. 이런 구간을 스토캐스틱 다이버전스가 나왔다는 이유만으로 매수를 미루면 안 됩니다.

패턴과 보조지표가 추세를 만드는 것이 아니라, 봉의 상승과 하락 움직임이 추세와 보조지표를 만들어냅니다. 보조지표는 시차를 두고 후행하며 주가를 따라온다는 점을 꼭 기억하기 바랍니다.

스토캐스틱 지표의 패턴 활용 매매방법 - 이중 바닥 패턴(W자형 패턴)

〈그림 2-54〉는 독일 DAX30 지수 주봉차트입니다. MACD 지표와 마찬가지로 스토캐스틱 지표도 이중 바닥 패턴을 보이면, 저점이 높은 두 번째 바닥에서 %K 선이 %D 선을 상승 돌파하는 지점이 매수 포인트가 됩니다.

그런데 주의할 점이 있습니다. A지점의 경우 W자형 패턴을 보이고 있지만, 주가는 반짝 상승 이후 바로 급락한 것을 확인할 수 있습니다. 하락 추세로 전환된 이후 내려오는 이평선의 저항에 밀린 모습입니다.

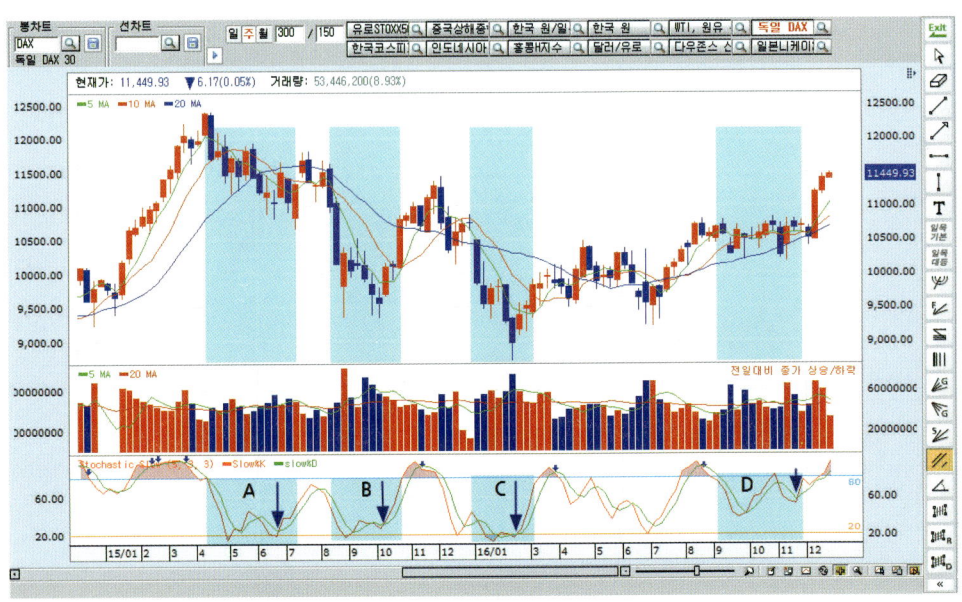

〈그림 2-54〉 스토캐스틱 이중 바닥(W자형) 패턴

상대적으로 B, C, D지점의 경우 W자형 패턴으로 매수 후에 매도 신호가 나올 때까지 보유했다면, 하락 추세 기간 중에서도 2~3개월 동안 10% 내외로 수익을 거둘 수 있었습니다.

비슷한 W자형 패턴이라 하더라도 스토캐스틱의 W자형 패턴은, 하락 초기보다는 하락 중·후반 또는 상승 전환 시 발생할 때 활용하는 것이 투자 위험을 줄일 수 있습니다.

스토캐스틱 지표 과매수 구간 매매방법

〈그림 2-55〉는 일본 니케이255 지수 주봉차트입니다. A구간을 보면, 주가지수가 6개월 동안 저점 대비 무려 70% 급등했습니다. 이렇게 장기적으로 상승하는 경우는 흔치 않기 때문에 이런 시장에 투자하고 있다면 최대한 수익을 극대화할 수 있어야 합니다.

〈그림 2-55〉와 같이 주가가 5이평선의 지지를 받으며 지속적으로 상승하는 동안에는 스토캐스틱도 과열권에 진입해서 계속 머물게 됩니다. 이

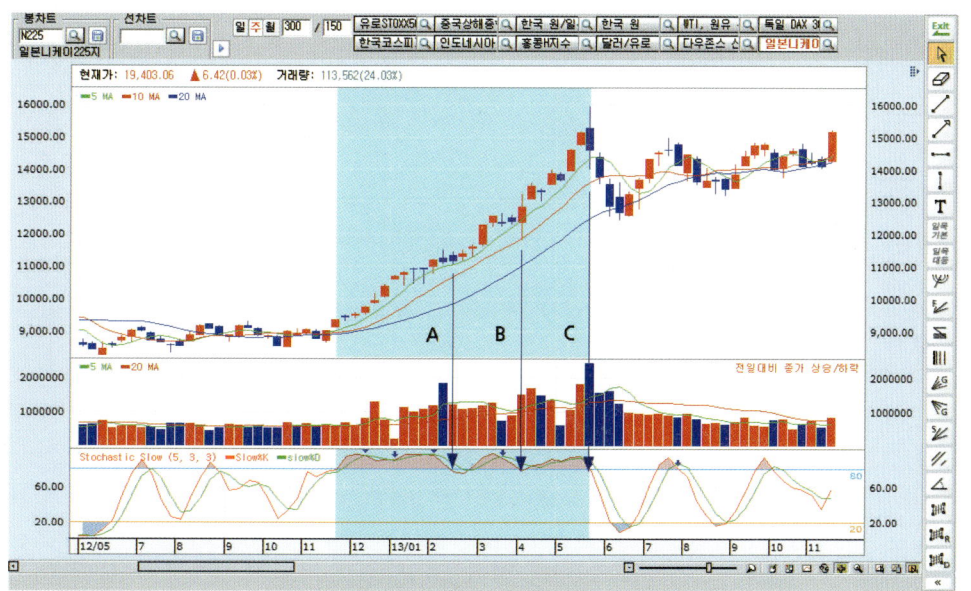

〈그림 2-55〉 스토캐스틱 과매수 구간 매매방법

처럼 <mark>스토캐스틱 80% 이상의 과매수 지역에서는 %K 선이 %D 선을 하향 돌파할 때 매도하는 것이 아니라, 과매수 지역을 벗어나는 시점에 매도하는 것이 올바른 매도방법입니다.</mark> 왜냐하면 주가가 급등할 때는 과매수 지역에 진입해서부터 본격적으로 상승하는 경우가 많기 때문입니다.

실전에서는 A지점과 같이 잠시 과매수 지역을 이탈했다가 다시 과매수 지역으로 진입하는 경우가 자주 있습니다. 이럴 때 매도 판단은 이평선 지지 여부를 확인하고 하는 것입니다. 5, 10이평선 중 본인이 정한 이평선을 하향 돌파하면 매도한다는 원칙을 가지고 대응하면 됩니다.

B지점의 스토캐스틱 매도 신호도 이평선 지지가 확인되므로 계속 보유 결정을 내릴 수 있습니다. C지점은 고점에서 많은 거래량과 함께 음봉이 나왔으므로 매도 결정을 내릴 수 있습니다. 아니면 이평선 지지가 무너지는 두 번째 음봉에서 매도하면 되는 것입니다.

스토캐스틱 지표 과매도 구간 매매방법 - MACD 지표와 연계 분석

〈그림 2-56〉은 독일 DAX30 지수 주봉차트입니다. 스토캐스틱의 과매도 구간은 주가의 하락 추세 중 %K 선이 20% 이하 선 아래로 내려가 있는 구간입니다. 과매수 구간을 '과열권'이라고 부르듯이 과매도 구간을 '침체권'이라고 부릅니다.

주가가 과매도 구간에 있을 때의 매매방법은 침체권에 있던 %K 선이 20% 라인을 상승 돌파할 때입니다. 그런데 과매도 구간에서 매매방법은 스토캐스틱을 단독으로 활용하는 것보다 MACD 지표와 함께 활용하는 것이 효과적입니다.

보조지표 두 개를 함께 활용하려면 Stochastic(5, 3, 3)에 이어 MACD(5, 10, 3)을 설정하고 차트에 표시합니다. 우측 추세선 메뉴 중 '수직선' 메뉴를 활용해서 스토캐스틱 과매도권에서 20% 선을 돌파하고 나

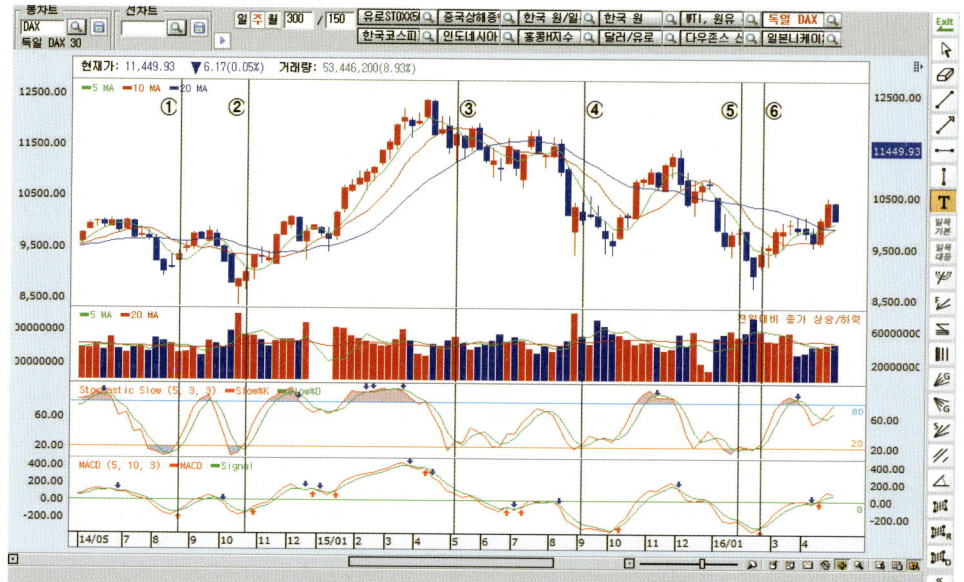

〈그림 2-56〉 스토캐스틱 과매도 구간 매매방법

오는 지점에 맞춰 수직선을 그어봅니다.

①, ②, ⑥번 수직선을 보면, 스토캐스틱 매수 신호와 MACD 매수 신호가 거의 일치합니다. 이들 지점에서 매수한 다음에 다음번 발생하는 스토캐스틱 매도 신호에 매도했다면 거의 모두 수익을 냈을 것입니다.

③, ④, ⑤번 수직선을 보면, 스토캐스틱은 매수 신호를 주는데, MACD 곡선은 시그널 선을 돌파하는 매수 신호를 주지 않고 아래쪽으로 향하고 있습니다. 단순하게 스토캐스틱이 침체권에서 벗어나는 모습만 보고 매수 타이밍을 잡았다면, 곧이어 하락하는 주가를 바라보며 안타까워했을 것입니다.

수직선으로 표시하지는 않았지만, 스토캐스틱이 과열권을 이탈하는 매도 신호와 MACD 곡선이 시그널 선을 하향 돌파하는 매도 신호는 거의 일치합니다. 따라서 과열권에서 매도 신호는 스토캐스틱을 주로 살피고, 침체권에서 매수 신호는 스토캐스틱과 MACD의 매수 신호가 일치하는 지점을 공략하는 것이 효과적인 투자전략입니다.

차트에 각종 보조지표 5~6개를 띄워놓고 분석하는 투자자도 많습니다만, 실전에서는 봉차트와 이평선, 거래량, 스토캐스틱, MACD 이렇게 설정해서 활용하면 충분하다고 생각합니다. 혹시 보조지표 설정 메뉴에 있는 수많은 보조지표 활용법에 관심이 많은 독자는, 이 책에서 중요하게 언급하는 보조지표를 우선 충분히 숙달한 다음에 천천히 둘러보기 바랍니다.

RSI Relative Strength Index 지표

RSI 보조지표는 주가의 상승압력과 하락압력 간의 상대적인 강도를 나타내는 지표이며, 1978년 Welles Wilder가 개발했습니다. 일정기간 동안 주가가 전일 가격에 비해 상승한 변화량과 하락한 변화량의 평균값을 구하여, 상승한 변화량이 크면 과매수로 판단하고 하락한 변화량이 크면 과매도로 판단하는 방식입니다.

RSI 지표 계산 공식

$$RSI = RS/(1+RS) \text{ 또는 } RSI = AU/(AU+AD)$$

- U(up) 값 = 가격이 전일 가격보다 상승한 날의 상승분
- D(down) 값 = 가격이 전일보다 하락한 날의 하락분
- AU(average ups) = U 값의 평균
- AD(average downs) = D 값의 평균
- RS(relative strength) = AU/AD

RS 값이 크다는 것은 일정기간 상승한 폭이 하락한 폭보다 크다는 의미입니다. 따라서 상승 추세에서는 RSI 곡선이 우상향하고 하락 추세에서는 RSI 곡선이 우하향하게 됩니다. RSI 지표는 백분율로 나타내며 70% 이상은 과매수 국면으로 보고, 30% 이하는 과매도 국면으로 봅니다.

RSI 지표 설정을 위한 기간에 Welles Wilder는 14일을 사용했습니다. 그러나 변액보험 관리를 위해 주봉차트를 활용하는 경우에는, 기간변수를 7로 설정해서 활용하는 것이 성공 확률이 높습니다.

RSI 지표를 활용한 매매방법

RSI 지표는 스토캐스틱 지표와 유사한 그래프를 보이기 때문에 매매기법도 유사합니다.

- RSI 곡선이 시그널 선을 상향 돌파하면(골든크로스 발생) 매수
- RSI 곡선이 시그널 선을 하향 돌파하면(데드크로스 발생) 매도
- RSI 곡선이 30% 이하 침체권에 머물다 30% 선을 상향 돌파하면 매수
- RSI 곡선이 70% 이상 과열권에 머물다 70% 선을 하향 돌파하면 매도

RSI 지표를 활용한 매매기법을 차트를 통해 좀 더 자세히 알아보겠습니다.

차트상에 RSI 지표 설정하기

차트 우측 툴박스에서 '지표설정' 메뉴를 선택하고, '전체 지표 목록'에서 RSI 지표를 선택하여 '선택된 지표 목록'에 추가합니다. 선택된 지표 목록에서 RSI 지표를 선택한 후 〈그림 2-57〉과 같이 RSI 지표 기간 값을 설정합니다. 변액보험 관리를 위해 활용하는 주봉차트에는 기간 값을 7로 설

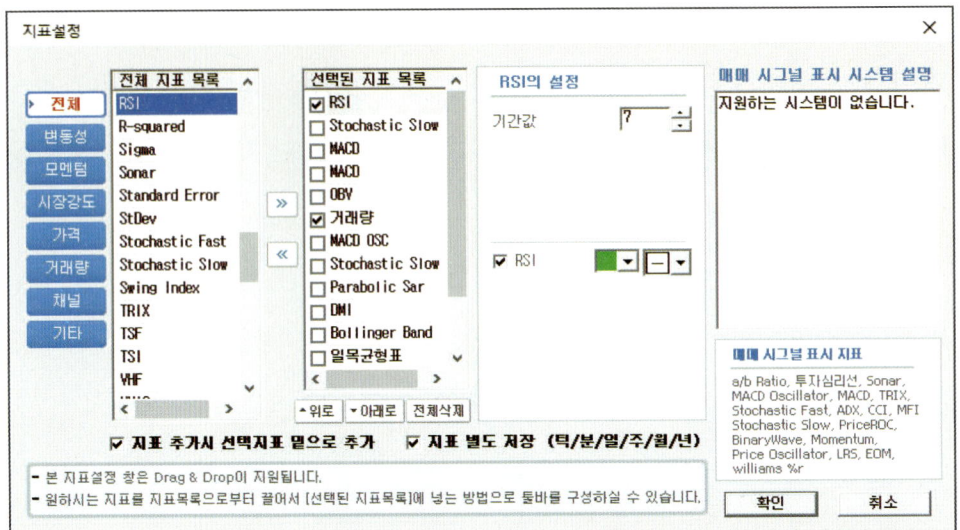

<그림 2-57> RSI 지표 설정하기

정해서 활용하는 것이 필자의 경험상 가장 적중률이 높았습니다.

RSI 지표를 단독으로 활용하기보다는 MACD 지표와 스토캐스틱 지표를 함께 활용하는 것이 효과적입니다. 세 가지 지표가 동일한 매매 신호를 보인다면, 매매 신호의 신뢰도가 매우 높은 상황이므로 신호에 따라 적극적으로 대응하는 것이 좋습니다.

실전에서는 MACD 곡선과 시그널 선의 교차 신호를 매수와 매도를 위해 주로 활용하고, RSI와 스토캐스틱은 침체권 돌파 신호와 과열권 이탈 신호가 발생할 경우에만 매매 신호로 활용하기도 합니다.

다양한 설정과 경험을 통해 본인의 성격과 투자 사이클에 맞는 보조지표를 설정해 활용하기 바랍니다.

RSI 보조지표를 활용한 매매기법 - MACD 지표와 혼합 활용

〈그림 2-58〉은 일본 니케이225 지수 주봉차트입니다. RSI 지표는 단독으로 활용하는 것보다 MACD 지표와 혼합해서 활용하는 것이 효과적입니

다. RSI 기간을 7로 설정하고 MACD는 (5, 10, 3)으로 설정하여 차트에 표시합니다.

①~⑩번까지 RSI 지표와 MACD 지표가 동시에 매수 및 매도 신호를 내고 있는 지점에 수직선을 그려보았습니다. ①, ②, ③, ⑥, ⑧, ⑨번은 매수 신호입니다. 양봉이 등장하면서 이평선을 돌파하는 모습이 공통적으로 나오고 있습니다. ④, ⑤, ⑦, ⑩번은 매도 신호입니다. 이평선 지지를 받고 있는 모습이지만 상승 후에 고가권에서 음봉이 등장하며 긴장감을 주고 있는 모습입니다.

비교적 짧은 기간 동안 잦은 매매 신호가 발생하는 경우, 오히려 판단에 혼선이 올 수 있습니다. 따라서 RSI 지표가 70% 이상의 과열권을 이탈할 때만 매도하고, 30% 이하의 침체권을 빠져나올 때만 매수하는 전략을 구사할 수도 있습니다. 〈그림 2-58〉의 ③번 시점에 매수해서 ④번 시점에 매도하기까지 MACD는 '매도-매수-매도'의 세 차례 매매 신호가 나왔습니다

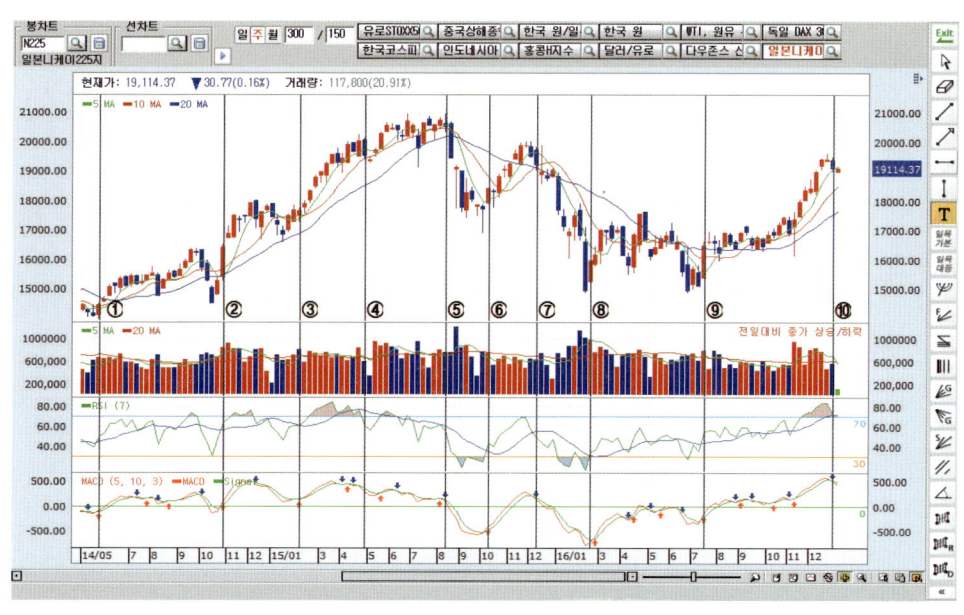

〈그림 2-58〉 RSI - MACD 지표 혼합 활용 매매기법

다. 5이평선의 지지를 받고 있는 구간이기 때문에 기본적 분석만 잘하고 있으면 흔들리지 않을 수도 있으나, 장중에 지수가 일시적으로 밀리게 되면 심리적으로 부담감을 안게 됩니다. 이럴 때 RSI 지표의 과열권 이탈 시 매도와 침체권 돌파 시 매수전략을 구사하면 조금 더 냉정한 판단을 하는 데 도움이 됩니다.

RSI 보조지표를 활용한 매매기법 - MACD, 스토캐스틱 지표와 혼합 활용

〈그림 2-59〉는 〈그림 2-58〉에 스토캐스틱 지표를 추가한 것입니다. ①~⑩번 지점에서 매매 신호가 거의 유사하게 나타나고 있는 것을 확인할 수 있습니다. 미세하지만 특정 지점에서 RSI나 스토캐스틱 신호가 다른 지표에 비해 조금 빠르게 움직인 것이 관찰됩니다.

보조지표 세 개의 매매 신호가 일치하는 지점에서 매매 신호에 맞게 대응하면 되고, MACD 지표를 기본으로 판단하면서 스토캐스틱과 RSI 지표의 매매 신호를 관찰하여 일치 여부를 판단하면 됩니다. 보조지표 세 개가

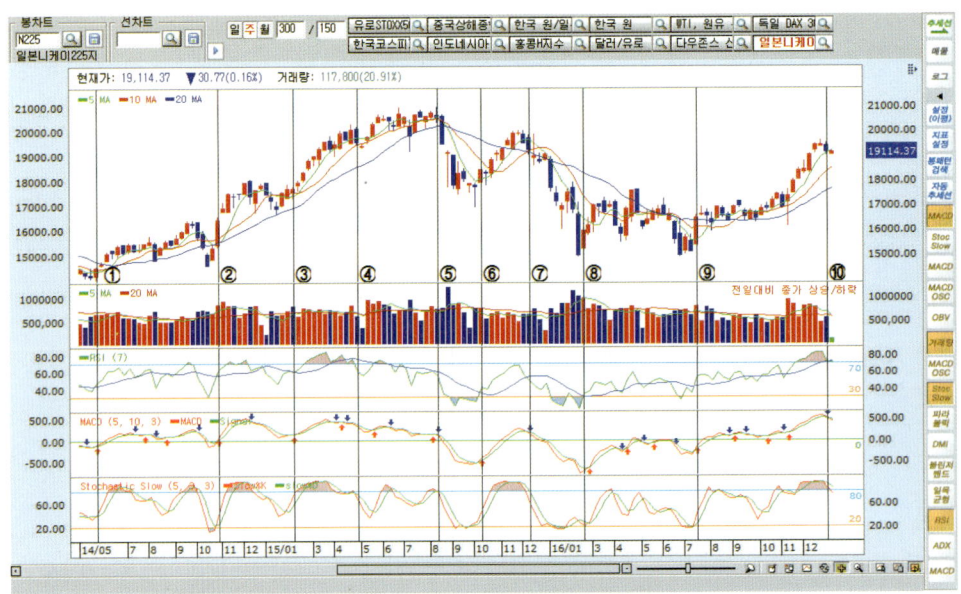

〈그림 2-59〉 RSI - MACD - 스토캐스틱 지표 혼합 활용 매매기법

모두 다른 신호를 내는 일은 거의 발생하지 않습니다. 따라서 MACD와 최소한 다른 한 개 보조지표의 매매 신호가 일치하면 그 신호에 따라 대응하면 됩니다. 물론, 보조지표 분석 이전에 봉과 이평선, 거래량 분석을 항상 기본으로 한다는 것을 잊으면 안 됩니다.

실전에서는 보조지표 위에 수직선을 그려서 판단하는 것보다 차트 우측 하단의 십자선 메뉴를 활용합니다. 십자선을 활용하여 봉의 수직 아래에 있는 보조지표의 신호를 관찰하는 것이 훨씬 더 편리하므로 항상 활성화시켜서 활용하기 바랍니다.

RSI 보조지표를 활용한 매매기법 - 다이버전스 활용

〈그림 2-60〉은 일본 니케이225 지수 주봉차트입니다. RSI 지표도 다른 보조지표와 마찬가지로 다이버전스 현상을 매매에 활용할 수 있습니다.

A구간에서 지수는 하락하고 있는데, RSI·MACD·스토캐스틱 지표는 저점을 높이며 상승 추세에 있는 상승형 다이버전스가 발생했습니다. 이

〈그림 2-60〉 RSI - MACD-스토캐스틱 지표 다이버전스 활용

어서 주가가 상승 추세로 전환되었습니다.

B구간에서 지수는 상승하고 있는데 보조지표들은 고점을 낮추며 하락 추세에 있는 하락형 다이버전스가 발생했습니다. 이어서 주가가 하락 추세로 전환되었습니다. B구간의 하락형 다이버전스는 RSI와 MACD가 스토캐스틱에 비해 뚜렷하게 관찰됩니다.

이처럼 한 가지 보조지표에서 다이버전스를 발견하는 것보다 보조지표 여러 개를 같이 보면 다이버전스를 발견하기 쉽습니다.

2부 차트 편을 마치며

2부 차트 편에서는 실전 활용에 필수적인 봉차트의 이해, 이동평균선 분석, 거래량 분석 등 기본적 분석방법을 많이 강조했습니다. 또 지지와 저항 분석, 추세 분석, 패턴 분석, 보조지표 분석 등 기본적 분석의 완성도를 높여주는 보조적인 분석방법에 관해서도 자세히 다루었습니다.

기본적 분석능력과 주요 보조지표 활용능력은 실전에서 수익률을 크게 좌우하므로 2부 차트 편에서 꼭 기억하고 있어야 할 핵심사항을 정리해보겠습니다.

Key Point

캔들(봉)의 이해

- 양봉은 시가보다 종가가 높은 상태로 장 마감할 때 발생한다. 주가의 안정적인 상승과 하락하던 주가의 추세 전환을 위해서는 거래량을 동반한 장대 양봉의 등장이 필수적이다. 지금 투자를 시작한다면, 현시점의 주가가 이평선 위에 위치하고 있으며 양봉 상태일 때 투자하는 것이 원칙이다.
- 음봉은 시가보다 종가가 낮은 상태로 장 마감할 때 발생한다. 특히 상승 추세 중에 발생하는 장대 음봉은 추가적인 하락을 예고하므로 매도를 대비하고 있어야 한다. 현시점의 주가가 음봉 상태일 때는 투자를 보류하는 것이 원칙이다.
- 도지형 봉은 추세의 전환을 알리므로 저점에서는 매수 관점으로, 고점에서는 매도 관점에서 대응한다. 이후 등장하는 양봉은 추세의 상승 전환을 이끌고, 음봉은 추세의 하락 전환을 이끈다.
- 양봉과 음봉이 결합된 연결봉의 패턴을 숙지하고 있어야 한다. 하락 추세 중 전 저점 근처에서 등장하는 상승장악형 양봉은 수익률을 높이는

절호의 매수 포인트이며, 이평선 돌파 시 매수하는 것이 원칙이다.
- 상승 추세 중 전 고점대에서 등장하는 하락장악형 음봉은 하락 추세 반전을 이끈다. 고점대에서 자주 등장하는 석별형 패턴은 추가 하락 확률이 높은 패턴이므로, 수익이 난 상태라면 매도 관점에서 대응하는 것이 원칙이다.
- 상승 갭gap 또는 하락 갭gap은 추세의 지속을 의미하므로 상승 갭은 보유 또는 매수 관점, 하락 갭은 매도 또는 매수 보류 관점에서 대응한다.

이동평균선 분석
- 주가가 이평선을 상향 돌파하면 매수, 하향 돌파하면 매도로 대응하는 것이 원칙이다.
- 주봉차트에서 봉이 5이평선 또는 10이평선의 지지를 받으며 상승 중일 때는 추세의 지속을 나타내므로 매도를 보류한다. 반대로 주가가 하락 추세에서 5이평선과 10이평선의 저항을 받고 반등에 실패하면 이평선을 돌파할 때까지 매수를 보류한다.
- 주가가 바닥권에서 횡보하며 이평선들이 모여 있는 상태라면, 거래량이 증가하며 이평선을 돌파하는 장대 양봉이 절호의 매수 포인트이므로 적극적으로 적립금 이전 및 추가납입으로 대응한다.
- 단기 이평선이 장기 이평선을 상향 돌파하는 골든크로스가 발생하면 매수, 하향 돌파하는 데드크로스가 발생하면 매도로 대응한다.

거래량 분석
- 거래량은 주가 상승의 추진 동력이므로 거래량이 동반되지 않은 상승 추세는 오래가지 못한다.
- 바닥권에서 많은 거래량을 동반하며 등장하는 장대 양봉은 추세 상승

전환을 알리므로 매수 관점에서 적극적으로 대응한다.
- 고점대에서 장대 음봉이 등장하며 거래량이 분출되면, 하락 추세로 전환될 확률이 매우 높으므로 매도 관점에서 이익을 실현해야 한다.
- 상승 추세에 있는 봉들이 이평선의 지지를 받으며 얕은 조정과 횡보하는 모습을 보일 때 거래량이 현저하게 줄어든다면, 매도세가 약화되어 재상승할 가능성이 높으므로 매수나 추가납입 관점에서 적극 대응한다.
- 하락 추세에 있는 봉들이 이평선의 저항을 받으며 얕은 상승이나 횡보하는 모습을 보일 때 거래량이 현저하게 줄어든다면, 매수세의 부족으로 급락할 가능성이 있으므로 과감하게 매도를 준비하는 것이 원칙이다.

지지와 저항, 추세 분석

- 봉의 몸통과 꼬리는 그 자체로 1차 지지와 저항 역할을 하고, 이동평균선이 2차 지지와 저항 역할을 한다.
- 주가가 저항선으로 작용하던 추세선을 상향 돌파하면, 저항 추세선이 주가 하락 시의 지지선으로 작용하게 되고 새로운 상승 추세가 형성될 가능성이 높으므로 적극적인 투자 관점에서 대응한다.
- 주가가 지지선으로 작용하던 추세선을 하향 돌파하면, 지지 추세선이 주가 반등 시의 저항선으로 작용하게 되고 급락할 가능성이 높으므로 보수적인 관점에서 대응한다. 지지선 이탈을 뒤늦게 확인했다면, 첫 번째 반등 시에 돌파 여부를 확인하고 신속하게 적립금 이전을 검토한다.
- 추세대의 경사가 가파를수록 상승/하락 전환 속도도 빠르고, 경사가 완만할수록 상승/하락 속도가 느리다. 따라서 가파른 경사의 상승/하락 추세대에서는 봉과 이평선 분석을 활용해야 한다.
- 추세대는 추세가 이어지는 기간이 길고 폭이 넓을수록 신뢰도가 높다. 특히, 주가가 바닥권에서 장기간 횡보하다가 상단 추세선을 상향 돌파

하는 시점과, 고점권에서 장기간 횡보하다가 하단 지지선을 하향 이탈하는 경우는 매우 신뢰도가 높으므로 많은 관심을 가져야 한다.

패턴 분석

- **상승 전환형 패턴** 이중(다중) 바닥형 패턴, V자형 패턴, 역 Head&Shoulder 패턴이 있다. 이중 바닥형 패턴은 두 번째 바닥이 첫 번째 바닥보다 높고 거래량이 더 많아야 신뢰도가 높다. V자형 패턴은 전 저점 부근에서 상승장악형 장대 양봉에 관심을 가지면 발견할 수 있고, 주가가 단기 급락했을 경우 보조지표를 활용해 공략하는 것이 바람직하다.
- **하락 전환형 패턴** 이중 천장(쌍봉)형 패턴, Head&Shoulder 패턴, 역V자형 패턴이 있다. 하락 전환형의 경우 패턴의 완성을 예측하며 기다리기보다는 주가의 이평선 이탈 시점에 매도하는 전략을 구사하는 것이 수익을 지키는 측면에서 바람직하다.

보조지표 분석

보조지표 분석은 봉과 이평선, 거래량 분석을 수행한 후에 참고적으로 수행하지만, 실전에서는 가장 많이 활용하고 신뢰도가 높은 기술적 분석방법이다. 기본적 분석결과 투자결정을 내리기 어려운 상황 또는 시장이 과열되거나 침체되었을 때, 시각화된 지표를 근거로 단순한 의사결정을 내릴 수 있게 도와주는 큰 장점이 있다.

- MACD 지표는 이동평균선의 수렴과 확산을 활용한 지표로서, 보조지표들 중에서 메인 지표로 활용하는 것이 좋다.

  * MACD 곡선이 시그널 선을 상향 돌파하면(골든크로스 발생) **매수**
  * MACD 곡선이 시그널 선을 하향 돌파하면(데드크로스 발생) **매도**

- 스토캐스틱 지표는 일정기간 중 고가와 저가 사이에서 현재 주가의 수준이 어디쯤에 위치하는지를 알려주는 지표이다.

  > * %K 선이 %D 선을 상향 돌파하면(골든크로스 발생) 매수
  > * %K 선이 %D 선을 하향 돌파하면(데드크로스 발생) 매도
  > * %K 선이 20% 이하 침체권에 머물다 20% 선을 상향 돌파하면 매수
  > * %K 선이 80% 이상 과열권에 머물다 80% 선을 하향 돌파하면 매도

- RSI 지표는 주가의 상승 및 하락 변화량의 평균값을 활용하여 주가의 과매수와 과매도 정도를 판단하는 지표이다.

  > * RSI 곡선이 시그널 선을 상향 돌파하면(골든크로스 발생) 매수
  > * RSI 곡선이 시그널 선을 하향 돌파하면(데드크로스 발생) 매도
  > * RSI 곡선이 30% 이하 침체권에 머물다 30% 선을 상향 돌파하면 매수
  > * RSI 곡선이 70% 이상 과열권에 머물다 70% 선을 하향 돌파하면 매도

- MACD·스토캐스틱·RSI 지표는 단독으로 활용하는 것보다 동시에 활용하는 것이 투자 성공 확률을 높일 수 있다. 공통으로 매매 신호가 발생할 경우 신뢰도가 높으며, MACD 지표를 기준으로 다른 한 가지 지표가 동시에 같은 매매 신호를 보낼 때 매매하는 것이 무난한 투자방법이다.
- MACD·스토캐스틱·RSI 지표의 다이버전스 현상은 주가의 움직임 이전에 미리 확인할 수 있으므로 꾸준한 관찰이 필요하다. MACD와 RSI 지표의 다이버전스 활용이 일반적이다.
- 보조지표 활용법이 익숙해지면 봉·이평선·거래량 분석을 소홀히 하는 경향이 생기는데, 보조지표는 보조적으로 활용한다는 점을 항상 기억해야 한다.

3부 종합 활용 편

시장 분석, 펀드 변경, 적립금 이전,
추가납입 이렇게 하면 된다!

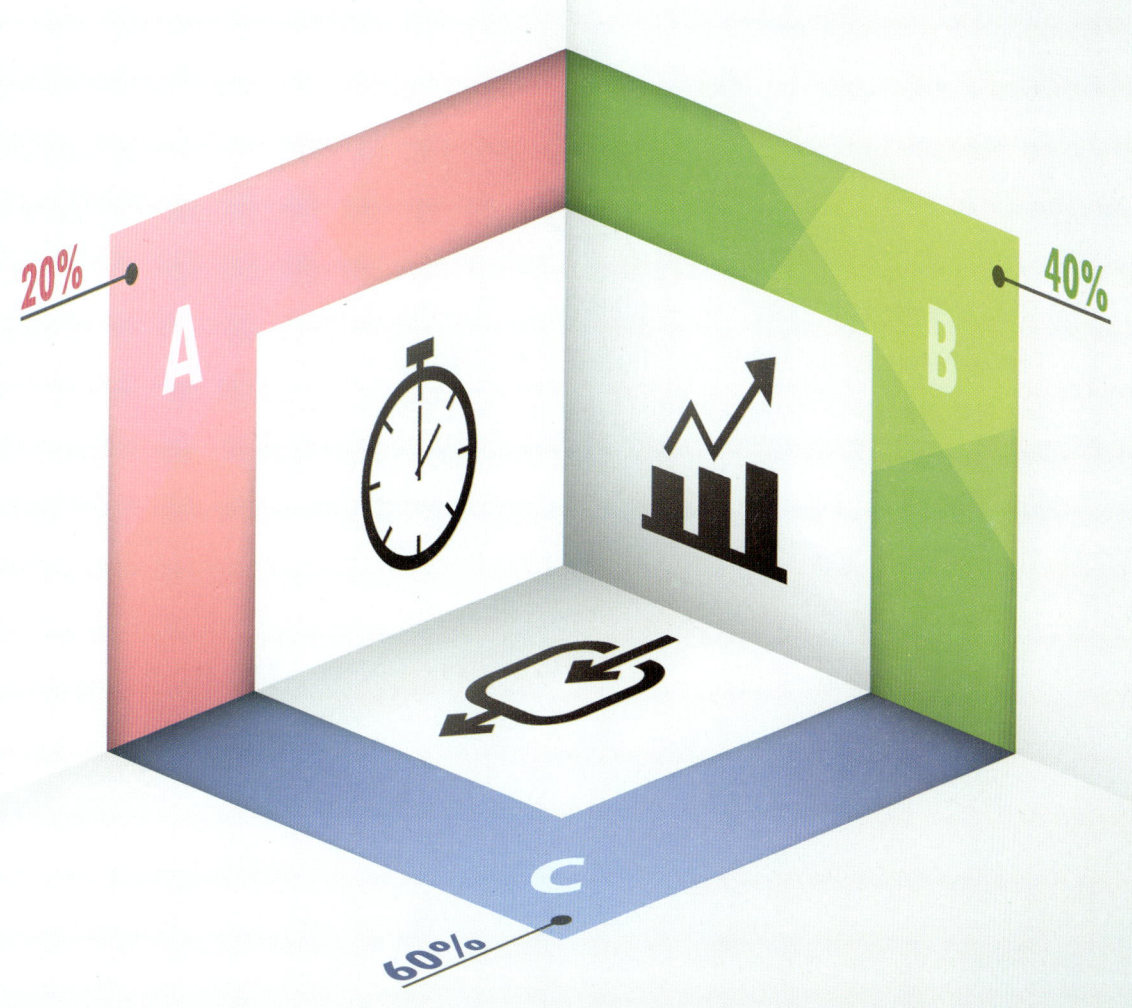

지난 1부에서는 금리, 채권, 환율, 주식, 펀드 및 변액보험 기초사항 등에 대한 기본기를 다졌고, 2부에서는 다양한 차트 분석기법을 통한 매매방법에 관해 알아보았습니다.

3부 종합 활용 편에서는 1부와 2부에서 익힌 기본기와 기술적 분석방법을 실전에서 어떻게 활용하는지 알아보겠습니다. 이 책에서 소개하는 다양한 사례와 활용방법을 차근차근 익힌다면, 변액보험 펀드 변경 및 적립금 이전, 추가납입을 혼자서도 잘해낼 수 있다는 자신감을 갖게 될 것입니다.

13장

실전 펀드 변경을 위한 Warming up

Variable fund

본 장에서는 본격적으로 펀드 변경방법을 알아보기 전에 반드시 알고 있어야 할 변액보험 공시실 활용방법을 알아보겠습니다. 또 실전 활용을 위한 차트 메뉴 구성방법도 자세히 알아보겠습니다.

생명보험사 변액보험 공시실 활용방법

변액보험 기준가 및 수익률 현황

변액보험을 판매하는 생명보험사는 의무적으로 기준가 및 수익률 등 변액보험과 관련된 주요 내용을 공시하게 되어 있습니다. 생명보험사들은 회사 홈페이지를 통해 공시실을 운영하고 있는데, 이렇게 공시실에 있는 다양한 정보가 무엇을 의미하는지 주요사항에 대해 알아보겠습니다.

기준가 및 수익률 현황 ①	②	③	④	⑤	⑥	⑦ (기준일 : 2017년 01월 04일 현재)	⑧
펀드명	펀드설정일	총투자원본좌수	기준가격	전일대비	설정이후 수익률(%)	연환산 수익률(%)	순자산가치(원)
가치주식형	2008/06/09	18,399,072,916	1,587.75	2.56	58.78	6.85	29,213,051,797
국공채형	2005/04/01	269,500,978,255	1,518.15	-0.40	51.82	4.40	409,143,759,712
글로벌주식형	2013/10/24	5,787,705,677	1,126.38	-1.04	12.64	3.95	6,519,154,283
글로벌주식형II	2014/08/22	6,195,730,761	1,037.22	-4.11	3.72	1.57	6,426,359,390
글로벌채권형	2015/04/09	9,700,621,382	1,036.85	0.47	3.68	2.11	10,058,122,221
단기채권형	2009/02/20	174,241,956,869	1,182.82	0.18	18.28	2.32	206,096,422,294
미국주식형	2014/08/22	10,836,774,560	1,162.24	1.18	16.22	6.84	12,594,913,520
배당주식형	2014/07/08	11,052,744,200	1,157.61	6.03	15.76	6.31	12,794,765,723
성장주식형	2013/10/17	6,143,242,868	1,017.12	7.69	1.71	0.53	6,248,418,014
순수인덱스주식형	2014/08/14	5,465,238,141	1,029.35	7.79	2.94	1.22	5,625,655,952
유로주식형	2008/04/28	11,476,405,654	1,378.94	6.05	37.89	4.36	15,825,240,068
이머징마켓주식형	2011/04/27	3,374,120,824	822.89	-2.38	-17.71	-3.11	2,776,525,000

〈그림 3-1〉 변액보험 기준가 및 수익률 현황

〈그림 3-1〉은 I생명보험사 변액보험 공시실에 있는 '변액보험 기준가 및 수익률 현황' 화면입니다. 변액보험 펀드가 운용되고 있는 '변액보험 특별계정'이 각 펀드별로 어떻게 운용되는지 개괄적으로 볼 수 있습니다. 가입자가 현재 가입한 변액보험 상품을 선택하면, 상품별로 구성된 펀드 관련 정보가 〈그림 3-1〉처럼 표시됩니다.

① **펀드명:** 현재 선택된 변액보험 상품의 펀드 구성 라인업을 나타냅니다. 상품별로 구성 라인업이 각각 다르며, 최근에 판매를 시작한 변액보험 상품일수록 구성 펀드 수가 많습니다.

② **펀드 설정일:** 펀드가 최초로 만들어진 날입니다. 변액보험 상품의 펀드 라인업을 구성할 때는 새롭게 펀드를 만들어서 구성할 때도 있지만, 효

율적인 관리를 위해 대부분 이미 운용되고 있는 변액보험 펀드를 조합해서 구성하는 경우가 많습니다. 그런 이유로 국공채형 펀드나 가치주식형 펀드 등 설정된 지 오래된 펀드들이 신상품 펀드 라인업에 편입됩니다.

③ 총투자원본 좌수: 해당 펀드가 보유한 총 좌수를 말합니다.

④ 기준가격: 기준일 현재 펀드의 기준가격입니다. 순자산가치를 총투자원본 좌수로 나눈 다음 1,000을 곱해서 구하고 소수점 이하 둘째 자리까지 반올림해 표시합니다.

⑤ 전일 대비: 전일 기준가격 대비 현재 기준가격의 변동을 표시합니다.

⑥ 설정 이후 수익률(%): 펀드가 처음 만들어진 이후부터 기준일 현재까지 기준가 수익률(거치 수익률)을 말합니다. ②번 펀드 설정일을 보면, 모두 설정일이 다릅니다. ④번 기준가격도 모두 다릅니다. 그러나 모든 펀드가 같은 것이 있는데, 펀드 설정 시 최초 기준가격이 모두 1,000원으로 설정된다는 것입니다.

〈그림 3-1〉 '가치주식형' 펀드의 경우 '설정 이후 수익률'이 58.78%입니다. 기준일 현재 기준가격은 1,587.75원입니다. 처음 1,000원으로 설정된 펀드 기준가격이 1,587.75원이 되었으므로 '설정 이후 수익률'이 58.78%로 표시되는 것입니다. 만약 어떤 투자자가 이 펀드가 처음 만들어진 2008년 6월 9일에 거치식으로 투자할 때 1,000원 기준가격을 적용받아 계속 보유하고 있다면, 기준일 현재 58.78% 수익을 내고 있을 것입니다.

〈그림 3-1〉 '이머징마켓 주식형' 펀드의 경우, 설정 이후 수익률이 -17.71%를 기록하고 있습니다. 2011년 4월 27일 설정된 이 펀드는 1,000

원으로 시작한 기준가격이 기준일 현재 822.89원이 되었으므로 설정 이후 수익률이 -17.71%가 된 것입니다. 이를 통해서 6년여 시간이 흐르는 동안 이 펀드가 투자하고 있는 자산의 가치가 많이 하락했다는 것을 알 수 있습니다.

⑦ **연 환산 수익률(%)**: '설정 이후 수익률'을 펀드 설정일로부터 기준일 현재까지 연 환산 기간으로 나눈 연평균 수익률입니다. 예를 들어, '설정 이후 수익률'이 50%이고 펀드 설정일로부터 기준일 현재까지 5년이 되었다면 연 환산 수익률은 10%(50%÷5=10%)로 계산하는 것입니다. 그런데 많은 투자자가 연 환산 수익률에 대해 오해하는 부분이 있습니다. 공시실의 연 환산 수익률을 보고, 월 적립식으로 투자하더라도 매년 연평균 수익률 정도는 난다고 생각하는 것입니다.

대부분의 투자자는 목돈을 일시에 투자하는 거치식이 아닌 월 적립 방식으로 변액보험에 투자하고 있습니다. 따라서 월 적립식으로 투자하는 경우, 변액 공시실에 표시된 거치식 수익률을 적용하면 안 됩니다. 공시실의 수익률은 특정 시점 간의 기준가 차이를 비교한 거치 수익률이라는 점을 꼭 기억하기 바랍니다.

⑧ **순자산가치(원)**: 펀드의 총투자원본 좌수에 기준가를 곱하고 1,000으로 나누어 계산한 펀드 전체의 평가금액입니다. 기준가격이 소수점 이하 둘째 자리까지 반올림되어 표시되므로 공시실의 기준가격 그대로 계산하면 순자산가치가 미세하게 차이가 발생할 수 있습니다.

변액보험 특별계정 운용 수수료 현황

펀드명	특별계정운용보수				합계
	운영보수	투자일임보수	수탁보수	사무관리보수	
가치주식형	연 0.48%	연 0.27%	연 0.0115%	연 0.0185%	연 0.7800%
국공채형	연 0.4%	연 0.1%	연 0.0115%	연 0.0185%	연 0.5300%
글로벌주식형	연 0.3%	연 0.15%	연 0.0315%	연 0.0185%	연 0.5000%
글로벌주식형II	연 0.4%	연 0.02%	연 0.0315%	연 0.0185%	연 0.4700%
글로벌채권형	연 0.4%	연 0.02%	연 0.0315%	연 0.0185%	연 0.4700%
단기채권형	연 0.305%	연 0.05%	연 0.0065%	연 0.0185%	연 0.3800%
미국주식형	연 0.3%	연 0.02%	연 0.0315%	연 0.0185%	연 0.3700%
배당주식형	연 0.5%	연 0.25%	연 0.0115%	연 0.0185%	연 0.7800%
성장주식형	연 0.49%	연 0.25%	연 0.0115%	연 0.0185%	연 0.7700%
순수인덱스주식형	연 0.25%	연 0.02%	연 0.0115%	연 0.0185%	연 0.3000%
유로주식형	연 0.4%	연 0.1%	연 0.0315%	연 0.0185%	연 0.5500%
이머징마켓주식형	연 0.1%	연 0.05%	연 0.0315%	연 0.0185%	연 0.2000%

〈그림 3-2〉 변액보험 운용 수수료 현황

〈그림 3-2〉는 변액보험 특별계정 운용 수수료 현황입니다. 수수료는 합계란에 표시된 연간 수수료 비율 합계 이내에서 매일 적립금에서 공제되는 것이 일반적입니다. 펀드 적립금이 커질수록 수수료 차감이 커지게 되므로 펀드 선택 시 무시해서는 안 됩니다.

변액보험 특정기간 운용성과

〈그림 3-3〉은 변액보험 특정기간 운용성과를 수익률로 나타낸 것입니다. 각각 1개월, 3개월, 6개월, 1년, 3년 전 기준가격 대비 기준일 현재 기준가격을 비교해 수익률로 나타내고 있습니다.

〈그림 3-3〉이 어떤 의미인지 '유로 주식형' 펀드를 예로 들어 설명하겠습니다. '최근 1개월' 칸에 있는 6.50의 의미는, 1개월 전 기준가격 대비 현

특정기간 운용성과

(단위 : %)

구분	최근 1개월	최근 3개월	최근 6개월	최근 1년	최근 3년
가치주식형	3.59	-2.46	-2.48	0.99	5.83
국공채형	0.74	-1.30	-1.23	1.07	9.47
글로벌주식형	2.61	2.16	6.16	6.12	10.54
글로벌주식형II	1.15	-1.86	2.72	-3.43	0.00
글로벌채권형	0.65	-1.18	-0.23	4.23	0.00
단기채권형	0.16	0.27	0.47	1.15	5.07
미국주식형	2.28	4.90	7.20	8.65	0.00
배당주식형	4.15	3.54	7.37	10.04	0.00
성장주식형	5.22	-1.15	0.40	-1.16	5.99
순수인덱스주식형	5.20	3.57	7.96	10.50	0.00
유로주식형	6.50	5.60	10.57	2.24	23.52
이머징마켓주식형	1.62	-3.04	5.97	7.40	-4.14
인덱스주식형II	5.36	3.32	7.65	9.98	6.59

〈그림 3-3〉 변액보험 특정기간 운용성과

재 기준가격이 6.50%만큼 상승해 수익이 났다는 것입니다. 같은 방식으로 해석하면, 6개월 전 기준가격 대비 현재 10.57%만큼 수익이 났다는 의미이고, 3년 전 기준가격 대비 현재 23.52%만큼 수익이 났다는 의미입니다. 저금리 시대에 변액보험의 매력을 느끼게 해주는 대목이기도 합니다.

이미 언급한 바와 같이 공시실의 모든 수익률은 기준가격의 수익률이자 거치 수익률입니다. 만약 투자자가 1개월 전 기준가격을 적용받아서 유로주식형 펀드로 적립금을 이전했거나 추가납입을 했다면, 현재 이전한 적립금과 추가납입 한 금액은 6.5% 수익이 났을 것입니다.

꾸준히 특정기간 운용성과를 관찰하는 것만으로도 현재 어떤 펀드가 성과를 내고 있는지, 내 변액보험 펀드는 수익률이 어떻게 변해가고 있는지 감을 잡을 수 있습니다. 이런 측면에서 '관찰과 관심이 곧 수익'이라고 생각합니다.

특정기간 펀드 운용성과 임의 조회

〈그림 3-4〉는 투자자가 임의로 기간을 설정해서 기간 수익률을 조회할 수 있는 메뉴입니다. 〈그림 3-4〉에서는 7일간의 펀드 운용성과를 알아보기 위해 임의로 기간을 설정하고 조회한 화면입니다.

〈그림 3-3〉에서는 최근 1개월간 유로 주식형 펀드의 운용성과가 가장 좋은 것으로 나타났습니다. 그런데 최근 7일간의 성과를 보면, 성장주식형 펀드가 7일 만에 2.30% 수익을 낸 것을 알 수 있습니다. 이것은 최근에 성장주식형 펀드의 상승 기세가 좋다는 것을 의미하기도 합니다.

주가지수 차트를 하나하나 분석해가면서 상승 추세에 있는 펀드를 찾아내는 방법도 있지만, 이렇게 한눈에 상승 추세에 있는 펀드를 알아내는 방법도 있으니 중복해서 활용하는 것이 효과적입니다.

■ 특정기간 운용성과 조회

기간선택 20161228 ~ 20170104 Q 조회

* 조회 시작일과 종료일을 선택하신 후 조회버튼으로 조회하실 수 있습니다.

(단위 : %)

펀드명	시작일 기준가격	종료일 기준가격	선택기간 수익률	연환산수익률	운용일수
가치주식형	1,561.61	1,587.75	1.67	0.00	7
국공채형	1,514.97	1,518.15	0.21	0.00	7
글로벌주식형	1,125.58	1,126.38	0.07	0.00	7
글로벌주식형II	1,042.21	1,037.22	-0.48	0.00	7
글로벌채권형	1,034.77	1,036.85	0.20	0.00	7
단기채권형	1,182.17	1,182.82	0.05	0.00	7
미국주식형	1,173.13	1,162.24	-0.93	0.00	7
배당주식형	1,143.53	1,157.61	1.23	0.00	7
성장주식형	994.24	1,017.12	2.30	0.00	7
순수인덱스주식형	1,013.55	1,029.35	1.56	0.00	7
유로주식형	1,369.16	1,378.94	0.71	0.00	7
이머징마켓주식형	812.20	822.89	1.32	0.00	7

〈그림 3-4〉 특정기간 펀드 운용성과 임의 조회

변액보험 운용설명서 조회 및 다운로드

변액보험 공시실에는 변액보험 운용설명서가 PDF 파일로 등록되어 있으며 다운로드할 수 있습니다. 변액보험 운용설명서는 변액보험 운용 전반에 관한 중요사항이 요약 정리된 자료입니다. 운용설명서를 분실해서 가입한 변액보험의 펀드 구성과 운용전략 등을 확인할 수 없다면 변액 공시실을 활용하기 바랍니다.

〈그림 3-5〉는 변액보험 운용설명서 중 펀드의 종류와 특성을 요약한 자료입니다. 펀드 내에서 채권과 주식 등에 투자하는 비율과 한계 등이 자세히 설명되어 있는데, 변액보험 투자자들이 운용설명서의 내용 중에서 중요하게 살펴보아야 할 내용입니다.

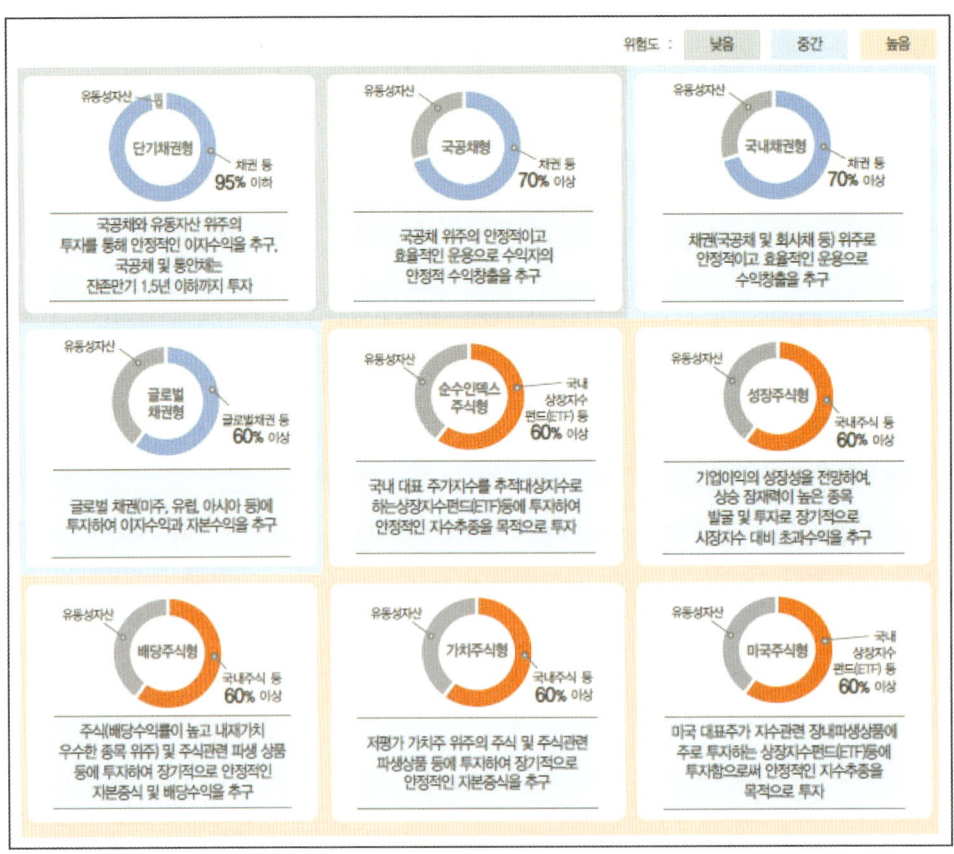

〈그림 3-5〉 펀드의 종류와 특성

생명보험협회 변액보험 공시실 활용방법

국내 모든 생명보험회사에서 운용하는 보험 상품 현황을 한눈에 알아볼 수 있는 곳이 생명보험협회(http://pub.insure.or.kr) 공시실입니다. 생명보험협회 공시실 정보를 변액보험 투자에 매우 유용하게 활용하는 방법을 알아보겠습니다.

생명보험협회 공시실 활용 목적

〈그림 3-6〉은 생명보험협회 공시실 홈페이지입니다. 생명보험협회 공시실에는 생명보험회사에서 판매하고 있는 보험 상품공시뿐 아니라 경영공시, 법인대리점공시, 대출공시, 기타공시 등 많은 정보가 올라와 있습니다. 투자자가 가입한 보험회사의 공시실이 있는데도 생명보험협회의 공시실을 활용하는 이유가 있습니다.

첫째, 펀드의 자산 증감 추이와 기준가의 움직임을 이미지화해서 제공

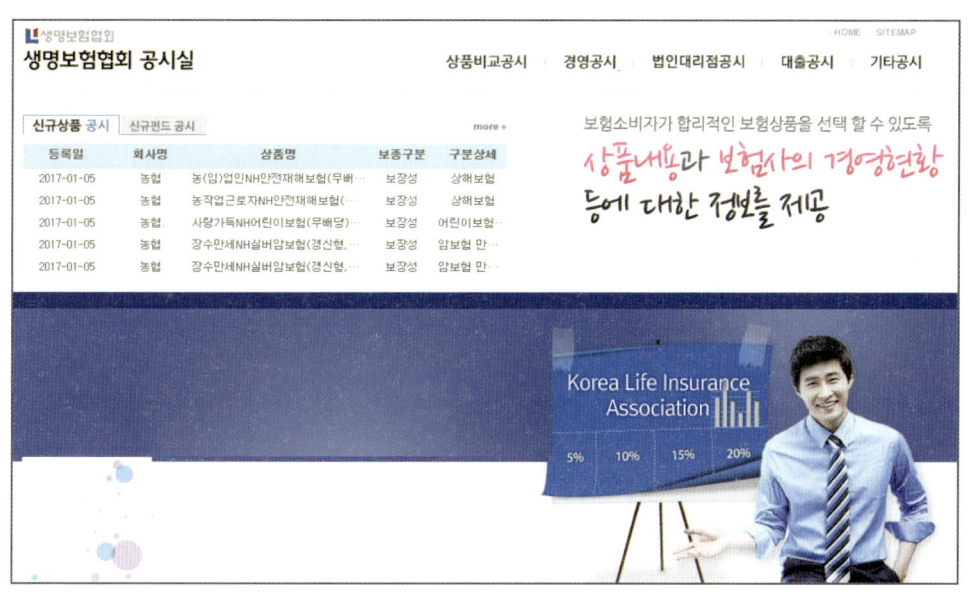

〈그림 3-6〉 생명보험협회 공시실

하므로 펀드 분석이 빠르고 용이합니다.

둘째, 채권형 펀드, 혼합형 펀드, 파생상품형 펀드 등 주가지수 차트로 기준가의 추세를 확인할 수 없는 펀드들의 기준가 추세를 확인할 수 있습니다.

셋째, 유사한 펀드들의 성과를 비교 분석하는 펀드 비교 기능이 있어서 펀드 선택에 도움이 됩니다.

변액보험 공시실 활용방법

변액보험 관련 정보를 이용하려면, 상단에 있는 메뉴 중 '상품비교공시 ▶변액보험'을 선택합니다.

〈그림 3-7〉과 같이 변액보험 공시실 화면이 나옵니다. '펀드현황' 메뉴에서 ①번 보험사명에서 풀다운 메뉴를 클릭하면, 변액보험을 판매하고 있는 생명보험회사 목록이 나옵니다. 본인이 가입한 보험회사를 선택하고

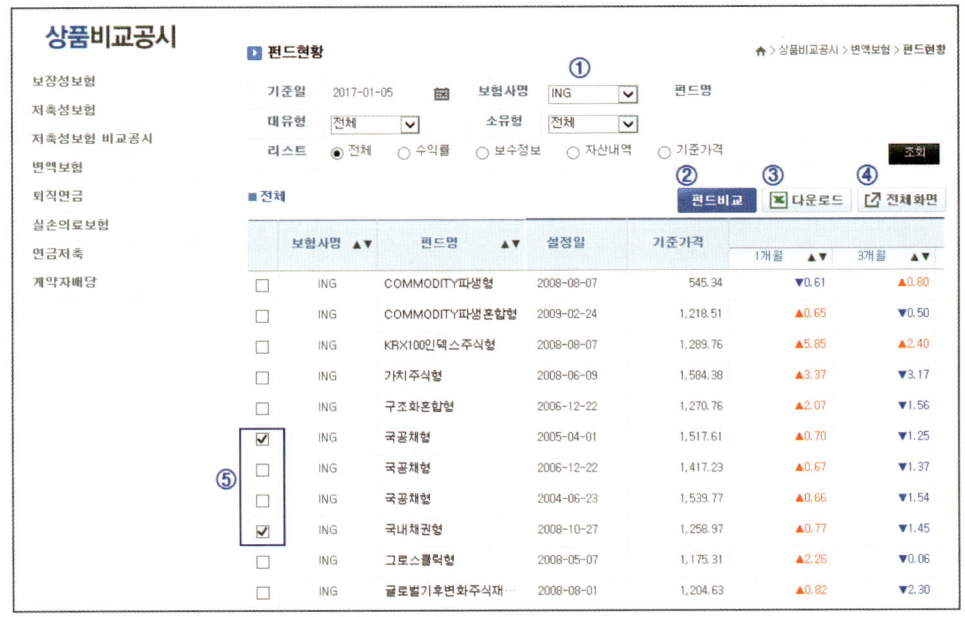

〈그림 3-7〉 생명보험협회 변액보험 공시실

'조회' 버튼을 누르면, 해당 보험사에서 판매하고 있는 전체 변액 펀드 리스트가 표시됩니다. 이 책에서는 ING생명을 선택해보았습니다. 간혹 '조회' 버튼을 눌렀을 때, 펀드 리스트가 나타나지 않는 경우가 있습니다. 이 때는 기준일을 하루 정도 뒤(과거)로 설정하여 조회하면 됩니다.

이렇게 표시되는 것은 선택한 보험회사의 전체 변액 펀드 리스트이므로, 이 메뉴를 이용하기 전에 자신의 변액보험 펀드 라인업에 어떤 펀드가 있는지 먼저 확인하면 이용하기 편리합니다.

②번 '펀드비교' 메뉴를 활용하면 유사한 펀드의 성과를 비교하기 편리합니다. 최소 2개 펀드부터 최대 5개 펀드를 비교해볼 수 있습니다. 투자자들이 펀드를 선택할 때 많이 궁금해하는 국공채형, 국내채권형, 단기채권형, 글로벌 채권형 펀드를 예로 들어 '펀드비교' 기능을 알아보겠습니다.

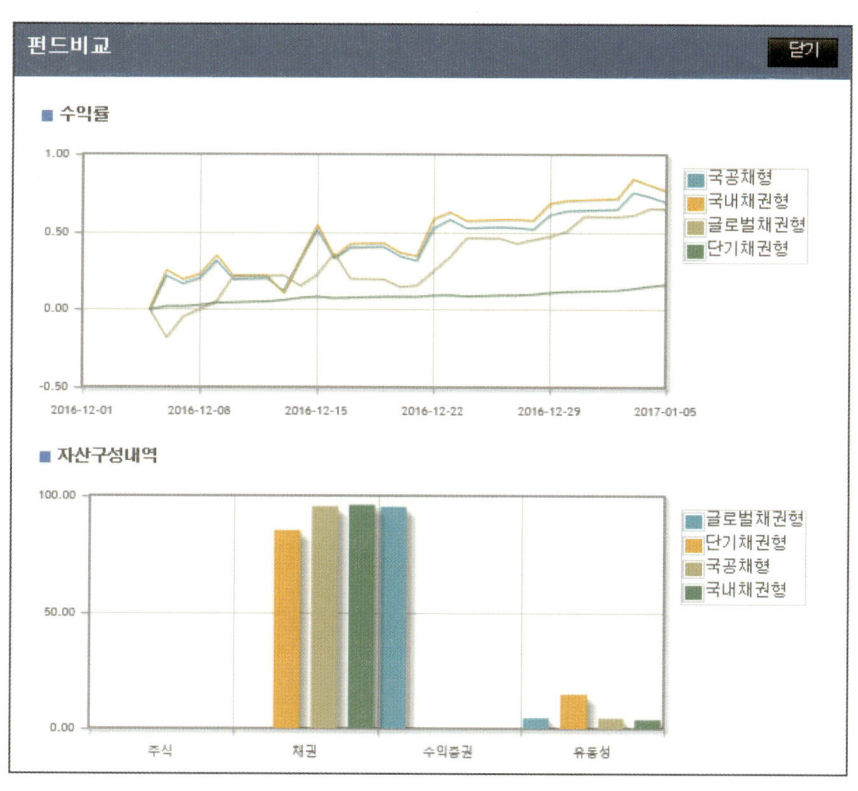

〈그림 3-8〉 펀드 수익률 비교 기능

'펀드비교' 기능을 활용하려면 펀드 리스트에서 비교하기 원하는 펀드를 ⑤번처럼 선택한 다음 '펀드비교' 메뉴를 실행합니다.

'펀드비교' 기능을 실행하면 〈그림 3-8〉처럼 각 펀드의 최근 한 달간 기준가 수익률이 그래프로 표시되어 추세를 확인하기 편리합니다. 아쉬운 것은 비교 기간을 자유롭게 설정하지 못한다는 점과, 같은 페이지에 표시된 펀드끼리만 비교할 수 있다는 점입니다. 향후 기능이 보완되기를 기대해봅니다.

〈그림 3-7〉에 표시된 펀드 세부정보는 ③번 '다운로드' 메뉴를 눌러 엑셀 파일로 저장할 수 있고, ④번 '전체화면' 메뉴를 누르면 공시실에 표시된 펀드의 전체 정보를 컴퓨터 모니터 전체화면으로 확대해서 확인할 수 있습니다.

변액 펀드 상세 정보 활용하기

생명보험협회 변액 공시실을 활용하는 가장 큰 이유는, 주가지수 차트로 기준가의 추세를 확인할 수 없는 펀드들의 기준가 추세를 확인하기 위해서입니다.

〈그림 3-9〉는 〈그림 3-7〉에서 'Commodity 파생혼합형' 펀드를 클릭하면 나타나는 화면입니다. '펀드개요'가 초기화면으로 나오는데, 펀드 기본 정보와 기준가 정보, 투자목적 등이 표시되고 이 펀드가 어떤 변액보험 상품에 구성되어 있는지 구성 상품명도 확인할 수 있습니다.

그러나 Commodity 파생혼합형 펀드는 참고할 만한 차트가 없기 때문에, 이 펀드가 현재 어떤 추세를 보이는지 확인하기 어렵습니다. 이런 경우 유용하게 활용하는 메뉴가 '펀드수익률추이' 메뉴입니다.

'펀드수익률추이' 메뉴를 선택하면 〈그림 3-10〉, 〈그림 3-11〉과 같이 펀드와 기준가의 추이를 확인할 수 있습니다. 〈그림 3-10〉에서는 수익률

〈그림 3-9〉 변액 펀드 상세정보 활용

 과 순자산의 변동을 그래프로 확인할 수 있습니다. 순자산이 지속적으로 감소하고 있고 수익률은 최근에 상승 추세 중이라는 것을 대략 확인할 수 있습니다.

 〈그림 3-11〉은 기본적으로 최근 1개월간 기준가 추이를 나타냅니다. 임의로 조회기간을 설정해서 일정기간 동안의 기준가 변동을 확인할 수도 있으므로 이 메뉴를 자주 활용하기 바랍니다. 〈그림 3-11〉에서는 최근 1개월간 기준가가 상승 흐름에 있다는 것을 알 수 있습니다.

 최근 기준가가 상승 추세에 있다는 것은 긍정적인 요소이지만, 순자산

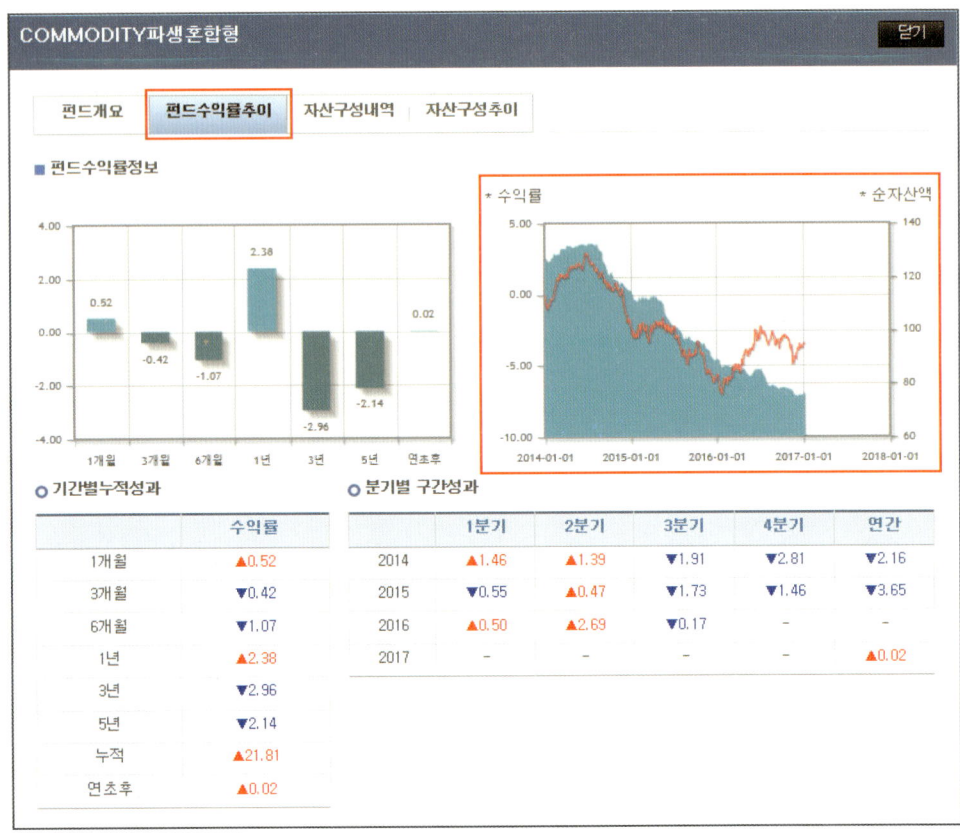

〈그림 3-10〉 변액 펀드 수익률 추이 확인

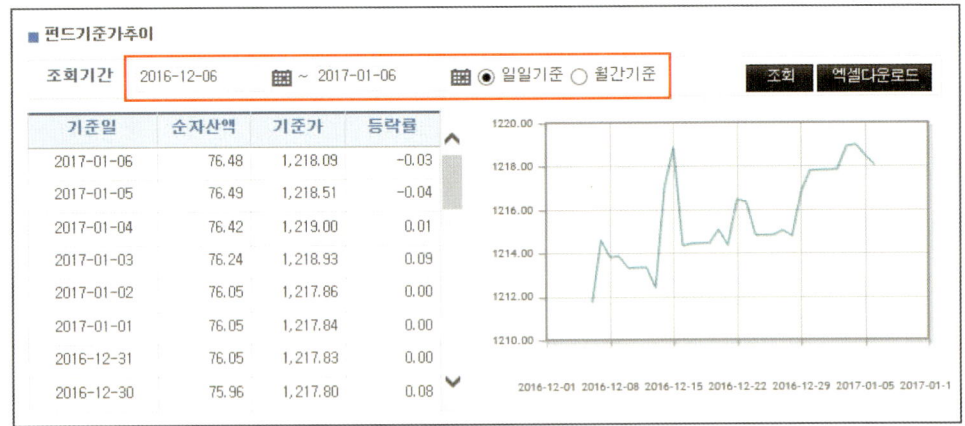

〈그림 3-11〉 변액 펀드 기준가 추이 확인

이 지속적으로 감소 추세에 있다는 것은 부정적인 요소입니다. 이런 펀드에는 장기적인 투자가 불안하기 때문에 보수적인 관점에서 대응해야겠다는 투자전략을 세울 수 있습니다. 물론, 어떤 투자자들은 상승 추세 기간 동안만 잠시 추가납입 후에 수익을 취하고, 하락 전환 시 다른 펀드로 이전하는 전략을 세울 수도 있을 것입니다.

이렇게 변액 펀드 상세정보를 활용하면 투자 판단의 근거를 다양하게 확인할 수 있기 때문에 많은 도움이 됩니다. 이 외에 여러 펀드의 상세정보 내용을 반복적으로 확인하면서 실전 감각을 키워나가기 바랍니다.

실전활용을 위한 차트 메뉴 구성방법

QV HTS에는 다양하고 방대한 정보와 기능이 탑재되어 있습니다. 그러나 변액보험 투자에 활용하는 차트는 5개 이내이므로 이것만 잘 활용하면 됩니다.

국내 주식형 펀드 분석을 위한 설정

QV HTS에 로그인 한 후, 처음에 나오는 인트로 화면을 닫아야 차트 메뉴 구성을 확인할 수 있습니다.

〈그림 3-12〉는 QV HTS 접속 시 맨 앞에 나타나는 인트로 화면입니다. 공지사항과 전 세계 주식시장 현황 등을 간략하게 나타내는 화면입니다. 다른 화면 구성을 위해서는 이 화면을 닫고 메뉴 구성을 합니다.

QV HTS 상단 메뉴에서 '차트 ▶지수시장 ▶코스피/코스닥 지수 차트'로 이동해서 코스피/코스닥 지수 차트를 띄웁니다. 〈그림 3-13〉 코스피-코스닥 차트에서 코스피를 선택하고 주봉차트로 설정합니다.

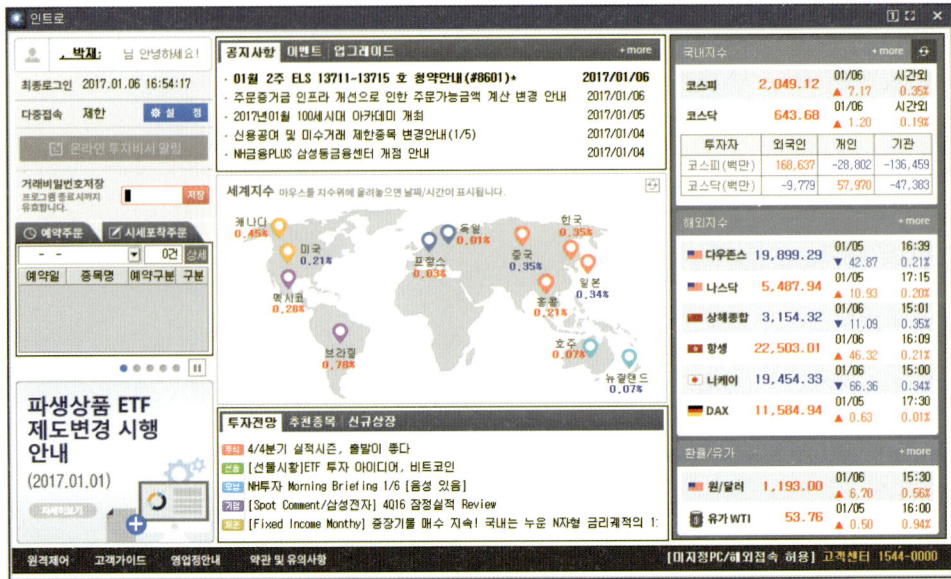

〈그림 3-12〉 QV HTS 인트로 화면

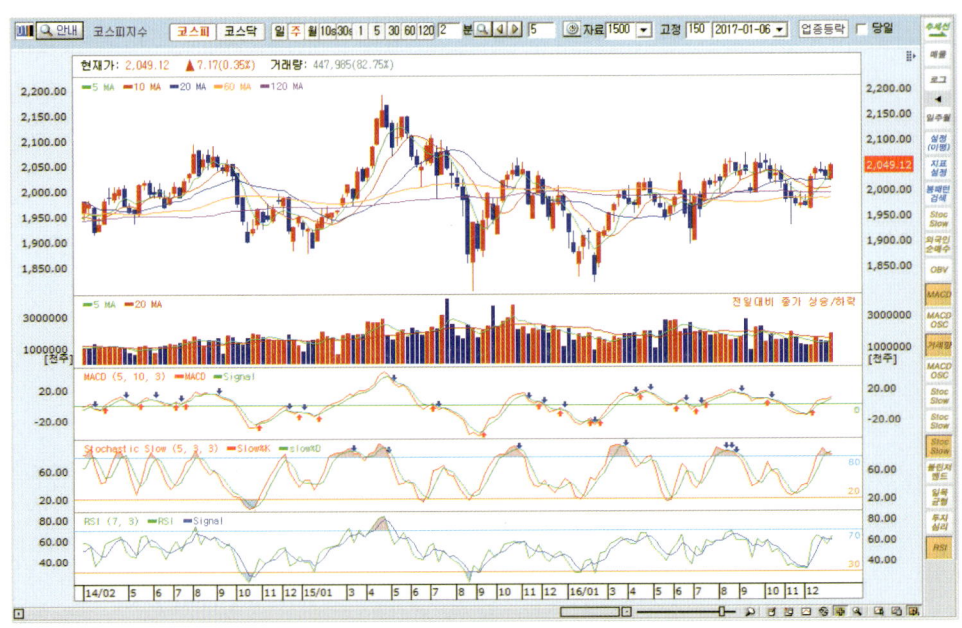

〈그림 3-13〉 코스피-코스닥 지수 차트

우측 툴바에서 '설정(이평)'을 눌러 5-10-20-60-120 이동평균선이 표시되도록 설정합니다. 이평선이 많이 표시될수록 지지와 저항 분석에 유리합니다. 단, 이평선이 많아서 차트 보기가 불편한 독자들은 최소한 60이평선까지 표시가 되도록 설정합니다.

우측 툴바에서 '거래량' 버튼을 눌러 차트 밑에 거래량이 표시되도록 합니다. 우측 툴바에서 '지표설정' 메뉴를 클릭하여 보조지표를 아래와 같이 설정합니다.

- MACD(5, 10, 3): 단기 이평 5, 장기 이평 10, 시그널 3
- Stochastic(5, 3, 3): 기간 5, Slow%K 3, Slow%D 3
- RSI(7, 3): 기간값 7, Signal 3

위에서부터 '차트 – 거래량 – MACD – 스토캐스틱 – RSI' 순으로 배치되도록 설정합니다.

해외 주식형 펀드 분석을 위한 설정

HTS 상단 메뉴에서 '차트 ▶ 해외지수 차트 ▶ 해외지수 및 환율 차트'를 선택합니다.

〈그림 3-14〉는 해외지수 및 환율 차트입니다. 거래량과 보조지표 설정을 코스피-코스닥 차트 설정과 동일하게 하면 됩니다. 차트 상단에 여러 나라의 차트 등 다양하게 설정할 수 있습니다. 화살표로 표시된 돋보기 버튼을 눌러 본인의 펀드 투자 시 참고할 만한 국가의 지수를 선택하여 설정하면 됩니다.

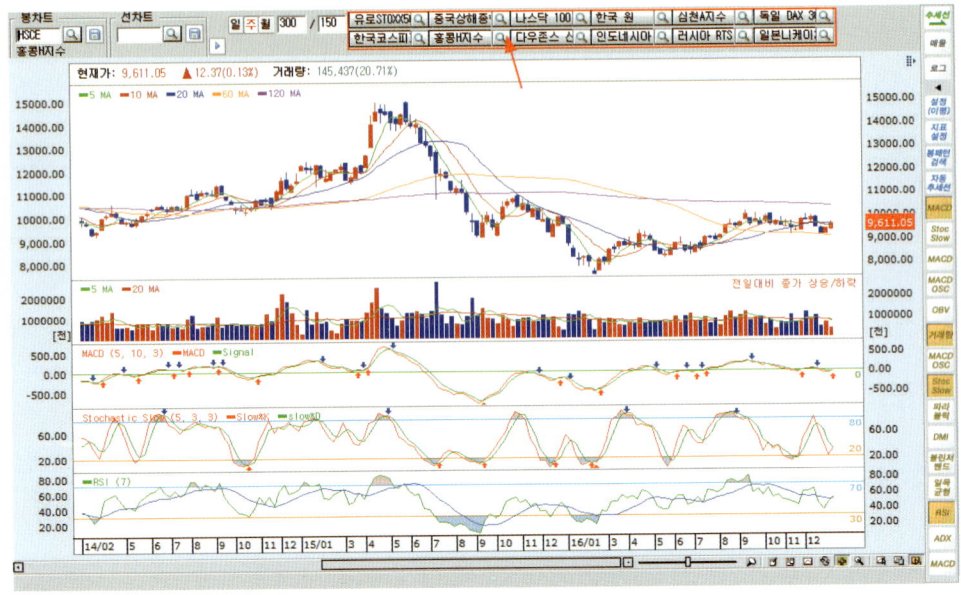

<그림 3-14> 해외지수 및 환율 차트

펀드별 참고할 주요 주가지수 차트

해외지수 및 환율 차트 상단에 있는 지수 선택 메뉴에서 돋보기 버튼을 누르면, <그림 3-15>와 같이 지수 및 기타 지표를 선택하는 메뉴 창이 나옵니다. 주요 국가 지수 차트를 하나씩 선택해서 세팅해두면, 실전에서 빠르게 세계 주요 국가의 지수 차트를 분석하는 데 편리합니다.

펀드명	참고할 주가지수 차트
인덱스 주식형, 가치주식형, 성장주식형, 배당주식형	코스피 지수
차이나 주식형(본토)	중국 상해종합지수, CSI 300
차이나 주식형(홍콩)	홍콩 H지수
유로 주식형	유로STOXX50, 독일 DAX30
미국 주식형	다우존스 산업지수, 나스닥100 지수
일본 주식형	일본 니케이225 지수

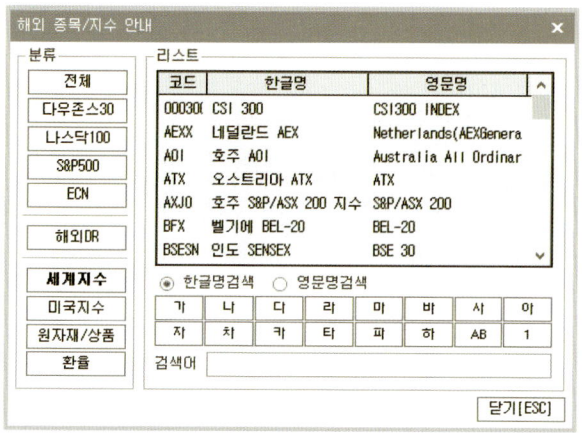

〈그림 3-15〉 해외지수 및 환율 설정

금리 차트 설정

금리의 흐름은 채권형 펀드의 수익률과 주식시장 투자자금 흐름에 큰 영향을 주기 때문에 항상 관심을 갖고 지켜봐야 합니다.

상단 메뉴에서 '투자정보 ▶경제지표 ▶금리동향'을 선택하여 〈그림 3-16〉과 같이 금리 차트를 띄워놓습니다. 일별, 주별, 월별로 금리 변동 추이를 확인할 수 있습니다.

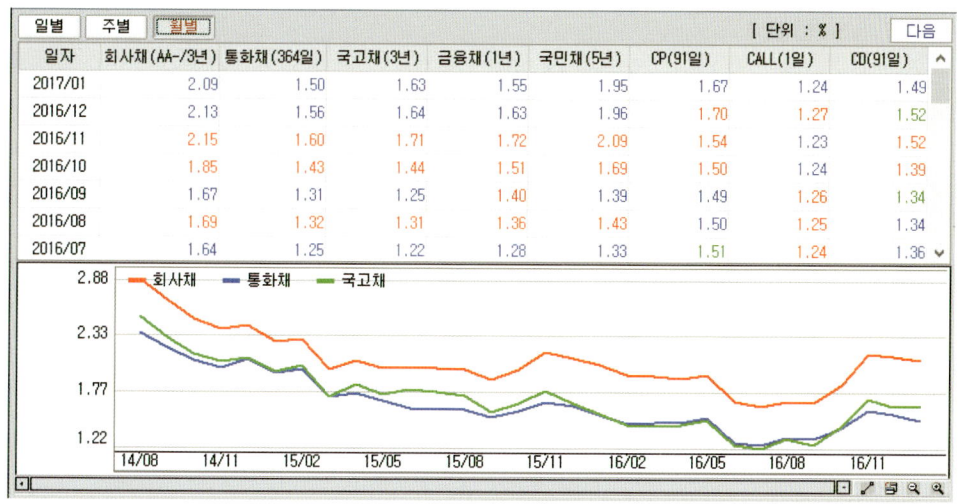

〈그림 3-16〉 금리 차트 설정

주요 경제지표와 주가지수의 상관관계 분석을 위한 설정

금리, 환율, 유가 등 주요 경제지표와 코스피 지수와의 상관관계를 파악하는 것은 투자 판단에 큰 도움이 됩니다. 차트 상단 메뉴에서 '차트 ▶지수시장 ▶시장분석 차트'를 선택하면 〈그림 3-17〉과 같이 시장 분석 차트가 표시됩니다.

〈그림 3-17〉 우측 상단의 '설정' 버튼을 누르면 〈그림 3-18〉과 같이 시장 분석 차트 설정 창이 나옵니다. 국내지수, 해외지수, 환율/금리/유가 항목 중에 비교를 원하는 항목을 체크하여 확인을 누르면 비교대상 차트가 표시됩니다. 여러 개 항목을 선택하여 비교할 수 있지만, 지표 2개를 비교하는 것이 가독성이 좋습니다. 〈그림 3-17〉은 코스피 지수와 원/달러 환율을 선택하여 나타낸 그래프입니다.

하단에는 자주 이용하는 메뉴 바가 설정되어 있으므로 지표를 개별로 설정하지 않고 바로 버튼을 눌러 차트를 활용할 수 있습니다. 여러 지표를 조합해서 활용해보기 바랍니다.

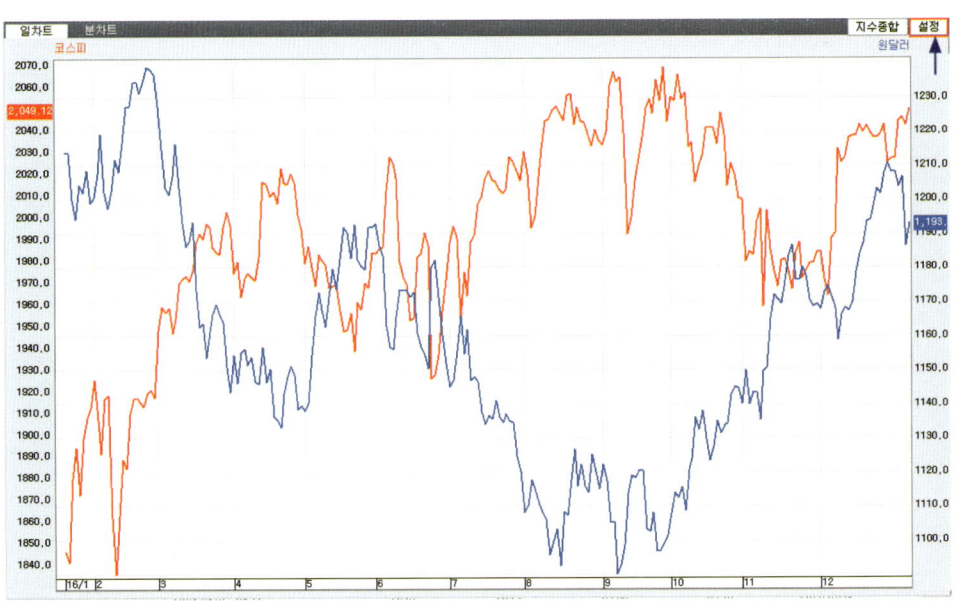

〈그림 3-17〉 시장 분석 차트

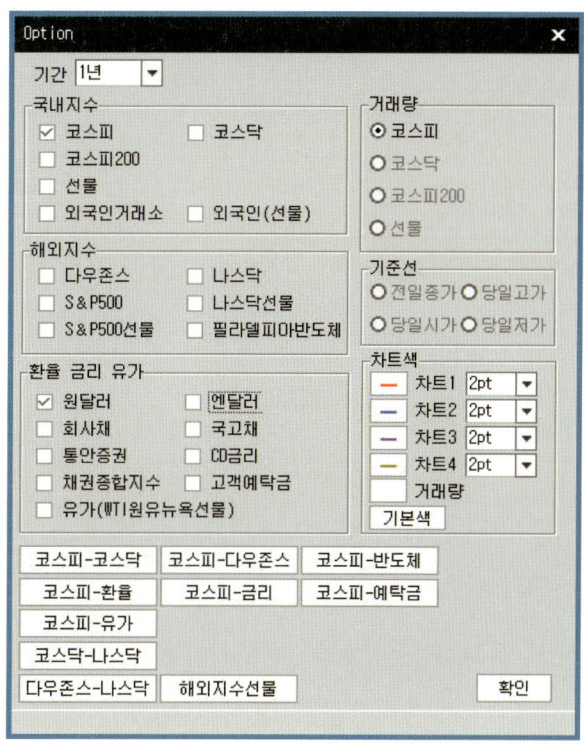

〈그림 3-18〉 시장 분석 차트 설정

14장

실전 펀드 변경 1단계 - 분석

Variable fund

변액보험 공시실 정보를 활용하는 방법과 차트 분석을 위한 차트 설정 방법을 알아보았습니다. 실전 준비를 마치고 이제 본격적으로 실전 펀드 변경 1단계인 분석 단계를 알아보겠습니다.

분석 단계는 사실상 펀드 변경 성공 여부를 좌우하는, 기본적이면서 중요한 단계입니다. 펀드 변경을 위한 분석 단계에서는 다음과 같은 절차를 수행하게 됩니다.

```
내 변액보험 현 상태 분석
        ▼
   주요 경제지표 분석
        ▼
 변액 공시실 펀드 추세 분석
        ▼
  주요 주가지수 차트 분석
        ▼
   투자대상 펀드 선별
```

펀드 변경을 위한 분석 프로세스

내 변액보험 현 상태 분석

분석의 첫 단계는 내 변액보험 상품이 어떤 종류의 상품이고, 어떤 펀드로 구성되어 있는지, 수익은 나고 있는지 등등 내가 가입한 변액보험의 현 상태를 올바르게 이해하는 것입니다.

또 현재 수익률이 부진하다면 왜 그런지 원인을 분석해야 하고, 수익이 난 펀드는 계속 유지해야 하는지, 아니면 다른 펀드로 적립금을 이전해서 수익을 지켜야 하는지 등을 판단해서 결정해야 합니다.

먼저, 내가 가입한 변액보험의 현 상태를 확인하기 위해서 변액보험을 가입한 생명보험사 홈페이지에 공인인증서로 로그인 하여 가입한 변액보험을 조회해봅니다. 최근에는 대부분의 생명보험사가 모바일 애플리케이션을 제공하고 있으므로 휴대폰에 공인인증서가 설치되어 있다면, 간편하게 모바일에서 조회하면 됩니다.

변액보험 계약정보 조회

각 보험사마다 계약관리 메뉴명은 다르지만 변액보험 계약정보 표시내용은 유사합니다. 〈그림 3-19〉는 변액보험 계약정보 조회 화면 예시입니다. 상단 상품명에 '변액적립보험'이라는 상품명이 나옵니다. 보험의 성격이 목돈 마련을 위한 장기 적립성 저축보험이라는 것을 나타냅니다. 해당 변액보험 상품의 특징과 전체 펀드 라인업을 보험사 상품 안내 메뉴와 변액보험 공시실에서 꼭 확인하기 바랍니다.

만약 상품명에 '변액 **** 종신보험'이라고 표시되어 있다면, 적립식 저축 상품이 아니라 보장성 종신보험이므로 본인이 저축과 연금을 목적으로 가입했다면, 애초에 적립보험이나 연금 상품으로 가입한 것보다 중도 해지 시 해지환급금과 연금수령 시 연금수령액 측면에서 많이 불리합

<그림 3-19> 변액보험 계약정보 조회

니다. 최근 금융감독기관에서는 소비자에게 종신보험을 마치 연금보험처럼 판매하는 행위를 강력하게 제재하고 있습니다. 본인이 가입한 변액보험 상품이 어떤 성격을 지닌 상품인지 재확인하여 미래 대비에 차질이 생기지 않도록 점검하기 바랍니다.

변액 계약 정보에는 계약일, 유지횟수, 납입보험료, 펀드 투입금액, 적립금, 적립률, 수익률 등 계약 관련 정보가 표시됩니다. 적립률은 납입보험료(원금) 대비 적립금의 비율을 말하고, 수익률은 납입보험료에서 사업비를 제외하고 순수하게 펀드에 투입된 금액 대비 적립금의 손익비율을 말합니다. <그림 3-19>에서는 매월 15만 원씩 21개월 납입했고, 추가납입 없이 수익률은 +10.41%, 적립률은 94.81%를 기록하며 가입기간 대비 펀드 관리 및 수익률이 양호한 상황입니다.

펀드별 수익률 및 적립금 현황 조회

<그림 3-20>은 설정된 각 펀드별 편입비율, 기준가격, 보유좌수, 투입원

금, 적립금, 운용수익률 등 펀드의 세부 운용상황을 보여주는 화면입니다.

'편입비율'은 매월 납입하는 보험료에서 사업비를 제외하고 펀드에 투입되는 금액이 어떤 펀드에 어떤 비율로 투입되는지를 나타냅니다. 〈그림 3-20〉에서는 펀드가 4개 설정되어 있지만, 매월 펀드에 투입되는 돈이 단기채권형 20%, 차이나 주식형(본토) 50%, 차이나 주식형(홍콩) 30%로 투입되며 유로 주식형으로는 투입되지 않는다는 의미입니다.

유로 주식형 펀드가 편입비율에 영(0)으로 표시된 것은, 기존에 운용하던 펀드에 있는 적립금을 유로 주식형으로 이전해서 운용하고 있다는 의미입니다. 변액보험은 매월 정기적으로 납입하는 보험료와 이미 납입되어 운용되고 있는 적립금을 분리하여 다르게 운용할 수 있다는 특징이자 장점이 있습니다.

'투입원금'은 매월 납입하는 보험료 중에서 편입비율에 따라 투입되는

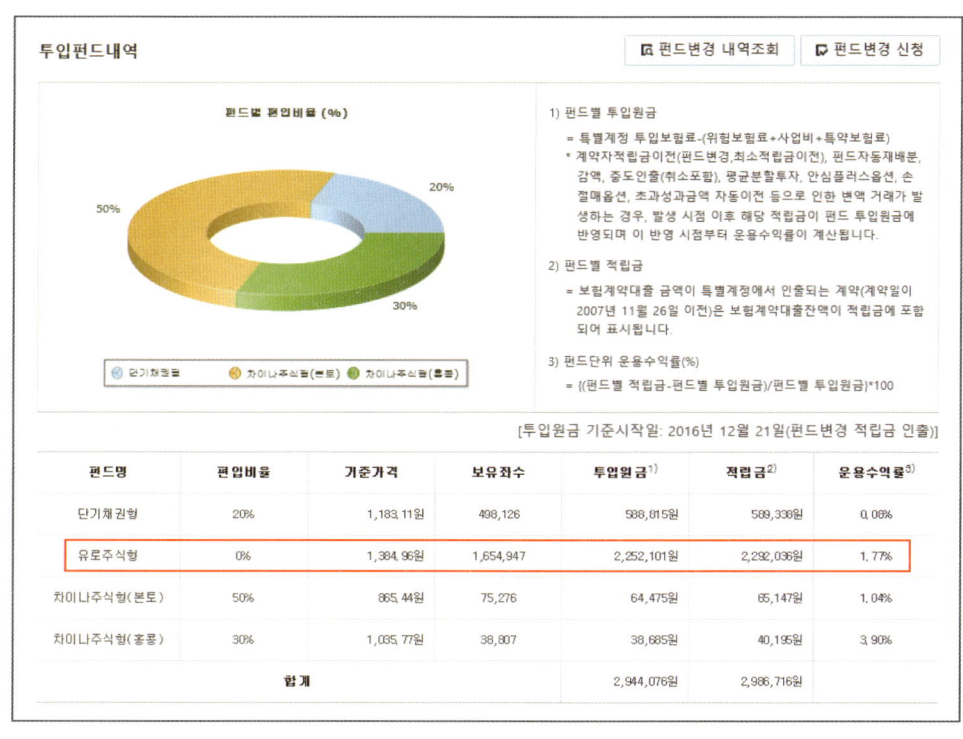

〈그림 3-20〉 펀드별 수익률 및 적립금 현황 조회

금액과 기존에 운용되던 적립금을 '적립금 이전'을 통해서 이전되는 금액이 합산된 것이므로, 기본 보험료 중 사업비를 제외하고 펀드에 투입되는 '펀드 투입금액'과는 다른 개념입니다.

펀드 변경 내역 조회

변액보험 계약관리 메뉴에는 펀드 변경 내역을 조회하는 메뉴가 별도로 있습니다. 보험회사마다 차이가 있을 수 있지만, '펀드 투입비율 변경'과 '적립금 이전 변경'은 1년에 각각 12회씩 가능한 것이 일반적입니다.

〈그림 3-21〉과 같이 펀드 변경 내역을 조회할 수 있는 변액보험 관리 메뉴를 통해 최근 1년 동안 펀드 변경 내역을 조회합니다. 주봉차트를 기준으로 한 개 펀드에서 연간 3~4회 정도 매매 신호가 발생하는 것이 보통이므로, 12회에 이르는 펀드 변경 및 적립금 이전 한도를 모두 소진하는 경

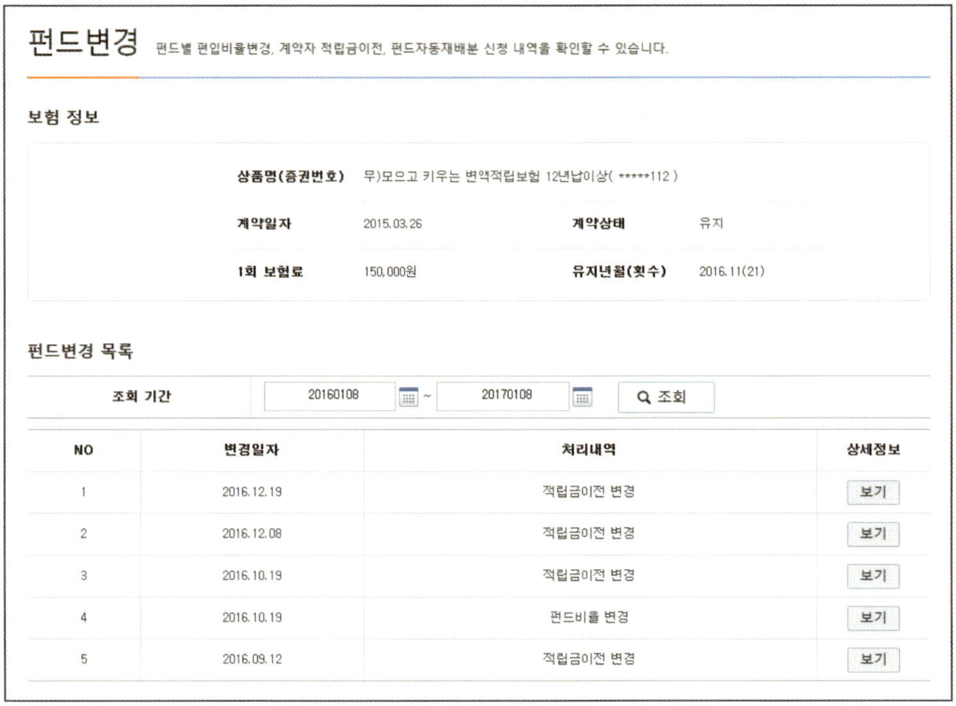
펀드변경 펀드별 편입비율변경, 계약자 적립금이전, 펀드자동재배분 신청 내역을 확인할 수 있습니다.

보험 정보

상품명(증권번호) 무)모으고 키우는 변액적립보험 12년납이상(*****112)
계약일자 2015.03.26 계약상태 유지
1회 보험료 150,000원 유지년월(횟수) 2016.11(21)

펀드변경 목록

조회 기간 20160108 ~ 20170108 조회

NO	변경일자	처리내역	상세정보
1	2016.12.19	적립금이전 변경	보기
2	2016.12.08	적립금이전 변경	보기
3	2016.10.19	적립금이전 변경	보기
4	2016.10.19	펀드비율 변경	보기
5	2016.09.12	적립금이전 변경	보기

〈그림 3-21〉 펀드 변경 내역 조회

우는 흔치 않습니다.

그러나 펀드에 적립금이 많이 쌓여서 수천만 원 이상 큰돈이 모여 있거나, 목돈을 일시납으로 납입하는 거치형 변액보험 상품은 추세가 갑자기 반전하는 경우, 적립금 이전 주기를 짧게 가져가는 경우가 바람직할 때가 있습니다. 왜냐하면 작은 수익률 변동에도 적립금의 증감 금액이 크기 때문입니다.

차트 분석과 시장 분석에 익숙해지고 자신감을 갖게 되면, 수익이 날 것 같은 매수 신호 포착에 재미를 붙이게 됩니다. 적립금 이전으로 작은 수익을 자주 내기 위해 여기저기 매수 및 매도 신호가 날 때마다 움직인다면, 자칫 연간 12회 한도를 일찍 소진할 수도 있으니 주의하기 바랍니다. 예기치 못한 주식시장의 급락에 대응하기 위해서 전체 적립금을 단기채권형 펀드로 이전할 수 있는, 최소한 마지막 1회의 적립금 이전 기회는 남겨두어야 합니다.

Key Point

- 내 변액보험의 상품 종류와 전체 펀드 라인업을 보험사 홈페이지와 공시실을 통해 반드시 확인한다.
- 투입되는 보험료가 어느 펀드에서 운용되고 있는지 확인하고 수익률과 적립금 내역을 점검한다. 특히, 가입 시점부터 펀드 변경이나 적립금 이전 없이 한 개 펀드에서 모든 적립금이 100%로 운용되고 있는데, 보험 모집 FC에게서도 그 이유를 충분히 듣지 못했다면 전문가의 도움을 받아야 한다.
- 현재 펀드가 손실이 발생했다는 이유만으로 섣부르게 펀드 변경과 적립금 이전을 하지 않는다. 모든 분석 단계를 마친 후에 실행해도 늦지 않다.
- 적립금 규모가 크거나 일시납 변액 상품은 추세가 급변할 경우 적립금 이전 주기를 짧게 가져가는 것이 바람직하다. 단, 과도한 적립금 이전으로 연간 사용가능 횟수를 초과하지 않도록 주의한다.

주요 경제지표 분석

금리, 환율, 유가 등 주요 경제지표는 채권시장과 주식시장에 영향을 주는 요소들입니다. 따라서 이런 경제지표의 움직임에 관심을 갖고 관찰하다 보면 변액보험 펀드 관리에 큰 도움이 됩니다.

그러나 주요 경제지표를 분석하고 추세를 예측하는 것은 상당한 전문성을 요구하는 어려운 분야입니다. 다행히도 우리는 주식, 채권, 외환 또는 원유 선물 등의 거래를 위해 이 책을 공부하는 것이 아닙니다. 장기적인 관점에서 변액보험의 효율적인 펀드 관리를 위해 공부하는 것이기 때문에, 주요 경제지표의 추세를 가볍게 해석하고 활용하는 방법에 대해 설명하겠습니다.

금리 추세 분석

금리는 1부에서 언급한 바와 같이 채권형 펀드의 수익률에 가장 큰 영향을 줍니다. 금리의 추세가 하락세로 예상되면 장기채권인 국공채형 펀드

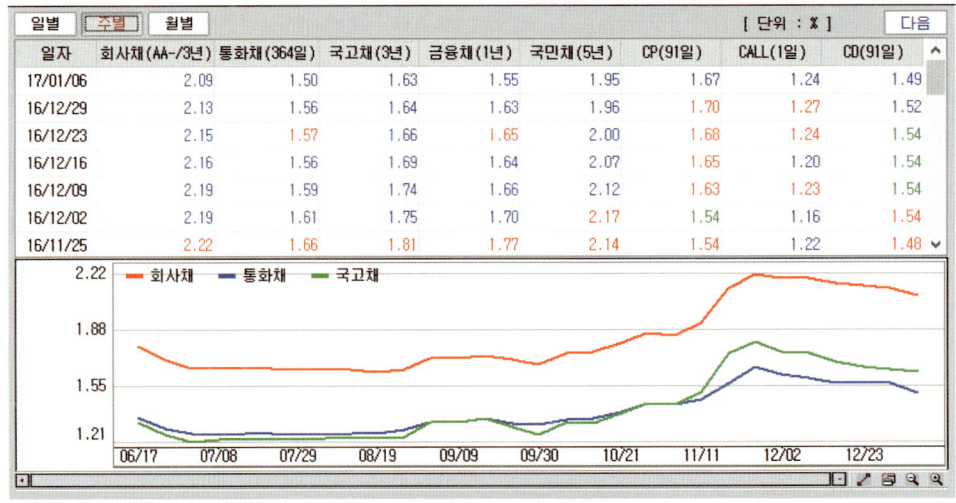

〈그림 3-22〉 금리 추세 분석

의 수익률이 올라가고, 반대로 상승세로 예상되면 국공채형 펀드의 수익률이 떨어집니다. 반면, 만기가 짧은 단기채권형 펀드의 수익률이 올라갑니다. 추세와 수익률이 서로 반대 방향인 이유에 대해서는 1장(금리)에서 설명한 바 있습니다.

〈그림 3-22〉는 금리동향 차트입니다. 2016년 4/4분기부터 금리가 급등하다가 상승세가 완화되고 있는 모습입니다. 단기적으로는 등락이 있겠지만, 2017년도에 미국의 기준금리 인상이 3차례 정도 예상된다는 뉴스가 빈번하게 나오는 상황에서 당분간 국공채형 펀드에서 의미 있는 수익을 기대하기는 어려울 것으로 전망합니다. 따라서 국공채형 펀드의 편입비율과 적립금 비율을 줄여나가야 합니다. 특히, 그동안 국공채형 펀드의 수익률이 좋았다는 이유만으로 적립금을 100% 국공채에서 운용하며 안심하고 있는 투자자들은 적립금 손실에 대비해 적립금을 분산해서 운용해야 합니다.

〈그림 3-23〉은 생명보험협회 변액보험 공시실에서 국공채형 펀드 수익률 추이를 조회한 결과입니다. 그동안 금리가 지속적으로 하락하던 시기에는 국공채형 펀드의 수익률 곡선이 꾸준히 상승했습니다.

그러나 2016년 3/4분기 이후부터 금리의 추세가 상승하면서 국공채형 펀드의 수익률 곡선이 하락하는 것을 알 수 있습니다. 금리가 다시 하락하는 구간에서는 반대로 수익률 곡선이 상승하고 있는 것도 확인할 수 있습니다.

〈그림 3-24〉는 생명보험협회 변액보험 공시실에서 펀드의 수익률 추이와 함께 확인할 수 있는 펀드 기준가 추이 조회 화면입니다. 국공채형 펀드의 기준가가 금리의 추세와 반대로 가는 모습을 다시 한번 확인할 수 있습니다.

이처럼 금리의 움직임과 국공채형 펀드의 수익률이 반대로 움직인다는

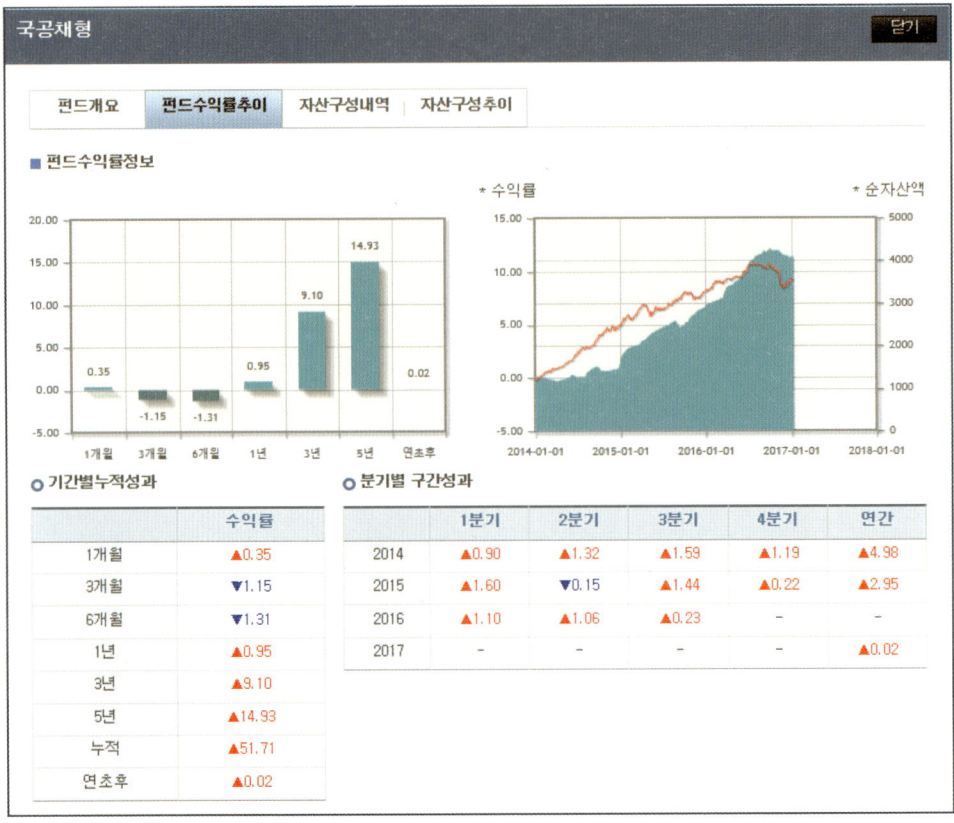

<그림 3-23> 국공채형 펀드의 수익률 추이

<그림 3-24> 국공채형 펀드의 기준가 추이

점을 활용한다면, 국공채와 단기채 펀드 중 어디에 투자해야 하는지를 알 수 있습니다.

환율 추세 분석

금리와 더불어 우리나라 주식시장과 이머징마켓 시장에 영향력이 큰 경제지표가 환율입니다. 환율 중에서도 기축통화인 달러화 환율의 추세를 기본적으로 살펴야 하고, 최근에는 유럽중앙은행 ECB의 양적완화 정책에 따라 유로 자금이 이머징마켓에 많이 유입되고 있으므로 유로화 환율도 참고적으로 분석하면 좋습니다.

〈그림 3-25〉는 차트 설정에서 알아본 '시장분석 차트' 메뉴를 통해 코스피 지수와 원/달러 환율 간의 상관관계를 나타낸 것입니다. 우리나라를 비롯한 이머징마켓은 외국인들의 투자 비중에 따라 주식시장이 크게 영향을 받습니다. 일반적으로 외국인 매수세가 들어오면 주가가 오르고, 외국인들이 매도세로 돌아서면 주가가 하락합니다.

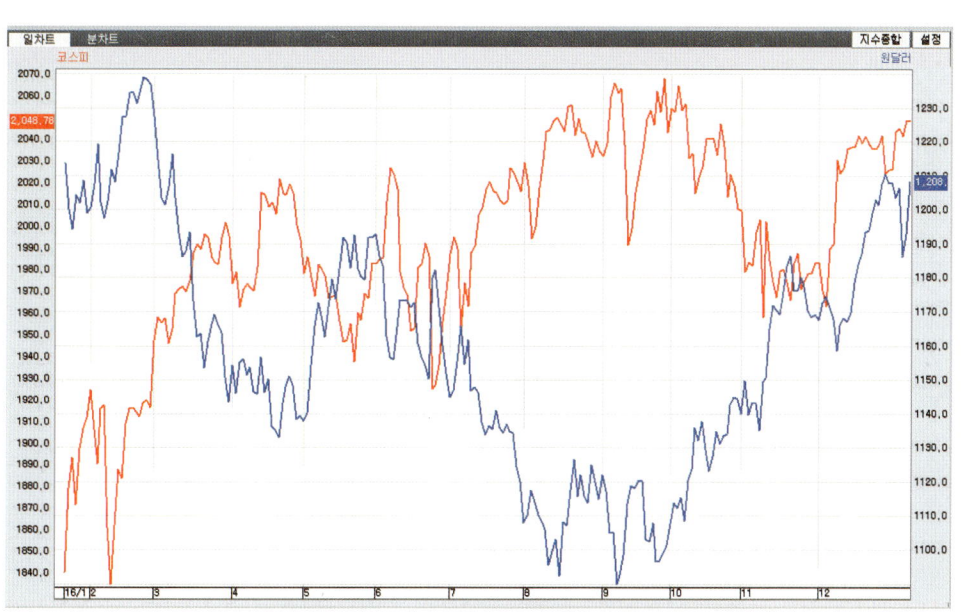

〈그림 3-25〉 코스피 지수 – 원/달러 환율 상관관계

외국인 투자자들이 우리나라 주식시장에 투자할 때는 외화(달러)를 원화로 환전하여 투자합니다. 따라서 투자시점 대비 환율이 상승하면(원화약세) 주식을 매도하고 달러로 환전할 때 환차손을 입는 위험을 안게 됩니다. 주식투자에서 환차손을 커버할 정도 이상의 투자수익을 내야 하는 부담을 안게 되는 것이죠.

반대로 투자시점 대비 환율이 하락하면(원화 강세) 환차익을 보게 됩니다. 주식투자에서도 수익이 크게 났다면, 이중으로 수익을 보게 되는 구조가 되는 것이죠. 따라서 주가가 상승하면서 환율이 하락하는 구조가 오래 지속될수록, 외국인 투자자들이 주식시장에서 이탈하지 않고 남아 있게 됩니다. 이런 이유에서 환율을 잘 관찰하면 주가의 흐름이 보인다고 하는 것입니다.

〈그림 3-25〉에서 보듯이 최근에는 대체적으로 환율과 주가의 추세가 미세한 시차를 두고 대칭적(반대 방향)으로 움직이고 있다는 것을 알 수 있습니다.

HTS에서 확인하기 어려운 다양한 금융 정보는, 포털사이트 NAVER에서 얻을 수 있습니다. 'NAVER 홈 ▶증권 ▶시장지표' 메뉴에서 환율을 비롯해서 시장 분석에 유용한 경제지표를 확인할 수 있습니다. 〈그림 3-26〉은 코스피 지수와 원/유로 환율의 상관관계를 나타내고 있는데, 원/달러 환율과 비슷하게 코스피 지수와 대칭되는 움직임을 보이고 있습니다.

환율 추세 분석 결과, 코스피 지수가 우상향하고 환율은 추세 하락하고 있다면 외국인 자금이 굳이 시장을 일찍 떠날 이유가 없다고 판단하는 것이 간단한 분석입니다. 따라서 현재 코스피 지수와 관련된 변액 펀드에 투자하고 있는 투자자라면, 보유하면서 추세를 관찰하는 전략을 구사할 수 있습니다. 그러나 국내 기관 투자자와 개인의 매도세가 강하거나 환율이 급변동할 경우에는 판단이 어려우므로 차트를 통한 기본적 분석과 기술적

〈그림 3-26〉 코스피 지수 - 원/유로 환율 상관관계

〈그림 3-27〉 환율 및 유가 차트

분석결과를 종합해서 판단합니다.

HTS에서는 환율 차트도 봉차트처럼 제공하고 있고, 이동평균선과 보조지표를 활용한 분석도 가능합니다. 봉차트 분석이 익숙한 투자자에게는 환율 차트를 봉차트로 분석하는 것이 훨씬 편리합니다.

〈그림 3-27〉은 원/달러 환율 주봉차트입니다. '차트 ▶해외지수 차트 ▶환율 유가 차트'를 선택하여 차트를 표시하고, 주가지수 분석방법과 마찬가지로 MACD, 스토캐스틱, RSI 보조지표를 설정하여 봉차트, 이평선, 보조지표 분석을 수행하면 됩니다.

〈그림 3-27〉은 원/달러 환율의 상승 추세가 5이평선의 지지를 받고 지속되고 있음을 보여줍니다. 외국인 투자자 입장에서는 환차손 압력이 커지고 있는 상황에서 매도 욕구가 생겨나고, 코스피 지수는 상승 탄력이 둔화되며 조정받을 수 있는 분위기라고 해석할 수도 있습니다.

MACD, 스토캐스틱, RSI 보조지표 분석에서는, 환율이 과열권에 진입한 후 추세 지속을 보여주고 있습니다. 스토캐스틱과 RSI 곡선이 과열권을 하향 이탈하는 시점이 코스피 지수가 반등 또는 상승하는 시점이 될 것으로 예측하는 것이 하나의 투자전략이 될 수 있습니다. 그러나 이것 역시 기본적·기술적 분석을 수행한 후에 종합하여 판단합니다.

유가^{油價} 추세 분석

〈그림 3-28〉은 코스피 지수와 유가^{油價}와의 상관관계를 나타냅니다. 오일^{oil}도 상품이기 때문에 수요가 공급보다 많으면 가격이 상승하고, 수요보다 공급이 많으면 가격이 하락합니다. 그림을 보면 약간의 시차를 두고 대부분 비슷한 추세를 보이는 모습을 확인할 수 있습니다.

유가는 경기의 선행^{先行}지표라고 합니다. 전쟁이나 정치적 이유로 유가가 급변하는 상황이 아니라면, 유가가 상승한다는 것은 수요가 늘고 있다

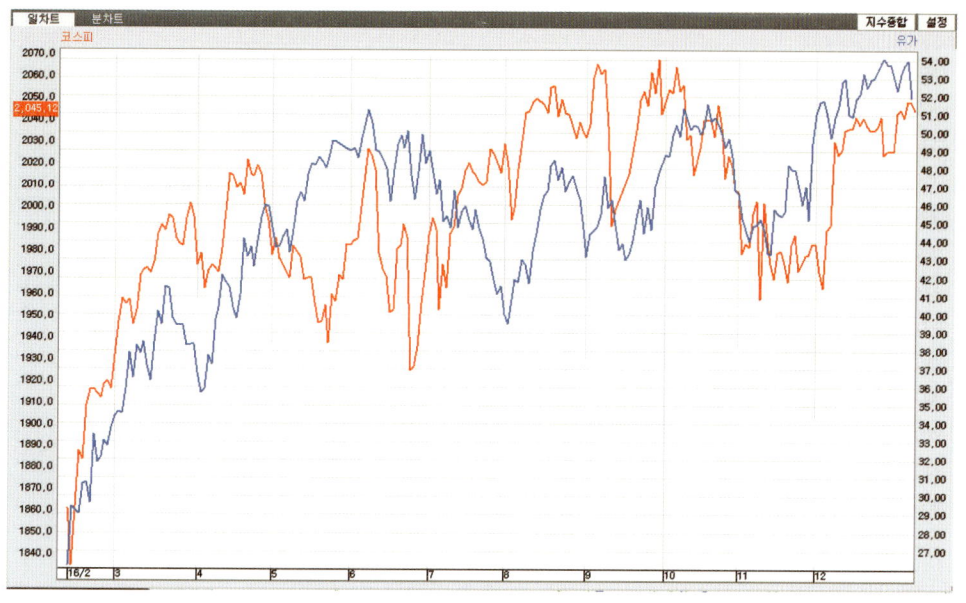

<그림 3-28> 코스피 지수 - 유가 차트 분석

는 것을 의미하고, 수요가 늘고 있다는 것은 경기가 좋아지고 있다는 신호로 해석할 수 있습니다. 그래서 유가가 상승하면 주가가 동반해서 상승하는 추세를 보이는 것이 일반적입니다. 따라서 유가 상승이나 하락에 관한 뉴스를 접할 때마다 유가와 코스피 지수와의 상관관계를 점검해보는 것도 투자 판단에 도움이 될 수 있습니다.

이렇게 경제지표 분석은 차트 분석 이전에 전반적인 시장 분위기를 파악한다는 차원에서 분석에 임하는 것이 좋습니다. 단순하게 차트의 봉 모양과 기술적 분석지표만 보고 투자하는 것보다는 투자결정의 신뢰도를 훨씬 더 높여주기 때문입니다. 특히, 주가지수가 상승과 하락 추세를 이어가고 있을 때 추세 반전의 포인트를 경제지표가 미리 암시해주는 경우가 많습니다.

편리한 분석 활용 TOOL

변액보험 펀드의 수익은 관심과 관찰로부터 시작됩니다. 틈틈이 여러 경제지표와 증시의 흐름을 관찰하는 습관이 수익을 만들어냅니다. 데스크톱 PC에서뿐 아니라 휴대폰과 태블릿 PC 등에서도 핵심 경제지표와 지수 차트를 분석하는 데 유용한 TOOL을 소개하겠습니다.

① NAVER 금융

〈그림 3-29〉처럼 대표적인 포털사이트 NAVER의 금융 메뉴를 활용하는 방법이 있습니다. 'NAVER 홈 ▶증권 ▶시장지표' 메뉴에서 환율을 비롯해 시장 분석에 유용한 경제지표를 확인할 수 있습니다. 휴대폰에 NAVER 애플리케이션을 설치하면, 이동 중이어도 휴대폰에서 수시로 금융시장 전반의 큰 흐름을 확인할 수 있습니다.

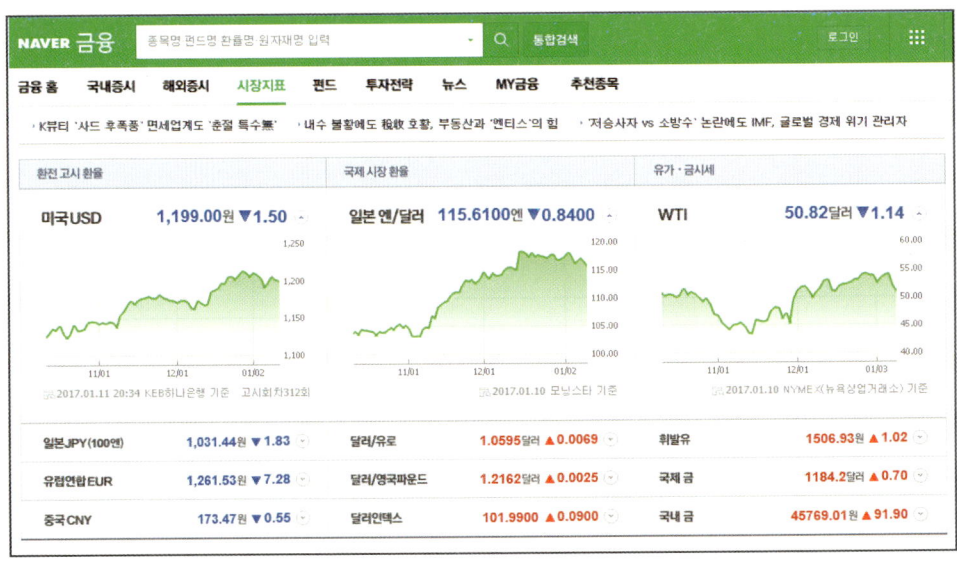

〈그림 3-29〉 NAVER 금융 경제지표 활용

② 모바일 애플리케이션-QV MTS

〈그림 3-30〉은 휴대폰에서 QV MTS$^{Mobile\ Trading\ System}$를 설치하는 화면입니다. PC가 없더라도 휴대폰에서 다양한 투자정보를 조회할 수 있습니다. 포털사이트의 금융정보는 15~20분 정도 지연되어 제공되지만, MTS는 실시간으로 다양한 투자정보를 제공하는 것이 장점입니다.

〈그림 3-31〉은 QV MTS를 실행한 화면입니다. 상단 메뉴에서 국내 및 해외 지수, 환율과 금리 등 주요 경제지표를 조회할 수 있습니다. 주식거래 계좌를 등록하면 주식거래도 가능하며, 계좌를 등록하지 않아도 대부분 정보를 무료로 활용할 수 있습니다.

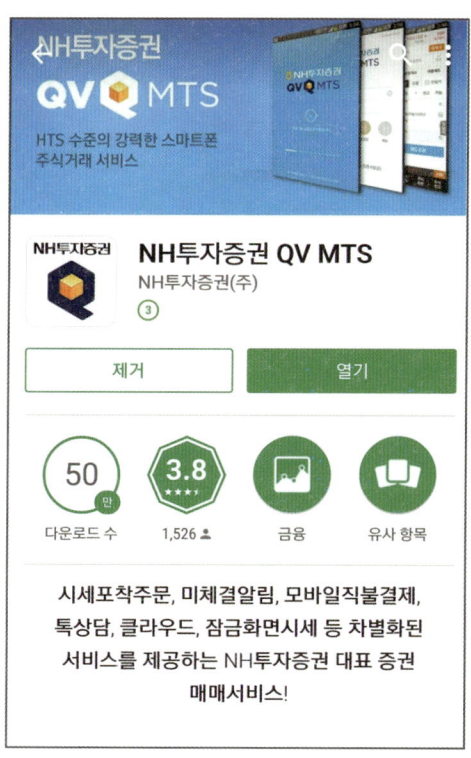

〈그림 3-30〉 QV MTS 설치

〈그림 3-31〉 QV MTS 활용

③ 태블릿 PC 애플리케이션 - QV TABLET

태블릿 PC용 애플리케이션을 활용하면 큰 화면으로 다양한 정보를 활용할 수 있어서 편리합니다. 앱스토어 등에서 'QV Tablet'으로 검색해 애플리케이션을 설치합니다. 초기 화면 좌측 상단 '메뉴 ▶투자정보 ▶지수/환율'을 선택하여 분석에 활용하면 됩니다.

〈그림 3-32〉는 QV TABLET 지수 및 환율 정보 화면입니다. 상단 메뉴 중에 있는 '환율/지표' 메뉴에서 환율, 국고채 3년물 금리, 유가 등 주요 경제지표 추세를 확인할 수 있습니다.

〈그림 3-33〉은 '국내지수/증시자금' 메뉴에서 코스피 지수를 선택한 화면입니다. 우측의 '설정' 메뉴에서 이평선을 설정할 수 있습니다. 아쉬운 점은 아직 MACD, 스토캐스틱 등 보조지표를 활용할 수 없다는 점입니다. 곧 개선되기를 기대해봅니다.

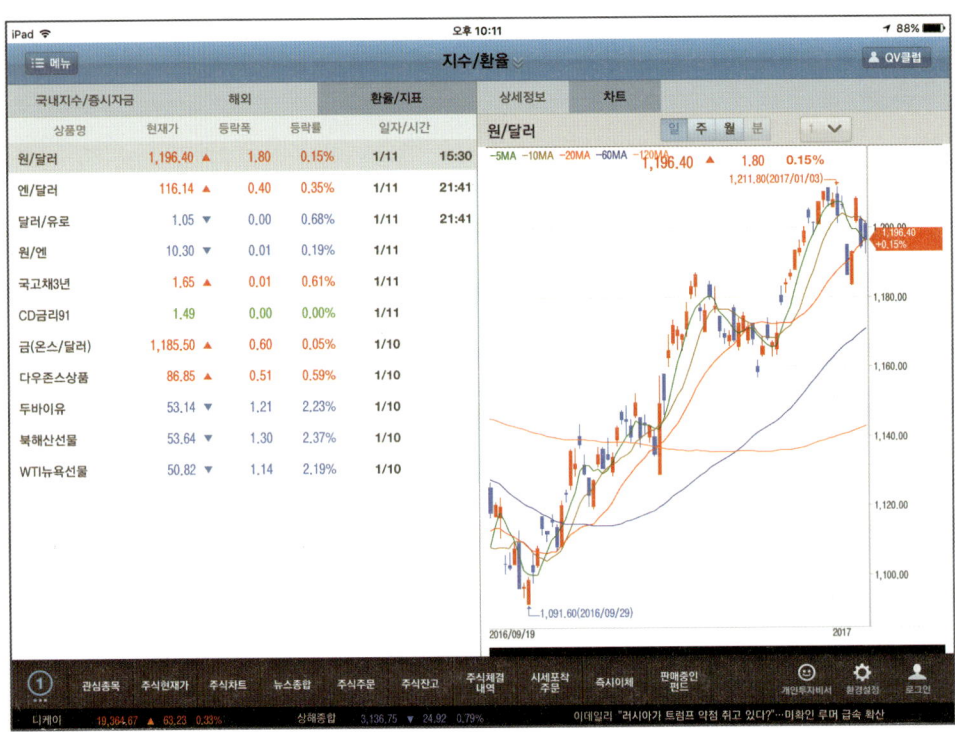

〈그림 3-32〉 QV TABLET 지수 및 환율 정보

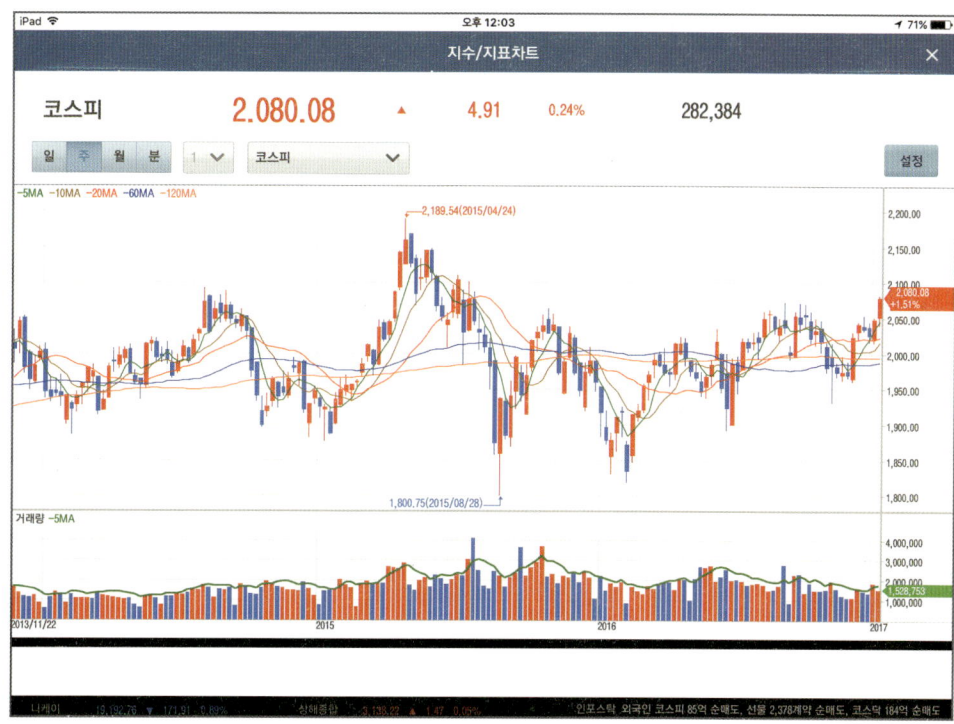

〈그림 3-33〉 QV TABLET 코스피 지수 정보

〈그림 3-34〉 QV TABLET 해외지수 정보

〈그림 3-34〉는 해외지수 동향을 나타내는 화면인데, 전 세계 주요 주가지수 추세를 차트로 확인할 수 있습니다. 차트 우측에 표시된 '전체' 버튼을 누르면 차트를 전체화면으로 볼 수 있어서 편리하고 일봉, 주봉, 월봉으로 각각의 추세를 확인할 수 있습니다. 태블릿 PC가 있는 독자라면, 꼭 설치해야 할 애플리케이션입니다.

변액 공시실 펀드 추세 분석

내 변액보험의 수익률과 펀드의 운용 상태를 점검하고 주요 경제지표의 흐름을 파악했다면, 이제 본격적으로 펀드 변경전략을 수립해야 합니다.

펀드 변경과 적립금 이전, 추가납입을 하는 가장 큰 이유는, 수익을 극대화하고 손실을 최소화하여 적립금을 키우기 위해서입니다. 이를 통해 은퇴자금·사업자금 등 장래에 계획하고 있는 재무적 이벤트에 효과적으로 적립금을 활용하기 위해서라고 할 수 있습니다.

실전에서는 펀드에 매월 투입되는 투입비율의 결정보다, 이미 쌓인 적립금을 어디로 이전해서 관리하느냐와 추가납입을 어느 시점에 하느냐가 훨씬 더 중요합니다. 또 변액보험의 적립금 규모가 작은 변액보험 가입 초기보다, 적립금 규모가 커지는 가입 후 4~5년 이후부터 적립금 관리가 더욱 중요합니다. 납입이 완료된 이후에는 사실상 일시납 펀드 형태로 운영되기 때문에 중요도가 제일 큰 시기입니다.

그렇기 때문에 변액보험 가입 초기에는 다양한 시도로 변액보험을 관리하는 방법을 익혀야 합니다. 적극적인 펀드 관리로 이익을 많이 내서 자신감도 가져보고, 손실을 경험하며 반성도 해봐야 향후 더 큰 적립금을 운영할 때 담담하게 원칙대로 투자할 수 있는 것입니다.

내 변액보험의 적립금과 펀드 운용 상태를 분석한 결과, 수익률이 좋지 않거나 떨어지고 있을 때는 현재 상승 추세에 있는 펀드에 관심을 가져야 합니다. 주가는 추세가 형성되면 일정기간 그 추세를 유지하려는 속성이 있기 때문에, 상승 추세에 있는 주가는 더 상승할 확률이 높고 하락 추세에 있는 주가는 더 하락하거나 횡보할 확률이 높기 때문입니다.

차트를 분석하기에 앞서, 현재 어떤 변액보험 펀드가 상승 추세에 있는지 확인하는 방법은, 보험회사 변액보험 공시실의 '특정기간 운용성과'를 확인하면 됩니다. 보험회사마다 메뉴명은 조금씩 다르지만, 변액보험에 구성된 펀드별로 1개월, 3개월, 6개월, 1년, 3년 등 기준가 수익률을 매일 공시하고 있습니다.

〈그림 3-35〉는 변액보험 공시실에서, 가입한 변액보험 상품을 선택하여 특정기간 운용성과를 나타낸 화면입니다. 이 상품의 경우, 17개 펀드가 운용되고 있는데 각 펀드의 현재시점 기준가와 1개월, 3개월, 6개월, 1년, 3년 전 기준가를 비교하여 수익률을 백분율로 나타낸 것입니다. 기준가의 수익률이므로 거치식 수익률이라는 것을 다시 한번 강조합니다.

변액보험 공시실 특정기간 운용성과 조회

17개 펀드를 최근 1개월 수익률 순서대로 1~17위까지 펀드 이름 앞에 표시해보았습니다. 현재 수익률 1, 2위는 코스피 지수에 연동되는 인덱스 주식형 펀드가 차지했습니다. 한 달 전 기준가 대비 4% 중·후반대로 준수한 수익률을 기록하고 있습니다.

만약 한 달 전에 인덱스 펀드에 추가납입을 했거나 적립금을 인덱스 펀드로 이전했다면, 펀드 변경에 걸리는 기간을 고려하더라도 4%대 수익을 거둘 수 있었을 것입니다. 성장주, 배당주, 가치주식형 펀드도 2017년 1월 기준, 코스피 지수 상승의 영향을 받아 수익률이 양호한 상태임을 확인할

특정기간 운용성과

(단위 : %)

구분		최근 1개월	최근 3개월	최근 6개월	최근 1년	최근 3년
⑧	가치주식형	1.84	-1.32	-2.95	5.17	6.19
⑬	국공채형	0.70	-0.86	-1.16	1.03	9.34
⑩	국내채권형	0.82	-1.01	-1.36	0.82	8.92
⑨	글로벌주식형	1.55	4.42	6.53	15.69	12.54
⑦	글로벌주식형Ⅱ	2.67	0.60	3.20	5.96	0.00
⑪	글로벌채권형	0.81	-0.66	-0.45	4.34	0.00
⑮	단기채권형	0.14	0.30	0.48	1.15	5.05
⑭	미국주식형	0.30	6.32	6.51	18.53	0.00
⑥	배당주식형	2.82	5.38	8.15	15.23	0.00
④	성장주식형	3.29	1.67	0.54	3.99	7.40
②	순수인덱스주식형	4.45	6.19	9.94	17.39	0.00
③	유로주식형	4.34	6.22	9.75	8.81	23.09
⑤	이머징마켓주식형	3.04	-0.79	7.60	18.53	-0.71
①	인덱스주식형Ⅱ	4.85	6.47	10.00	17.35	10.08
⑯	일본주식형	0.00	11.33	16.80	11.60	0.00
⑰	차이나주식형(본토)	-0.56	4.66	4.43	0.91	0.00
⑫	차이나주식형(홍콩)	0.79	-4.08	9.29	18.24	0.00

〈그림 3-35〉 변액보험 공시실 특정기간 운용성과 조회

수 있습니다.

해외 펀드로는 유로 주식형과 글로벌 주식형 펀드의 성과가 눈에 띄고, 꾸준히 상승 추세였던 미국 주식형과 일본 주식형 펀드는 상승 추세가 누그러져 1개월 전 기준가 대비 크게 변동이 없으므로 차트 분석을 통해 추세 전환 가능성을 확인해보아야 합니다. 단기적인 조정이 올 가능성이 높기 때문입니다.

3개월 전 기준가 수익률이 마이너스(-)였다가 1개월 기준가 수익률이 플러스(+)로 돌아선 차이나 주식형(홍콩), 이머징마켓형 펀드는 바닥권에서 상승 중이거나 조정을 끝내고 추세 반전되었다는 해석이 가능합니다.

차트 분석과 생명보험협회 공시실을 활용해서 기준가 추이를 분석하고, 현 상태 유지 및 이전 여부를 결정하면 됩니다.

채권형 펀드의 경우, 국공채형·국내채권형·글로벌 채권형 펀드 같은 만기가 긴 장기채 펀드는 금리급등 추세가 다소 진정되면서 3개월 전 대비 수익률이 다소 회복된 국면을 보이고 있습니다. 반면에, 단기채권형 펀드는 큰 수익은 아니지만 꾸준히 조금씩 상승하고 있는 것을 알 수 있습니다. 금리인상에 대한 우려는 향후 지속적으로 제기될 것이므로 기준가 반등 시마다 국공채형 펀드와 같은 장기채 비중을 줄여나가는 전략을 구사하는 것이 필요합니다.

변액보험 공시실을 통한 기준가 추세 분석은 1개월과 3개월 수익률을 기준으로 하고 6개월까지 참고해서 분석합니다. 그 이상의 기간 비교 수익률은 현재시점과 너무 멀어서 추세를 잡기 어렵기 때문입니다.

이렇게 변액 공시실을 통한 펀드 기준가 추이 분석은, 현재 상승 추세와 하락 추세 중인 펀드를 빠르게 선별할 수 있고, 적립금 이전과 추가납입 대상 후보 펀드를 직관적으로 판단할 수 있는 장점이 있습니다.

그런데 주의할 점이 있습니다. 변액 공시실의 수익률만 보고 펀드 변경과 적립금 이전을 할 경우, 자칫 하락 추세 전환 초기의 높은 기준가에 매수할 수 있다는 것입니다. 따라서 반드시 차트 분석을 통한 기본적·기술적 분석을 수행해야 합니다.

주요 주가지수 차트 분석

변액 공시실 펀드 기준가 추세 분석으로 펀드 변경 및 적립금 이전 대상 펀드를 일차적으로 선별했다면, 차트 분석으로 최종 결정하면 됩니다.

코스피 지수 차트 분석

먼저 〈그림 3-35〉와 같이 변액보험 공시실 특정기간 운용성과를 조회한 결과, 수익률 상위에 있는 인덱스 주식형, 성장주식형, 배당주식형, 가치주식형 등 코스피 지수 관련 펀드의 차트 분석을 해보겠습니다.

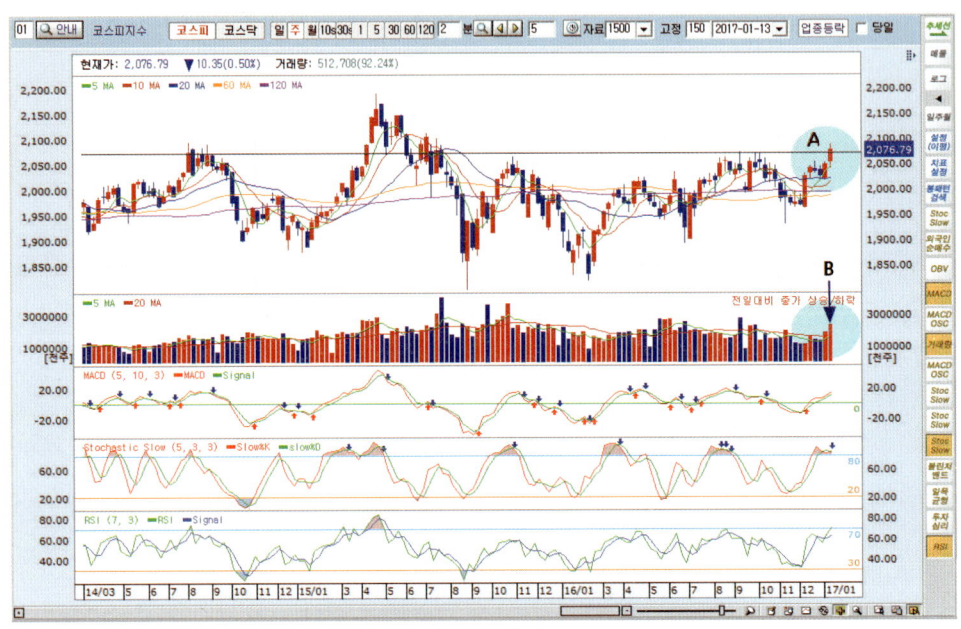

〈그림 3-36〉 코스피 지수 차트 분석

기본적 분석

A지점에서 장대 양봉이 나오며 수평선으로 표시된 전 고점을 돌파하였고, 주가지수는 5이평선 위에 있습니다. B에서 거래량을 보니 최근 4개월 이내 가장 많은 거래량을 보이고 있습니다. 추가적인 상승을 기대할 수 있는 모습입니다. 조정이나 하락 시에도 모든 이평선이 주가보다 밑에 있으므로 지지선으로 작용해 급락할 위험이 적은 상태입니다.

기술적 분석

MACD 곡선이 우상향하며 추세 지속을 나타내고 있습니다. 시그널 선을 하락 교차하지 않고 있으므로 보유 관점에서 관찰합니다. 스토캐스틱 곡선이 과열권 안에 있지만 아직 80% 선 이하로 하락하지 않고 있으므로 역시 보유 관점입니다. RSI 곡선이 70% 과열권을 향해 우상향하고 있고, 시그널 선 하락 교차도 관찰되지 않고 있으므로 보유 관점입니다.

생명보험협회 변액 공시실 기준가 추이 분석

〈그림 3-37〉 인덱스 주식형2 기준가 추이

차트 분석 결론

- 현재 코스피 지수는 상승 추세에 있으므로 국내 인덱스 및 주식형 관련 펀드에 적립금이 운용되고 있을 경우에는 계속 보유한다.
- 전 고점까지 얼마 남지 않았으므로 추가납입은 가능 여력의 30% 이내에서 실시하고, 전 고점을 돌파하는 시점을 확인 후 추가납입 하는 전략을 준비하는 것이 안전하다.
- 만일, 더 상승하지 못하고 하락장악형 음봉이 나온다면, 단기채권형으로 적립금을 이전해놓거나 다른 상승 유망 펀드로 적립금을 이전한

다. 단, 장대 음봉이 나오면서 전 세계 주요지수가 같이 하락하는 경우도 있으므로, 수익이 많이 났다면 단기채권형으로 적립금을 옮겨놓고 쉬는 것도 투자의 한 방법이다.

환율 차트 분석

〈그림 3-38〉은 환율/유가 차트의 원/달러 환율 주봉차트입니다. 국내 시장에 투자하는 인덱스 및 주식형 펀드를 분석할 때는 원/달러 환율 차트를 참고로 분석하면 도움이 됩니다. 국내 주식시장에 큰 영향을 미치는 외국인 투자자들의 투자환경이 어떻게 변해가고 있는지 간접적으로 판단할 수 있기 때문입니다.

언급한 바와 같이 환율이 상승하면 국내 주식시장에 투자하고 있는 외국인 투자자에게 환차손 우려가 커지게 됩니다. 환율의 상승 추세가 가파르게 진행될수록 보유 주식 매도 욕구가 점점 커질 수 있습니다. 실제로 환율이 빠르게 상승하는 시기에는 주가지수가 하락 추세를 보였습니다.

〈그림 3-38〉 원-달러 환율 차트 분석

반대로 환율이 하락하면 국내 주식시장에 투자하고 있는 외국인 투자자에게 환차익 기회가 주어집니다. 주가지수가 상승하여 매매차익까지 거두고 있는 상태에서 환율까지 하락하고 있다면, 이중으로 수익을 낼 수 있는 좋은 기회가 되는 것이어서 외국인 투자자금이 주식시장에서 쉽게 이탈하지 않는다고 분석합니다.

봉차트로 표시된 〈그림 3-38〉에서 현재 원/달러 환율은 장대 음봉이 나오며 하락 추세이고 보조지표들도 매도 신호를 보내고 있습니다. 따라서 코스피 지수의 상승 추세가 당분간 쉽게 꺾이지 않을 것으로 판단합니다.

〈그림 3-39〉 유로 STOXX50 지수 차트 분석

〈그림 3-39〉는 유럽에 투자하는 유로 주식형 펀드의 참고지수인 유로 STOXX50 지수 주봉차트입니다.

기본적 분석

고점을 연결한 하락 추세선과 저점을 연결한 상승 추세선이 만나는 지점(A)에서 이평선들이 모인 이후에, 장대 양봉으로 전 고점을 돌파한 모습입니다. 상승세가 약해지며 현재 음봉이 나온 상태이지만, 5이평선 지지를 받고 있는 모습입니다.

바닥권에서 횡보 조정 이후에 상승하는 주가는 조정이 오더라도 얕게 오는 경향이 있으므로, 이런 형태에서는 조정을 감수하면서 10, 20이평선 지지까지 확인하는 것이 정석입니다. A지점에서 장대 양봉이 이평선과 전 고점을 돌파하는 신호에 매수하였다면 길게 보고 보유하는 것이 좋습니다.

기술적 분석

MACD 곡선이 시그널 선에 근접하며 하락 교차 직전에 있습니다. 스토캐스틱 곡선이 과열권 안에 있지만 아직 80% 선 이하로 하락하지는 않고 있습니다. RSI 곡선이 70% 과열권 아래로 하향 돌파 직전에 있습니다. 보조지표 신호들이 이와 같이 나온다면 적립금 이전을 본격적으로 준비해야 합니다. 그러나 현재와 같은 경우에는 지수를 지지해주는 이평선들이 아래로부터 올라오고 있으므로 이평선 지지 여부까지 꼭 확인하고 매도(채권형으로 적립금 이전)해야 합니다. 보조지표의 신호보다도 항상 기본적 분석인 봉과 이평선, 거래량 분석이 우선한다는 점을 다시 한번 강조하고 싶습니다.

생명보험협회 변액 공시실 기준가 추이 분석

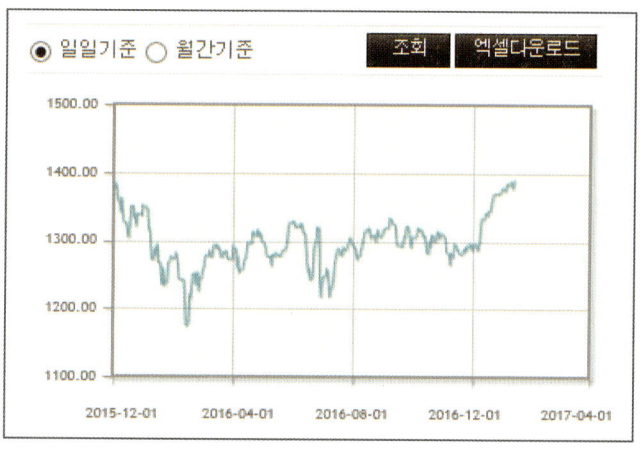

〈그림 3-40〉 유로 주식형 기준가 추이

차트 분석 결론

- 현재 유로 STOXX50 지수는 상승 추세에 있으므로 유럽 주식형 관련 펀드에 적립금이 운용되고 있을 경우에는 계속 보유한다.
- 바닥권에서 횡보하던 주가가 상승하기 위해서는 위쪽 지수대에 위치하는 대기성 매물을 소화해야 하기 때문에, 반드시 조정이 뒤따라온다는 것을 당연하게 생각해야 한다. 지수가 이평선보다 위쪽에 있을 경우에는 최소한 10이평선 지지 여부까지는 확인하고 적립금 이전 여부를 판단해야 한다.
- 상승하던 지수가 얕은 조정을 받은 이후에 이평선 지지를 받아 장대양봉으로 상승한다면, 아주 좋은 추가납입 타이밍이 되므로 조정 이후에도 움직임을 잘 관찰해야 한다.
- 주가지수가 전 고점대인 3,500포인트와 3,700포인트 지점에서 매물 저항이 있을 것을 예상하여 미리 적립금 이전 전략을 준비한다. 기본적 분석과 기술적 분석 모두 매도 신호가 관찰되면 과감히 적립금을 이전한다.

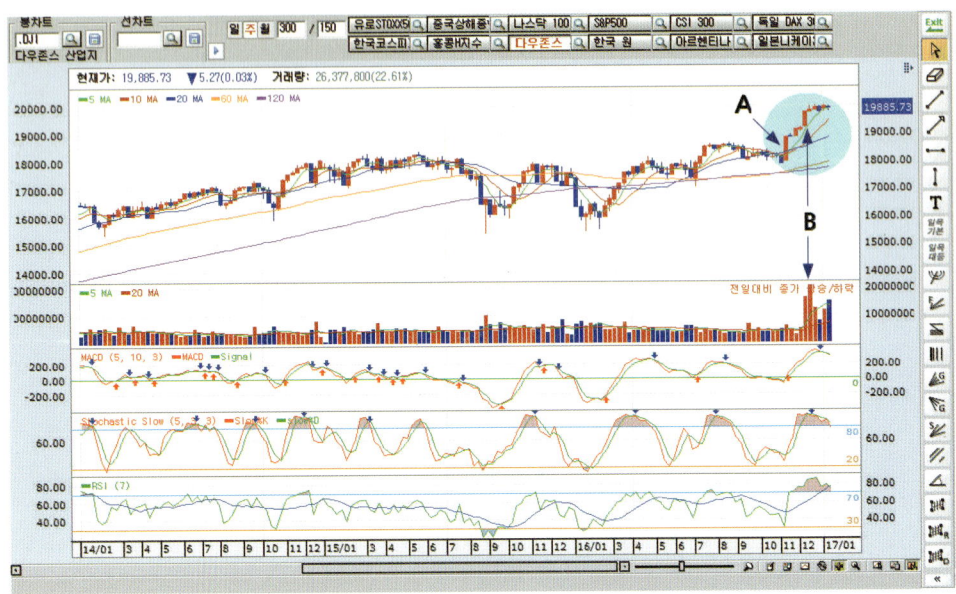

<그림 3-41> 미국 다우존스 산업지수 차트 분석

<그림 3-41>은 미국 주식형 펀드의 참고지수인 다우존스 산업지수 주봉차트입니다.

기본적 분석

수개월 동안 횡보 하락 조정을 받은 지수가 A지점에서 장대 양봉으로 이평선과 전 고점을 돌파한 이후 사상 최고치를 갱신하며 상승 추세를 이어가는 모습입니다. 최근 2만 포인트를 목전에 두고 숨 고르기를 하는 양상입니다.

지수가 5이평선 지지를 받고 있고 모든 이평선이 정배열 상태이므로, 운용 중인 적립금은 보유 관점에서 이평선 지지 여부를 확인하며 관찰합니다. B지점 상승 시 엄청난 거래량이 발생했으므로 추세가 여기서 끝난다고 속단하면 안 됩니다. 역사적 최고점을 갱신한 지수는 어디까지 상승할지 모르기 때문에 대세가 하락으로 전환되는 신호가 나올 때까지는 보유합니다.

단, 지수의 지속적인 상승으로 수익이 많이 난 투자자는 이평선을 하향 돌파하는 장대 음봉과 많은 거래량 등 하락 신호 관찰 시, 적립금을 단기채권형으로 이전하여 수익을 지키는 것도 좋은 방법입니다.

기술적 분석

MACD 곡선이 시그널 선을 하향 돌파하기 직전입니다. 스토캐스틱 지표가 과열권을 이탈하기 시작하며 매도 신호를 내고 있고, RSI 곡선은 아직 과열권을 탈출하지는 않고 있습니다. 보조지표 신호만으로는 매도 대기 상태로 판단할 수 있습니다. 현재까지 수익에 만족하는 투자자는 RSI 곡선까지 과열권을 벗어나는 신호에 적립금을 단기채권형으로 이전해놓았다가 조정 후 다시 투입하는 것을 결정할 수도 있습니다.

생명보험협회 변액 공시실 기준가 추이 분석

〈그림 3-42〉 미국 주식형 기준가 추이

차트 분석 결론

- 현재 다우존스 산업지수는 역사상 최고점을 갱신하며 상승 추세에 있고, 잠시 횡보하며 방향을 모색하고 있는 중이므로 미국 주식형 관련 펀드에 적립금이 운용되고 있을 경우에는 계속 보유한다. 그러나 장대 음봉이 이평선을 하향 돌파하며 많은 거래량이 나오기 시작하면, 적립금을 단기채권형으로 이전하여 일단 수익을 확보하는 것이 좋다.
- 지금처럼 횡보하며 방향을 모색하고 있는 상황과 보조지표들의 매도 신호가 관찰될 경우에는 추가납입을 보류하고, 추세가 다시 형성되는 것을 확인한 후에 추가납입 한다. 단, 지수가 많이 상승한 상태이므로 많은 수익을 기대하기보다는 단기적으로 수익을 노리는 전략이 안전할 수 있다.

홍콩 H지수 차트 분석

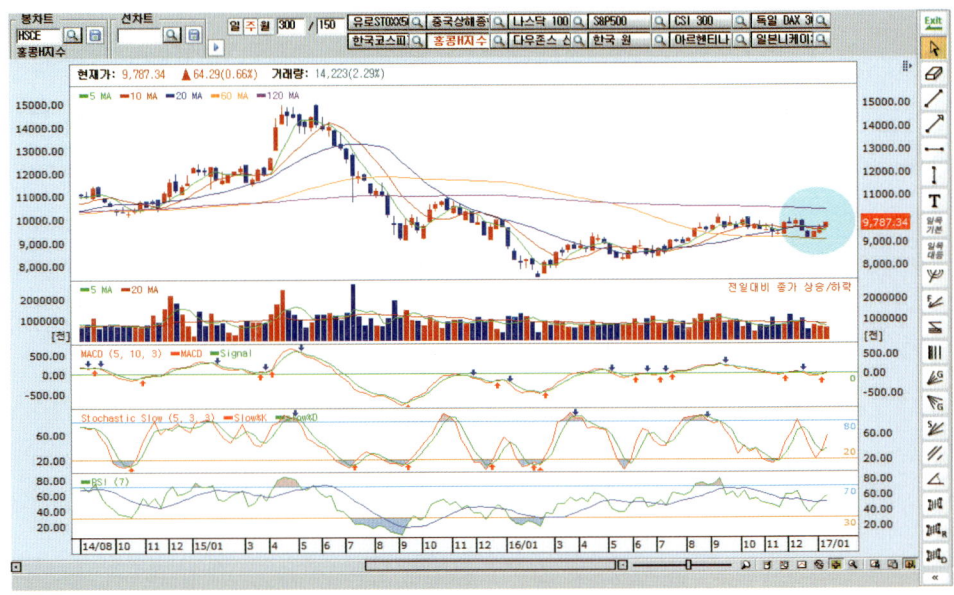

〈그림 3-43〉 홍콩 H지수 차트 분석

〈그림 3-43〉은 차이나 주식형 펀드(홍콩)의 참고지수인 홍콩 H지수 주봉차트입니다.

기본적 분석

수개월 동안 횡보 하락 조정을 받던 지수가 바닥권에서 적삼병 봉 패턴을 보이면서 추세 반전에 성공하였고, 지수가 5이평선을 돌파하여 지지받고 있는 모습입니다. 아쉬운 점은 추세 반등 기간 동안 발생한 거래량이 적어서 추가 상승을 위한 에너지가 충분하지 않다는 점입니다.

그러나 바닥권에서 저점을 높여가고 있는 추세이므로, 향후 상승한다면 크게 수익을 기대할 수 있는 모습입니다. 이미 펀드가 설정되어 있다면, 추가납입 여력의 30% 정도 추가납입 합니다. 전 고점 박스권을 상승 돌파할 때 40%, 저항선으로 작용할 120이평선을 상승 돌파할 때 나머지 30%를 추가납입 할 기회로 삼아야 합니다.

기술적 분석

MACD, 스토캐스틱, RSI 지표 모두 시그널 선을 돌파하여 매수 신호가 난 상태입니다. 추가납입이나 일부 적립금 이전을 하면 성공 확률이 높다고 판단합니다.

생명보험협회 변액 공시실 기준가 추이 분석

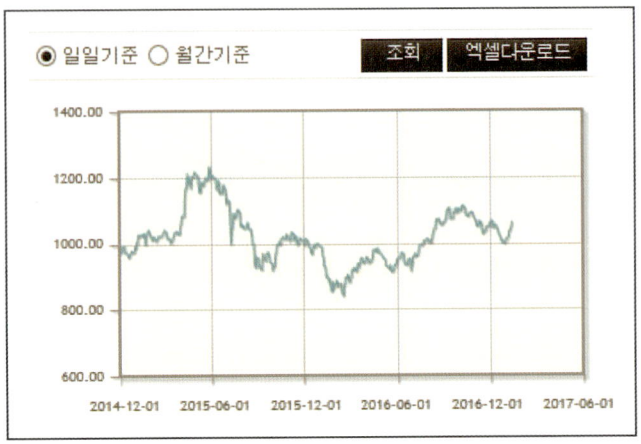

⟨그림 3-44⟩ 차이나 주식형(홍콩) 기준가 추이

차트 분석 결론

- 현재 펀드를 운용 중인 상태라면 보유하며 추가납입을 한다. 전 고점을 돌파할 때 거래량을 확인하여 다시 추가납입을 하고 추세가 하락 반전될 때까지 보유하며 관찰한다.
- 바닥권에서 천천히 이동 중인 모습이므로 매월 투입되는 보험료의 편입 비중에 반드시 설정되도록 한다.
- 바닥권에서 이동평균선이 모이는 현상이 보이고, 지수가 박스권에서 움직이다가 박스권을 뚫고 상승하기 시작하면 과감하게 추가납입 한다.

중국 상해종합지수 차트 분석

⟨그림 3-45⟩는 차이나 주식형 펀드(본토)의 참고지수인 상해종합지수 주봉차트입니다.

〈그림 3-45〉 중국 상해종합지수 차트 분석

기본적 분석

현재 지수가 이평선이 밀집된 하단에 걸쳐 있습니다. 5이평선이 10이평선을 하향 돌파하고 있는 데드크로스가 발생하며 내려오고 있고, 지수가 간신히 20이평선의 지지를 받고 있는 상태입니다.

마지막 음봉이 나올 때 거래량이 직전 양봉의 거래량보다 많이 나왔습니다. 추세 반등에 실패하자 실망 매물이 가세된 것으로 판단합니다. 내려오는 이평선의 저항으로 추가 하락할 수 있으므로 대비해야 합니다.

기술적 분석

MACD 곡선이 '0' 선 근처에서 횡보하며 '0' 아래쪽으로 하락하기 직전 상태입니다. 스토캐스틱은 침체권을 벗어나는 모습으로 매수 사인을 보내고 있습니다. RSI 곡선은 시그널 선과 큰 이격을 보이며 하락하고 있습니다. 두 개 보조지표가 부정적인 신호를 보이고 있으므로 지수가 하락하거나 횡보할 확률이 높아졌다고 판단합니다. 지금은 보수적으로 이 펀드를 관망해야 합니다. 저가 매수를 위한 추가납입 등에 관한 검토는 다음 봉이 어떤 모습을 보이는지 확인하고 대응합니다.

생명보험협회 변액 공시실 기준가 추이 분석

〈그림 3-46〉 차이나 주식형(본토) 기준가 추이

차트 분석 결론

- 기본적·기술적 분석 결과가 모두 부정적이므로 확실한 매수 신호가 나올 때까지 추가납입은 하지 않고 관찰하며 기다린다.
- 바닥권에서 천천히 이동 중인 모습이므로 좌수를 확보하는 차원에서 매월 투입되는 보험료의 편입 비중에 반드시 설정되도록 한다.
- 중·장기적으로는 지수가 횡보하면서 이평선들이 모이게 되고, 맨 위쪽에 있는 120이평선을 돌파하는 시점에서 침체권을 벗어날 것으로 예상하고 꾸준히 관찰한다. 큰 수익은 바닥권에서 횡보 조정을 받던 시장에서 나오기 때문에 관심 펀드 목록에 두어야 한다.

일본 니케이225 지수 차트 분석

〈그림 3-47〉은 일본 주식형 펀드의 참고지수인 니케이225 지수 주봉차트입니다.

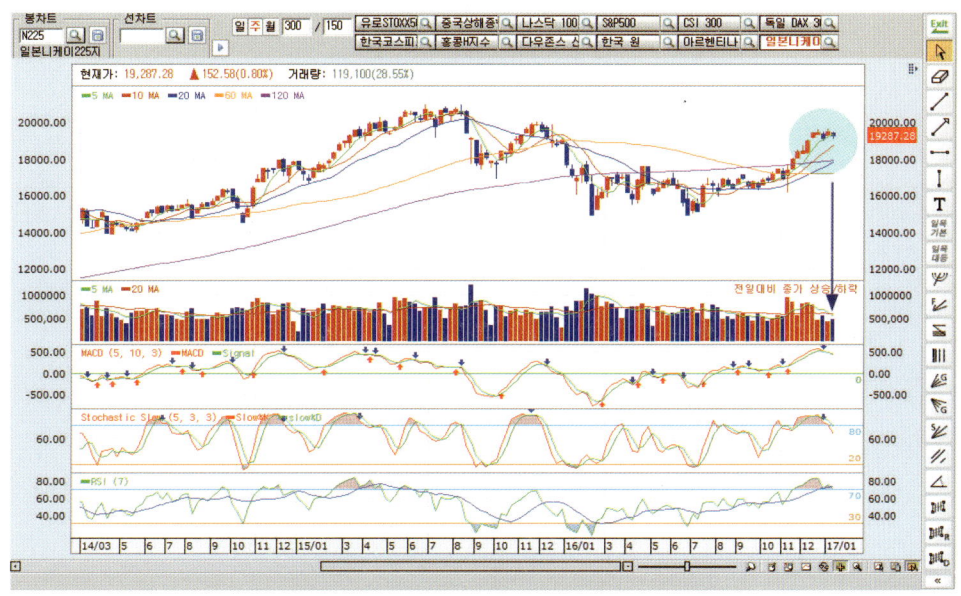

〈그림 3-47〉 일본 니케이225 지수 차트 분석

기본적 분석

상승 추세로 급등했던 주가가 한 달여간 횡보하며 방향성을 모색하고 있으며, 지수는 5이평선을 살짝 밑돌고 있습니다. 본격 상승을 시작한 시점부터 10% 정도 수익률을 기록하고 있기 때문에 매물 압박도 있는 시점입니다.

횡보하는 기간 동안 거래량이 많이 나오지는 않았으므로, 매도세가 약화되어 추가 상승 여력이 있다고 판단할 수 있습니다. 또 조정 시에는 10이평선 지지까지 확인하고 적립금 이전 여부를 결정하는 방법을 선택할 수 있습니다.

기술적 분석

기본적 분석으로 차트 분석을 하다 보면, 지금의 상황처럼 투자 판단이 선뜻 서지 않는 경우가 많습니다. 이럴 때 보조지표 매매 신호가 결정을 도와줍니다.

MACD 곡선이 시그널 선을 하락 교차하며 매도 신호를 보여주고 있습니다. 스토캐스틱 지표도 과열권을 이탈하며 매도 신호를 나타내고 있습니다. RSI 지표는 과열권을 하향 이탈하지는 않았지만, 거의 매도 신호에 가깝습니다. 세 가지 보조지표 신호를 모두 매도 신호로 간주하여 단기채권형 펀드로 적립금 이전을 통해 이익을 실현하는 방법을 선택할 수 있습니다.

생명보험협회 변액 공시실 기준가 추이 분석

〈그림 3-48〉 일본 주식형 기준가 추이

차트 분석 결론

- 기본적 분석 결과, 보유하여 추가 상승을 노리는 방법과 적립금 이전으로 이익을 실현하는 방법 모두 선택할 수 있는 상황이지만, 기술적 분석 결과가 모두 매도 신호이므로 확률적으로 하락 조정에 무게를

두고 적립금을 단기채권형으로 이전하여 이익을 실현한다.
- 전 고점대 근처로 가고 있는 상황이며, 보조지표의 신호가 좋지 않으므로 추가납입은 보류한다.

투자대상 펀드 선별

변액보험 공시실에서 펀드의 수익률 추세를 확인하고 주요 주가지수 차트 분석을 마치면, 추가납입과 적립금 이전 대상을 선별해낼 수 있습니다. 체계적이고 객관적인 분석을 위해 차트 분석 Check List를 활용하면 좋습니다.

차트 분석 Check List

차트 분석 Check List 양식은 본인의 투자성향에 따라 단순화하거나 더 세분화해서 활용하면 됩니다. Check List를 기록하여 관리하면, 본인이 분석하고 판단하여 실행한 펀드 변경 결과에 대해 모니터링을 할 수 있으므로 차트 분석 실력을 키우는 데 도움이 됩니다.

Check List로 차트 분석 능력이 향상되면, Check List를 작성하지 않고 차트만 봐도 매수·매도·보유 결정을 내릴 수 있습니다. 따라서 차트 분석에 익숙해지기 전까지는 Check List로 꾸준히 차트 분석을 연습하기를 권합니다.

분석 항목			코스피	유럽	미국	상해	일본
기본적 분석	봉	양봉 / 음봉 / 도지	양봉				음봉
		봉 패턴이 있는가?	-				-
	이평선	지지 / 저항	지지				지지
		골든크로스/데드크로스	골든				-
		정배열 / 역배열	정배열				정배열
	추세	상승 / 하락 / 횡보	상승				횡보
		패턴이 있는가?	-				-
	거래량	증가 / 감소 / 보통	증가				감소
	전 고점	돌파 / 저항 / 접근	돌파				접근
	전 저점	지지 / 저항 / 접근	-				-
기술적 분석	MACD	상승 / 하락 / 횡보	상승				하락
		매수 신호 / 매도 신호	-				매도
		다이버전스 유무	-				-
	Stochastic	상승 / 하락 / 횡보	상승				하락
		매수 신호 / 매도 신호	-				매도
		과열권 / 침체권	과열권				-
	RSI	상승 / 하락 / 횡보	상승				하락
		매수 신호 / 매도 신호	매수				매도
		과열권 / 침체권	과열				과열
분석 결과		보유 / 추가납입 / 이전	보유				이전

15장
실전 펀드 변경 2단계-실행

Variable fund

적립금 이전 및 펀드 변경

1단계 분석 단계에서 다양한 분석과 확인을 통해 투자대상 펀드를 선별하고 적립금 이전과 추가납입을 결정하면, 생명보험회사 홈페이지나 모바일 애플리케이션에서 펀드 변경과 적립금 이전을 실행합니다. 신속하게 펀드를 변경하려면 모바일 애플리케이션을 활용하는 것이 편리하므로, 변액보험 가입자는 해당 보험회사에서 제공하는 모바일 애플리케이션을 설치하고, 계약자 본인의 공인인증서를 등록하여 활용하기 바랍니다.

매월 15만 원 월 적립식으로 변액 적립보험에 가입하여 유지 중인 계약을 예로 들어 펀드 변경 실행 절차를 알아보겠습니다. 가입 후 추가납입은 실시하지 않은 상태입니다.

▣ 계약일자: 2015. 3. 26.

▣ 적립금 내역(기준일: 2017-01-15)

납입보험료	3,150,000	펀드 투입금액	2,704,926		
계약자 적립금	2,993,634	적립률	95.03%	수익률	10.67%

▣ 투입 펀드 내역(기준일: 2017-01-15)

펀드명	투입비율	기준가격	보유좌수	투입원금	적립금	수익률
차이나 주식형(본토)	50	851.32	75,276	64,475	64,084	−0.6
단기채권형	20	1,183.41	498,126	588,815	589,488	0.11
차이나 주식형(홍콩)	30	1,058.89	38,807	38,685	41,092	6.22
유로 주식형	0	1,389.15	1,654,947	2,252,101	2,298,970	2.08

2017년 1월 15일 현재, 가입 후 2년이 되지는 않았지만 현재 누적수익률 10.67%를 나타내고 있습니다. 유로 주식형은 투입비율이 '0'이고 가장 많은 적립금을 보이고 있는데, 그동안 납입하면서 쌓인 적립금을 유로 주식형으로 이전했다는 것을 알 수 있습니다. 이전한 이후의 수익률은 2.08%를 보이고 있습니다. 이렇게 매월 투입되는 보험료의 펀드 투입비율과 적립금의 펀드 운용을 각각 다르게 할 수 있다는 것이 변액보험의 특징입니다.

매월 투입되는 보험료의 펀드 투입비율은 변경하지 않고, 현재 운용 중인 적립금만 이전하는 펀드 변경방법을 알아보겠습니다.

펀드 변경 신청

해당 보험사 홈페이지에서 공인인증서로 로그인 한 후, 변액보험 펀드 변경 메뉴를 선택합니다. 변액보험을 판매하는 모든 생명보험회사는 홈페이지에서 펀드 변경 메뉴를 제공하고 있습니다. 더 자세한 사항은 모집 FC 등 해당 보험사 담당자에게 꼭 확인하기 바랍니다.

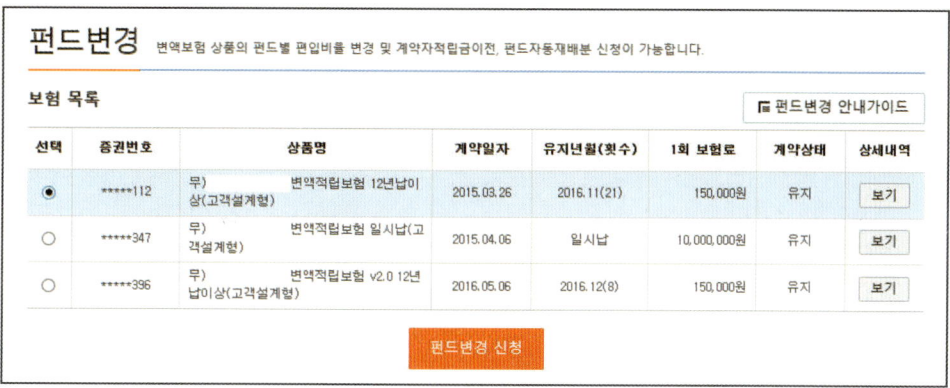

〈그림 3-49〉 펀드 변경 신청

상품 목록이 나오면 펀드 변경을 원하는 상품을 선택하고 변경 신청을 합니다.

적립금 이전 변경 신청

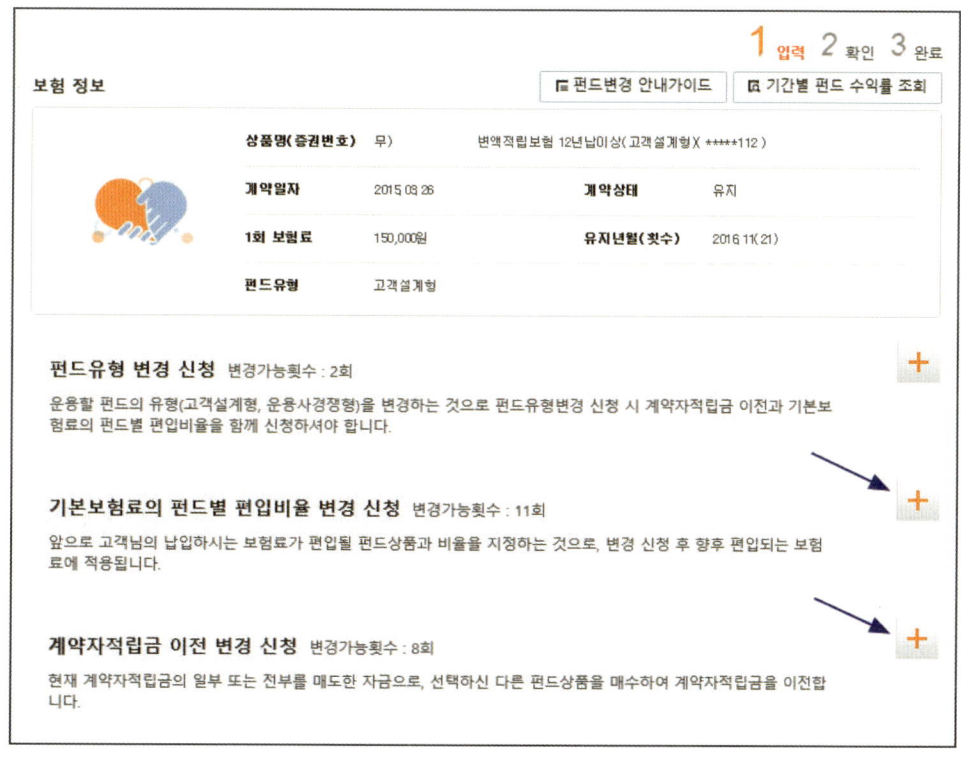

〈그림 3-50〉 적립금 이전 신청

펀드 변경 메뉴를 선택하면, 다시 여러 개 메뉴 중 적립금 이전 신청 메뉴를 선택하면 됩니다. 가장 많이 이용하는 메뉴가 적립금 이전 메뉴이고 그다음이 펀드 투입비율 변경 메뉴입니다.

적립금 이전 펀드 및 이전 비율 신청

	현재			계약자적립금이전 신청내용		
제외	펀드명	비율	적립금	펀드명	비율	적립금
☐	유로주식형	77%	2,298,970원	유로주식형	40 %	1,197,453원
☐	단기채권형	20%	589,488원	단기채권형	20 %	598,727원
☐	차이나주식형(본토)	2%	64,084원	차이나주식형(본토)	0 %	0원
☐	차이나주식형(홍콩)	1%	41,092원	차이나주식형(홍콩)	20 %	598,727원
☐	가치주식형	-	-	가치주식형	0 %	0원
☐	국공채형	-	-	국공채형	0 %	0원
☐	글로벌주식형	-	-	글로벌주식형	0 %	0원
☐	글로벌주식형II	-	-	글로벌주식형II	0 %	0원
☐	글로벌채권형	-	-	글로벌채권형	0 %	0원
☐	미국주식형	-	-	미국주식형	0 %	0원
☐	배당주식형	-	-	배당주식형	0 %	0원
☐	성장주식형	-	-	성장주식형	0 %	0원
☐	순수인덱스주식형	-	-	순수인덱스주식형	0 %	0원
☐	이머징마켓주식형	-	-	이머징마켓주식형	0 %	0원
☐	인덱스주식형II	-	-	인덱스주식형II	20 %	598,727원
☐	일본주식형	-	-	일본주식형	0 %	0원
	합계	100%	2,993,634원		100%	2,993,634원

〈그림 3-51〉 적립금 이전 펀드 및 이전 비율 신청

〈그림 3-51〉과 같은 펀드 변경 및 적립금 이전 메뉴를 활용하여 이전할 펀드와 이전 비율을 선택합니다. 적립금을 이전할 펀드와 이전 비율을 입력하면, 이전되는 적립금이 자동으로 표시됩니다.

보험사 및 변액보험 상품별로 채권형 펀드의 적립금 의무 편입 비율이

다르므로 펀드 변경을 하기 전에 담당자나 보험사 콜센터에 확인하기 바랍니다.

이 예에서는 기존에 운용 중인 유로 주식형 펀드의 적립금 비중을 줄이는 대신, 차트를 분석한 결과 바닥권에서 상승 추세를 보이고 있는 차이나 주식형(홍콩) 펀드와 코스피 지수의 전 고점 돌파로 기세가 좋은 인덱스 주식형II 펀드로 나누어 이전하는 전략을 선택했습니다.

적립금 이전 펀드 및 이전 비율 신청

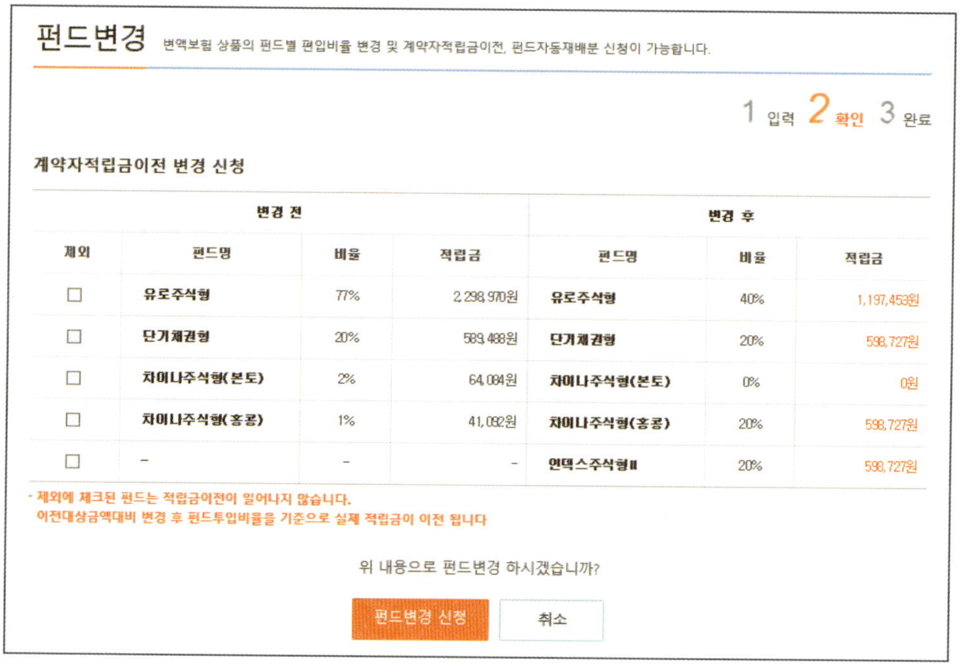

제외	펀드명 (변경 전)	비율	적립금	펀드명 (변경 후)	비율	적립금
☐	유로주식형	77%	2,298,970원	유로주식형	40%	1,197,453원
☐	단기채권형	20%	589,488원	단기채권형	20%	598,727원
☐	차이나주식형(본토)	2%	64,084원	차이나주식형(본토)	0%	0원
☐	차이나주식형(홍콩)	1%	41,092원	차이나주식형(홍콩)	20%	598,727원
☐	-	-	-	인덱스주식형II	20%	598,727원

〈그림 3-52〉 적립금 이전 변경 신청 확인

적립금을 이전할 펀드와 이전 비율을 결정하면, 최종적으로 변경 전과 변경 후의 내용을 보여주며 변경 신청 확인을 묻는 화면이 나옵니다. 이상이 없으면 그대로 진행하면 됩니다.

적립금 이전 변경 신청 완료

적립금 이전 변경 신청이 최종적으로 완료되면 〈그림 3-53〉과 같이 정상 처리 안내 화면이 나옵니다. 펀드 변경 적용 날짜를 메모해두었다가 해당일에 계약 내용을 확인하면 됩니다.

변액보험은 회사별로 가입 시점과 상품 종류에 따라 펀드 변경 시 기준가 적용일이 다를 수 있습니다. 2010년 이전에 출시한 초기의 변액보험은 기준가 적용일이 '신청일+4영업일 종가'를 기준가로 적용받아 '신청일+5영업일'째 적립금이 늦게 이전되는 경우가 많습니다.

최근 출시되는 변액보험의 적립금 이전은 '신청일+2영업일 종가'를 기준가로 적용하여 '신청일+3영업일'째 적립금이 이전되고, 추가납입은 '신청일+1영업일' 기준가를 적용하여 '신청일+2영업일'째 적립금이 이전되는 경우가 많습니다.

적립금 이전이나 추가납입 시 기준가 적용일이 빠른 것이 중요한 이유는, 시장의 매매 신호에 빨리 반응해야 수익을 더 키우고 손실을 줄일 수 있기 때문입니다.

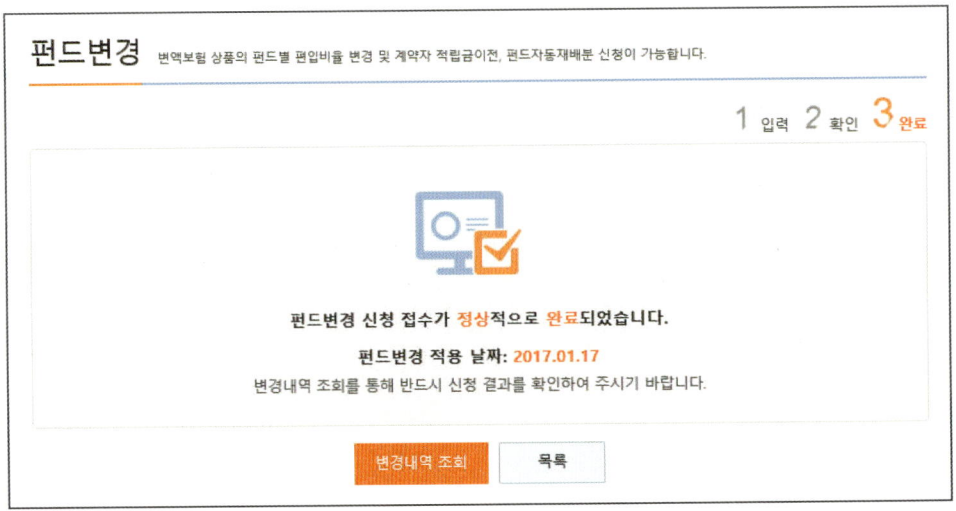

〈그림 3-53〉 적립금 이전 변경 신청 완료

펀드 투입비율 변경

매월 펀드로 투입되는 보험료의 펀드별 투입비율을 변경하려면 〈그림 3-50〉의 적립금 이전 신청 메뉴에서 '기본 보험료의 펀드별 편입비율 변경 신청' 메뉴를 선택합니다. 보험회사마다 '적립금 이전'과 '펀드의 투입비율 변경' 메뉴는 대부분 같은 화면에서 처리되도록 구성되어 있습니다.

〈그림 3-54〉와 같이 현재 기본 보험료의 펀드 투입비율이 표시되고, 앞으로 변경할 투입비율 칸이 함께 표시됩니다. 직접 변경할 투입비율을 입력한 다음 합계 100%가 맞는지 확인합니다.

펀드명	현재 비율	신청내용 비율
차이나주식형(홍콩)	60%	40 %
차이나주식형(본토)	20%	0 %
국공채형	10%	0 %
단기채권형	10%	20 %
가치주식형	0%	0 %
국내채권형	0%	0 %
글로벌주식형	0%	0 %
글로벌주식형II	0%	0 %
글로벌채권형	0%	0 %
미국주식형	0%	0 %
배당주식형	0%	0 %
성장주식형	0%	0 %
순수인덱스주식형	0%	0 %
유로주식형	0%	40 %
이머징마켓주식형	0%	0 %
인덱스주식형II	0%	0 %

편입비율변경 신청 단위는 5%입니다.

〈그림 3-54〉 펀드 투입비율 변경

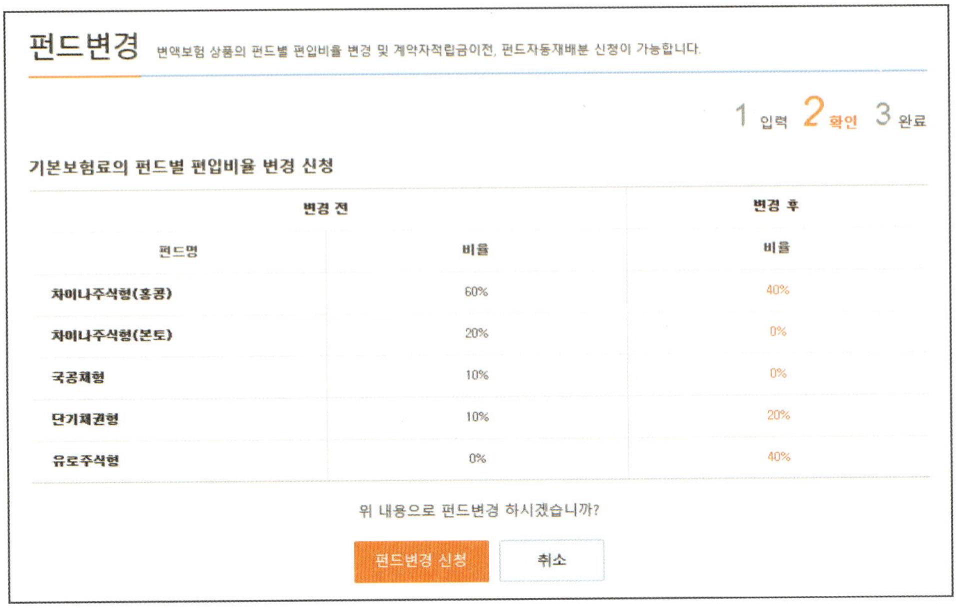

펀드변경 변액보험 상품의 펀드별 편입비율 변경 및 계약자적립금이전, 펀드자동재배분 신청이 가능합니다.

1 입력 2 확인 3 완료

기본보험료의 펀드별 편입비율 변경 신청

변경 전		변경 후
펀드명	비율	비율
차이나주식형(홍콩)	60%	40%
차이나주식형(본토)	20%	0%
국공채형	10%	0%
단기채권형	10%	20%
유로주식형	0%	40%

위 내용으로 펀드변경 하시겠습니까?

펀드변경 신청 취소

〈그림 3-55〉 펀드 투입비율 변경 신청 확인

최종적으로 펀드 투입비율 변경을 신청하기 전에 〈그림 3-55〉와 같이 확인하는 단계를 거쳐서 이상이 없으면 펀드 투입비율 신청을 완료하면 됩니다.

중요한 것은, 적립금 이전과 펀드 투입비율 변경을 동시에 할 경우에 펀드 투입비율 변경 신청을 먼저 하고, 적립금 이전을 나중에 해야 한다는 점입니다. 적립금 이전을 먼저 할 경우에는 적립금 이전이 완료될 때까지 펀드 투입비율을 변경할 수 없습니다.

회사마다 절차상 차이가 있을 수 있으므로 꼭 계약 담당자나 콜센터에 확인해야 합니다.

추가납입

추가납입은 변액보험 관리의 핵심 기능입니다. 수익을 극대화하려면 적립금 이전도 중요하지만, 적시에 추가납입을 해주는 것이 훨씬 더 효과적입니다.

추가납입의 장점

추가납입은 약간의 수수료 외에 비용이 거의 들지 않기 때문에 매월 보험료를 납입하는 월 적립식 변액보험을 가입할 경우, 향후 정기적 추가납입 계획, 납입여력, 사업비 등을 고려해서 월 기본 보험료를 결정하는 것이 좋습니다.

또 보험회사별 상품 가입 시점에 따라 차이는 있지만 추가납입이 적립금 이전보다 하루 정도 먼저 펀드에 투입됩니다. 따라서 주가가 상승 추세일 때에는 더 낮은 기준가에 매입하게 될 확률이 높기 때문에, 적립금 이전보다 수익률을 높이는 데에 유리합니다.

모바일 애플리케이션의 추가납입 활용

최근 대부분의 생명보험회사는 자사의 고객들을 위해 다양한 기능이 탑재된 모바일 애플리케이션을 제공하고 있습니다. 〈그림 3-56〉은 생명보험회사가 제공하는 모바일 애플리케이션의 한 종류입니다. 이런 모바일 애플리케이션을 활용하면 추가납입 시 빠

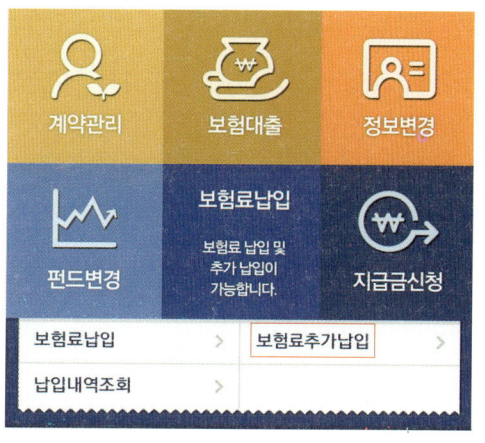

〈그림 3-56〉 모바일 애플리케이션 활용

르게 대응할 수 있고 편리합니다.

　모바일 기기에서 앞서 언급한 QV MTS나 NAVER 등으로 주가지수 차트를 조회하고, 추세 변동을 확인하는 즉시 추가납입과 적립금 이전이 가능하기 때문에 보험사가 제공하는 모바일 애플리케이션을 꼭 설치하여 변액보험 관리에 활용하기 바랍니다.

〈그림 3-57〉 추가 납입 신청

효과적인 추가납입 방법 및 유의사항

　추가납입은 주요 경제지표 분석과 차트 분석을 통해 대상 펀드를 선별한 후 실시해야 합니다. 어떻게 추가납입을 하는 것이 효과적이며 주의해야 할 사항은 무엇인지 알아보겠습니다.

① 전 저점과 바닥권 지지를 받고 횡보하며, 저점을 높여가는 시장에 주목한다.

　바닥권과 저점 지지를 받고 주가가 횡보하면서 저점을 높여가는 모습이 관찰되면, 상승을 위해 에너지를 모으는 과정으로 이해해야 합니다. 횡보 기간이 길어지면서 이평선들이 모이게 되고, 이렇게 집결된 이평선을 장대 양봉으로 돌파하며 거래량이 수반될 때가 중요한 추가납입 포인트가

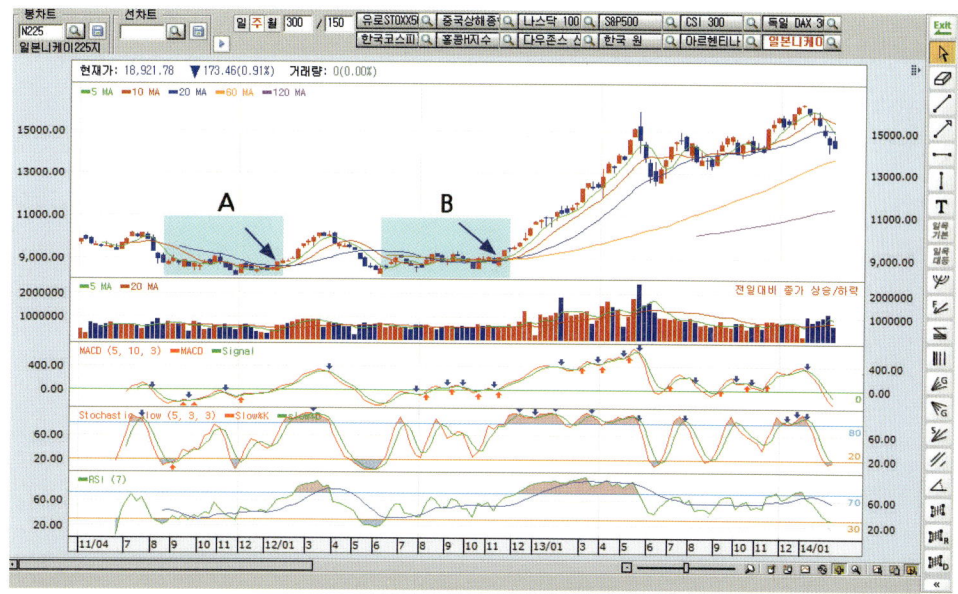

〈그림 3-58〉 바닥권 추가납입 방법

됩니다. 〈그림 3-58〉의 A와 B구간에서 화살표로 표시된 지점들이 최적의 추가납입 포인트가 됩니다.

② MACD, 스토캐스틱, RSI 보조지표가 동시에 매수 신호를 보내고, 스토캐스틱과 RSI 지표 중 한 개의 지표라도 침체권 상향 돌파 신호가 나올 때를 공략한다.

MACD, 스토캐스틱, RSI 보조지표가 동시에 매수 신호를 보이고, 스토캐스틱, RSI 지표 중 하나라도 침체권에서 탈출하는 신호가 나올 때가 추가납입 시점입니다. 〈그림 3-59〉의 A, B, C, D지점이 이에 해당되는 지점입니다. 자세히 보면 매수 시점에 장대 양봉이 등장하며 매수 신호가 발생하는 것을 확인할 수 있습니다. 장대 양봉이 이평선을 돌파하고 거래량까지 수반된다면 추가납입 성공 확률이 더 높아집니다.

단, 추가납입 이후 정기적으로 모니터링을 해야 합니다. 보통 지수의 수익률이 상승 초기 대비 7~10%대에 이르면 매물 압박이 심해지기 시작합

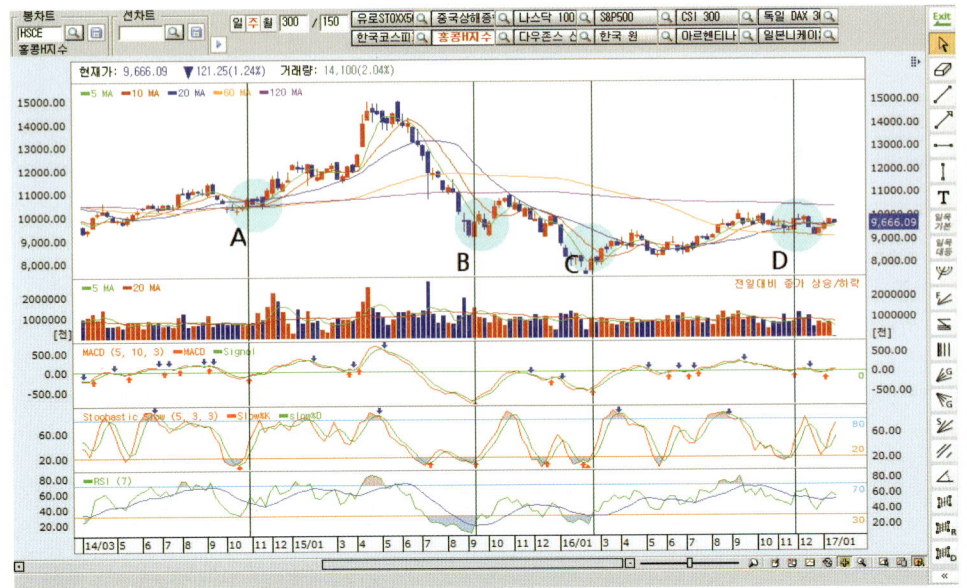

〈그림 3-59〉 보조지표 동시 매수 신호 공략방법

니다. 따라서 모니터링을 통해 기본적·기술적 지표상 매도 신호가 나오면 펀드의 수익을 취하기 위해 단기채권형 펀드 등으로 적립금을 옮겨 적절하게 수익을 취하는 전략을 구사하는 것이 좋습니다. 계속되는 수익에 자신감도 가질 수 있고 주식시장의 분위기를 익히는 일정한 감각을 유지할 수 있습니다.

③ 추가납입 여력의 전부를 한 번에 모두 사용하지 않는다.

추가납입을 할 수 있는 현금 여력이 있다고 하더라도, 한 펀드에 모두 사용하지 말고 일정 부분의 현금은 남겨두어야 합니다. 왜냐하면 차트가 예상했던 방향으로 가지 않을 수도 있고, 자신의 판단이 틀릴 것에 대비해야 하기 때문입니다.

유망한 펀드 2~3개에 나누어서 추가납입을 하고 30% 정도 현금은 보유하고 있다가 더 좋은 기회가 발견되는 펀드에 투입할 수 있도록 준비하는 것이 좋습니다.

④ 주가가 상승한 이후 횡보하는 구간에서는 추가납입을 보류한다. 추가납입은 바닥권과 전 저점 지지가 확인될 때 하는 것이 가장 효과적이다.

주가가 그동안 상승하여 관심을 가지고 지켜보던 지수가 횡보하고 있을 경우에는 추가납입을 보류하는 것이 좋습니다. 바닥권과 달리 주가가 상승하는 과정에서 차익을 거둔 투자자가 많으므로 매물이 대기하고 있기 때문입니다.

조정기간을 가지고 전 고점을 돌파할 때를 추가납입 시점으로 하며, 장기간 보유보다는 추세 전환 시 매도하는 전략을 써야 수익을 지킬 수 있습니다.

실전 펀드 변경 3단계
- 평가 및 모니터링

Variable fund

 적립금 이전 및 추가납입을 완료하면 성과를 평가하고 추세가 진행되는지 모니터링을 해나가야 합니다. 비교적 목돈이 움직이는 시점에는 1% 수익률 변동이 하루 몇십만 원에서 몇백만 원 이상 수익과 손실을 좌우할 수 있기 때문입니다. 무엇보다 차트 분석 등을 통한 분석 단계의 판단이 옳았는지를 스스로 검증하고 분석 능력을 키우기 위해서 평가 및 모니터링이 필요합니다.

적립금 이전, 추가납입 성과 평가 및 모니터링 방법

변액보험 특정기간 운용성과 조회

 적립금 이전과 추가납입 성과를 평가하는 간편한 방법은, 보험회사 변액보험 공시실의 '특정기간 운용성과 조회' 메뉴를 활용하면 됩니다.
 〈그림 3-60〉은 임의로 특정기간을 선택하여 해당 기간 중의 기준가 수익률을 조회하는 '특정기간 운용성과 조회' 화면입니다. 7일 전 기준가로

적립금 이전과 추가납입이 실행된 상황이라고 가정하고, 최근 7일간 기준가 수익률을 조회하여 펀드의 운용성과를 평가해보겠습니다.

7일 만에 차이나 주식형(홍콩) 펀드는 1.34% 수익률을 기록하며 상승세를 보이고 있는 반면, 차이나 주식형(본토) 펀드는 같은 기간 -2.69% 손실을 기록하고 있습니다. 또 상승 추세에 있던 미국·일본 주식형 펀드는 약세를 보이고 있고, 코스피 지수에 영향을 받는 인덱스 주식형·성장주식형·배당주식형 펀드는 코스피 지수의 상승 덕분에 준수한 수익을 올리는 모습을 볼 수 있습니다.

이머징마켓 주식형 펀드는 7일간 두 번째로 높은 1.04% 수익을 올리고

펀드명	시작일 기준가격	종료일 기준가격	선택기간 수익률	연환산수익률	운용일수
가치주식형	1,584.97	1,584.50	-0.03	0.00	7
국공채형	1,515.61	1,517.73	0.14	0.00	7
글로벌주식형	1,143.22	1,146.89	0.32	0.00	7
글로벌주식형II	1,053.38	1,054.62	0.12	0.00	7
글로벌채권형	1,040.69	1,041.05	0.03	0.00	7
단기채권형	1,183.16	1,183.48	0.03	0.00	7
미국주식형	1,178.27	1,175.71	-0.22	0.00	7
배당주식형	1,155.09	1,161.82	0.58	0.00	7
성장주식형	1,013.97	1,023.80	0.97	0.00	7
순수인덱스주식형	1,032.80	1,042.81	0.97	0.00	7
유로주식형	1,388.08	1,389.86	0.13	0.00	7
이머징마켓주식형	843.08	851.86	1.04	0.00	7
인덱스주식형II	2,146.57	2,166.09	0.91	0.00	7
일본주식형	1,062.39	1,045.82	-1.56	0.00	7
차이나주식형(본토)	869.42	846.07	-2.69	0.00	7
차이나주식형(홍콩)	1,046.38	1,060.35	1.34	0.00	7

〈그림 3-60〉 특정기간 운용성과 조회

있습니다. 주가 차트로 움직임을 확인할 수 없는 유형의 펀드이기 때문에 생명보험협회 변액 공시실을 통해 기준가 추세를 꾸준히 관찰하지 않았다면, 최근의 상승 추세를 알 수 없었을 것입니다.

이렇게 특정기간 운용성과 조회 메뉴를 활용하여 추가납입 및 적립금 이전 성과 평가를 7일, 10일, 14일 정도까지 관심을 가지고 체크하다 보면, 변액보험 펀드 수익률의 전체 움직임이 눈에 보이기 시작합니다.

그런데 이렇게 특정기간 수익률로 표시되는 것은 결과로만 표시되기 때문에 반드시 차트 분석 및 생명보험협회 변액 공시실의 기준가 추이 분석을 병행하면서 모니터링하는 것이 필요합니다.

매일매일 신경 쓰이게 어떻게 확인하느냐고 반문하는 독자들도 있을 것이라고 생각합니다. 일단 분석에 익숙해지면 시간이 오래 걸리지 않으므로 익숙해질 때까지만 집중한다면, 어느새 변액보험의 고수가 되어 있으리라 확신합니다.

'관심과 관찰이 수익의 절반을 차지한다'는 말을 반드시 기억해주기 바랍니다.

목표 수익률과 적립금 이전(매도) 원칙 설정

추가납입과 적립금 이전을 통해 수익이 나기 시작하면, 목표 수익률을 설정해두는 것이 좋습니다. 언제까지 해당 펀드에서 운용해야 할 것인지와 수익률이 어느 정도 달성되었을 때 단기채권형 펀드로 이전시켜 수익을 지킬 것인지 등 적립금 이전(매도) 원칙을 사전에 설정해놓아야 합니다. 그렇게 해야 수익을 차곡차곡 쌓아나갈 수 있고 시장 변동에 담담하게 대응해나갈 수 있습니다.

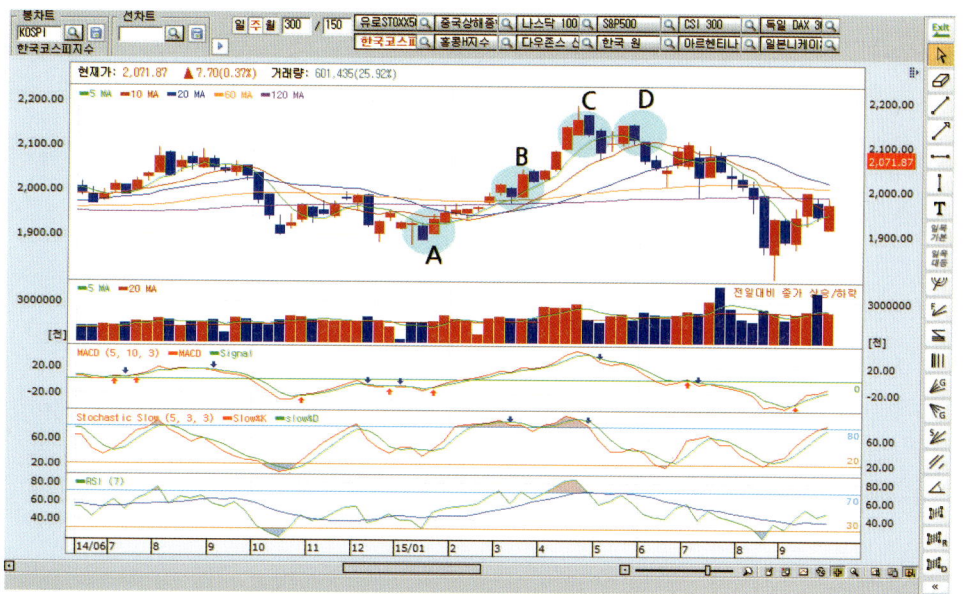

〈그림 3-61〉 목표 수익률과 매도 원칙 설정

〈그림 3-61〉은 코스피 지수 주봉차트입니다. A지점을 보면, 바닥권에서 관통형 양봉이 이평선을 돌파하고 있습니다. 거래량도 증가하고 있고 보조지표 세 개도 모두 매수 신호를 보내고 있으므로 추가납입이나 적립금 이전에 좋은 포인트입니다.

적립금 이전과 추가납입이 완료되면, 주기적으로 모니터링을 해야 합니다. 주가지수가 5이평선 지지를 받고 계속 상승하다가 B지점에서 조정의 기미를 보이는데, 대략 6% 정도 수익이 난 지점입니다. 일부 투자자는 음봉이 발생하며 지수가 5이평선을 잠시 이탈할 때 적립금 이전을 고려할 수도 있는 지점입니다.

반면 B지점에서 이평선 지지 여부를 확인하고 계속 보유한 투자자는, C지점까지 상승한 수익을 누릴 수 있었습니다. 고점에서 하락장악형 음봉과 보조지표 매도 신호를 근거로 단기채권형으로 적립금을 이전하여 수익을 지켰다면 최상의 결과를 얻었을 것입니다.

만약 C지점에서 매도 시기를 놓쳤다면, D지점에서 매도 기회가 한 번 더 있습니다. 그런데 이런 모습에서는 중요한 체크 포인트가 있습니다. <mark>전 고점 돌파에 실패하고 이평선을 하향 돌파하면, 미련을 버리고 매도해야 한다는 것입니다.</mark> 추세 하락 반전될 가능성이 높으므로 욕심을 버리고 적립금을 단기채권형 펀드나 유망한 다른 펀드로 이전하는 것이 수익을 지키는 길입니다.

적립금 이전과 추가납입으로 펀드가 수익이 나고 있다면, 다음과 같은 매도 원칙에 준해서 자신만의 원칙을 설정하기 바랍니다.

> - 적립금 이전 시 자신만의 목표 수익률을 정한 기준이 있다면 원칙대로 하면 된다. 단, 주가지수가 주봉상 5이평선 지지를 받고 있다면, 수익을 극대화하기 위해 매도 신호가 나올 때까지 계속 보유한다.
> - 지수상승률이 10% 이상 되고, 스토캐스틱과 RSI 지표가 모두 과열권을 하향 이탈할 때는 매도한다.
> - 상승 추세에 있는 주가지수가 전 고점 돌파에 실패하고 장대 음봉과 함께 거래량이 분출되기 시작하면, 현재 주가가 5이평선 위에 있다고 하더라도 매도 관점에서 대응한다.
> - 수익을 실현하기 위해서 적립금을 이전할 때는, 단기채권형으로 이전해놓고 시장을 관망하는 것이 좋다. 시장이 전반적으로 같이 조정을 받을 가능성이 높기 때문이다.
> - 목표 수익률을 달성해서 적립금을 이전한 이후에는, 해당 펀드가 전 고점을 돌파하기 전까지 보수적인 관점에서 대응한다. 만약, 전 고점을 돌파하더라도 이전 가능한 적립금 전부를 투입하지 않는다.
> - 객관적인 판단을 위해 차트 분석 Check List를 활용하면 좋다.

일봉차트를 활용한 적립금 이전(매도)

수익이 많이 난 상태에서 재빨리 매도 타이밍을 찾아 적립금을 이전하려면 일봉차트를 활용하면 됩니다. 일봉은 주봉보다 먼저 시장의 움직임을 보여주므로 일봉차트의 매도 신호를 잘 활용하면, 주봉의 매도 신호보다 빠르게 적립금을 이전해 수익을 극대화할 수 있습니다.

〈그림 3-62〉는 코스피 일봉차트인데, 〈그림 3-61〉의 주봉차트상 A~D 구간을 표시했습니다. C지점의 고점에 이르기 전에 위아래 꼬리가 긴 팽이형 음봉이 나타나며 많은 거래량(화살표 부분)을 보여주고 있는데, 주봉차트만 봐서는 관찰하기 어려운 부분입니다. 이렇게 일봉차트를 잘 관찰하면 주봉차트가 완성되는 것을 확인하기 전에 상승 추세가 둔화되며 차익매물이 출회되고 있다는 것을 감지하여 조금 일찍 매도 준비에 들어갈 수 있습니다.

C지점의 고점에서 주가가 하락하며 연속되는 음봉이 나타나고 있습

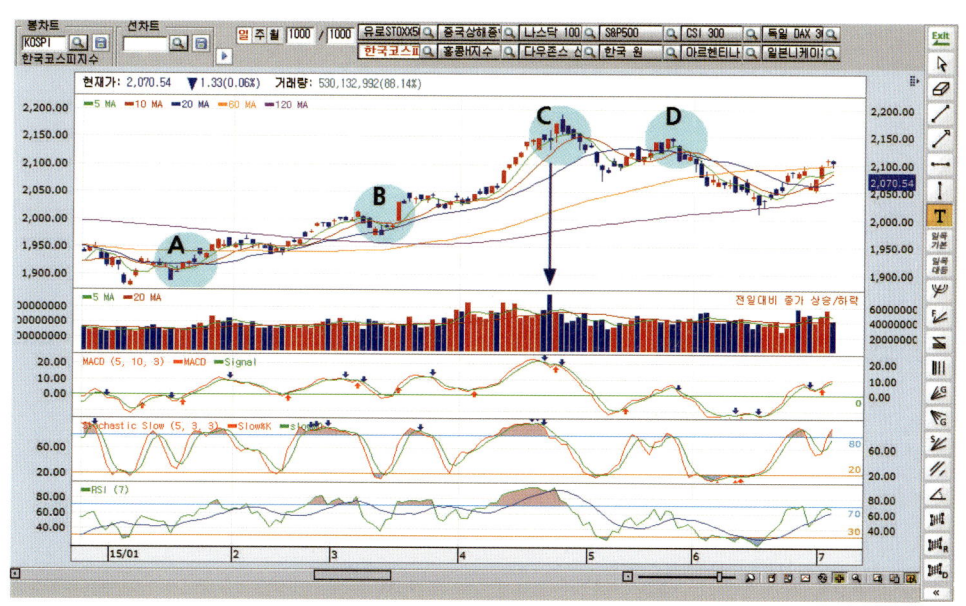

〈그림 3-62〉 일봉차트를 활용한 적립금 이전(매도)

니다. 5이평선이 10이평선을 하향 돌파하는 데드크로스가 발생한 날은 2015년 4월 29일입니다. 그런데 주봉차트에서 5이평선이 10이평선을 하향 돌파하는 시점은 2015년 5월 첫 주간에 발생했습니다. 일봉차트에서 데드크로스를 관찰하고 적립금을 단기채권형 펀드로 옮겼다면, 1% 가까운 수익을 더 취할 수 있었습니다. 주봉차트 고점에서 음봉이 발생하며 내려오고 있을 때 매도 시점 파악이 어렵다면 일봉차트를 분석해 판단하기 바랍니다.

3부 종합 활용 편을 마치며

차트와 공시실 정보, 모바일 애플리케이션 및 포털사이트 금융정보 등을 활용하여 펀드 변경, 적립금 이전, 추가납입과 사후 관리방법 등에 관해 자세히 알아보았습니다. 성공적인 펀드 변경과 적립금 관리를 위해서는 종합적인 분석 능력이 필요하고, 이를 위해서는 많은 분석과 실행 연습이 필수입니다. 3부의 핵심사항을 정리해보겠습니다.

Key Point

생명보험사 변액보험 공시실 활용방법

- 공시실에 표시된 수익률은 기준가의 수익률(거치 수익률)이고, 이를 해당 기간으로 나눈 수익률이 연 환산 수익률이다. 이미 과거의 수익률이므로 연 환산 수익률만 보고 펀드를 선택하면 안 된다.
- 특정기간 펀드 운용성과 메뉴를 활용하여 펀드의 수익률 추세를 수시로 확인한다.

생명보험협회 변액보험 공시실 활용방법

- 생명보험협회(http://pub.insure.or.kr) 변액보험 공시실의 변액보험 펀드 정보를 활용하면, 펀드 자산과 기준가 추이를 그래프로 확인할 수 있어 편리하다.
- 주가 차트로 추세를 확인할 수 없는 펀드의 추세는 '펀드 수익률 추이' 메뉴를 활용하여 모니터링한다.

실전 활용을 위한 차트 메뉴 구성

- HTS 프로그램의 차트 메뉴 중 코스피 차트, 해외지수 차트, 금리 차트, 시장 분석 차트를 세팅하고, 봉차트는 주봉차트를 기본으로 설정한다.
- 차트 구성 순서는 '봉차트 – 거래량 – MACD – 스토캐스틱 – RSI' 순으로 배열되도록 한다.
- 보조지표는 MACD(5, 10, 3), 스토캐스틱(5, 3, 3), RSI(7, 3)으로 설정한다.

실전 펀드 변경 1단계 – 분석

- 내 변액보험 현 상태 분석

  내가 가입한 상품의 종류와 특징, 구성 펀드, 편입비율, 적립금 현황을 확인한다.

- 주요 경제지표 분석

  금리 추세를 확인하여 채권형 펀드의 운용방안을 결정한다. 환율과 유가 정보를 참고하여 코스피 지수 관련 펀드의 방향성 예측에 참고한다.

- 변액 공시실 펀드 추세 분석

  변액보험 공시실의 특정기간 운용성과를 조회해 전체 펀드의 최근 수익률과 추세를 확인하고, 적립금 이전과 추가납입 대상 펀드를 선별한다.

- 주요 주가지수 차트 분석

  펀드 추세를 분석해 적립금 이전과 추가납입 대상 펀드를 선별하면, 해당 펀드의 참고 주가지수 차트를 분석한다. 객관적인 분석을 위해 차트 분석 Check List를 활용하면 효과적이다.

- 투자대상 펀드 선별

  주가지수 차트 분석과 Check List 작성 결과를 종합해 투자대상 펀드를 결정한다.

실전 펀드 변경 2단계 – 실행

- 해당 생명보험사가 제공하는 홈페이지와 모바일 애플리케이션을 활용하여 펀드 투입비율 변경, 적립금 이전, 추가납입을 실행한다. 되도록 모바일 애플리케이션을 활용하는 것이 빠르고 효율적이므로 활용방법을 숙지한다.
- 추가납입은 바닥권에서 횡보하며 저점을 높여가는 지수 관련 펀드를 대상으로 하는 것이 가장 성과가 좋다.
- MACD, 스토캐스틱, RSI 지표 모두 매수 신호를 보내고, 스토캐스틱과 RSI 지표 중 한 개 지표라도 침체권을 상향 돌파하는 신호가 나올 때 추가납입하면 성공 확률이 높다.
- 추가납입 시 가능 여력의 전부를 한 펀드에 사용하지 말고, 주가가 상승한 이후 횡보하는 구간에서는 추가납입을 보류한다.

실전 펀드 변경 3단계 – 평가 및 모니터링

- 적립금 이전과 추가납입의 성과평가 및 모니터링은 변액보험 공시실의 '특정기간 운용성과 조회' 메뉴를 활용한다.
- 적립금 이전과 추가납입 이후 수익이 발생하고 있으면, 목표 수익률과 매도 원칙을 설정해야 수익을 지킬 수 있다.
- 목표 수익률을 달성했다고 하더라도 주가가 계속 5이평선 지지를 받고 있을 때는, 장대 음봉과 거래량 분출 등 확실한 매도 신호가 나올 때까지 보유하는 것이 원칙이다.
- 주가지수가 고점권대에 위치하고 있고 주봉차트상의 매도 신호가 완성되기 전에 더 빠르게 매도하려면 일봉차트를 활용해 매도 타이밍을 잡는 것이 효과적이다.

변액보험 FAQ 10

1. 변액보험 가입 시 펀드 선택은 어떻게 하나요?

변액보험에 가입하려고 하는데 어떤 펀드를 선택해야 할지 고민입니다. 어떤 기준으로 펀드를 선택해야 하고, 펀드의 편입비율은 어떻게 설정해야 하는지 궁금합니다.

최근에 출시되는 변액보험은 국내는 물론 전 세계에 투자할 수 있는 펀드 라인업으로 구성되고 있는 추세이며, 한 상품에 편입되는 펀드 개수가 평균 15~20여 개 이상 될 정도로 많습니다. 이렇다 보니 변액보험 가입 시 보험료 투입 펀드를 선택하는 것과 편입비율을 결정하는 것이 어려울 수 있습니다.

효과적인 펀드 선택 및 펀드 투입비율 설정방법을 일시납(거치식)과 월 적립식으로 구분하여 알아보겠습니다.

일시납(거치식)

보험료를 일시납 형태로 납입하는 변액보험은 가입 시점의 펀드 선택에 신중해야 합니다. 변액보험은 계약일로부터 30일 후 청약철회기간이 지나면, 보험료 중 사업비를 제외하고 펀드에 투입됩니다.

일시납은 보험 계약일에 설정한 펀드로 목돈이 일시에 투입되기 때문에, 만약 계약 당시 설정한 펀드가 투입 시점에서 하락 추세가 형성된 상태라면 펀드에 투입되자마자 손쓸 시간도 없이 손실을 안고 변액보험 투자를 시작할 수도 있습니다.

따라서 변액보험 계약 이후 펀드 투입 대기기간(30일) 동안의 주가 추세 변동 위험을 줄이기 위해, 일시납 형태로 가입하는 변액보험은 기준가 변동 폭이 작고 손실 확률이 크지 않은 단기채권형 펀드로 100% 설정하여 가입하는 것이 안전합니다.

펀드는 낮은 기준가에 많은 좌수를 확보해서 높은 기준가일 때 매도(적립금 이전)하면 수익이 나는 간단한 구조입니다. 따라서 일시납으로 가입할 경우에는 초기에 단기채권형 펀드에 안전하게 적립금을 둔 상태에서 기회를 기다리는 것이 현명한 방법입니다.

이후 차트 분석 등을 통해 상승 추세 초기에 있는 주식형 펀드를 찾아 단기채권형 펀드 적립금의 일부를 이전해가면서 수익을 추구할 수 있습니다.

수익이 나면 차트상의 매도 신호에 따라 다시 단기채권형 펀드로 옮겨놓습니다. 적립금을 안전하게 운용하면서 다시 상승 추세에 있는 주식형 펀드를 탐색하여 적립금을 이전하거나 추가납입 하는 방식으로 투자합니다.

월 적립식

매월 일정 금액이 일정한 날에 펀드에 투입되는 월 적립방식은 거의 대다수 가입자가 변액보험에 가입하는 방식입니다. 일시납과 달리 목돈이 한 번에 투입되지 않기 때문에 가입 시점에서 어떤 펀드를 선택하더라도 위험 부담이 작습니다.

월정액 적립식 투자를 하면, 주가가 하락하더라도 낮은 기준가에 더 많은 좌수를 확보할 수 있기 때문에 변액보험 가입 초기에는 채권형 펀드 편입비율을 최소화하고 주식형 펀드 비율을 높여야 합니다.

주식형 펀드를 선택할 때는 국내주식형, 미국·중국·유럽·일본 등 해외주식형 펀드를 선택하여 고루 나누어 투입해도 좋고, 횡보 중이거나 상승 초기에 있는 몇 개 펀드에 집중해서 투입해도 상관없습니다. 다만, 적립금이 누적되어 쌓이게 되면 앞서 배운 다양한 분석방법을 활용해 본격적으로 적립금을 관리해야 전체 수익률이 높아집니다. 따라서 적립금 규모가 크지 않은 가입 초기에는 주식형 펀드의 적립금 이전, 추가납입 등을 적극적으로 활용하면서 수익을 올리는 경험을 쌓고 성공 확률을 높이는 연습을 해야 합니다.

월 적립방식으로 납입하더라도 적립금 규모가 커지게 되면, 이미 쌓여 있는 적립금은 일시납 형태로 가입한 변액보험과 같은 상태가 됩니다. 적립금을 어느 시점에 이전하느냐에 따라 수익률이 크게 달라지므로, 언급한 바와 같이 쌓인 적립금을 단기채권형과 주식형으로 옮겨가며 투자하는 일시납 운용방법을 활용하는 것이 효과적입니다.

2. 장기간 납입하고 유지하면 무조건 수익이 나는 것인가요?

주식형 펀드와 채권형 펀드로 골고루 분산해서 납입하고 장기간 유지하면 무조건 수익이 난다고 해서 변액보험을 가입했습니다. 장기간 납입하고 유지하면 정말 원금 손실 없이 무조건 수익이 나는 것인가요?

변액보험은 장기간 유지하면 수익이 날 확률이 매우 높지만, 반드시 수익이 나는 것은 아닙니다. 펀드의 평가방식은 아래와 같이 환매(적립금 이전, 해지) 시의 기준가에 보유 좌수를 곱하고 1,000으로 나누어 계산합니다.

> 펀드의 평가 금액 = (펀드의 금일 **기준가** × 펀드 보유 좌수) ÷ 1,000

따라서 납입하는 과정 중에 많은 좌수를 확보했다고 하더라도, 내가 적립금을 사용하려고 하는 시점(환매, 적립금 이전)의 기준가가 높지 않으면 수익이 나지 않을 수도 있습니다.

장기간 꾸준히 납입한 상태에서 펀드의 기준가 움직임이 (A)와 (C)의 경우처럼 마지막에 기준가가 상승한 상태에서 환매한다면 많은 수익이 날 것이고, (B)의 경우처럼 마지막에 기준가가 하락한 상태에서 환매한다면 손실이 발생할 것입니다.

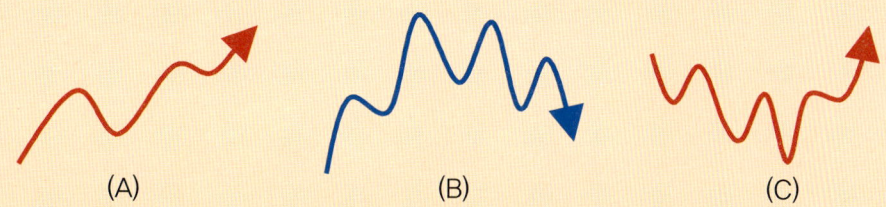

(A)　　　　　(B)　　　　　(C)

가장 경계해야 할 것은, 변액보험을 가입한 이후에 단 한 번도 펀드 변경과 적립금 이전을 하지 않은 채(사실상 방치 상태로 보험료만 납부하는 상태도 포함) 만기까지 가는 경우입니다. 운이 좋아서 적립금을 사용할 시점에 기준가가 높다면 수익이 나겠지만, 그 반대의 경우라면 장기 투자한 보람이 없을 수도 있습니다.

변액보험은 가입한 이후 일정하게 모니터링을 하면서 관리해주어야 합니다. 연간 12회 펀드 변경 및 적립금 이전 기능과 수시 추가납입 기능이 있는 이유는, 그런 기능을 적시에 잘 활용하라는 의미입니다. 훌륭한 엔진이 있는 배를 돛단배처럼 사용하지는 말아야 합니다.

그동안 자신의 변액보험을 거의 방치 상태에 두었다고 판단된다면, 전문가의 도움을 받아 현 상태를 명확히 진단하고 향후 관리 및 운용방안을 수립해야 합니다.

결국 변액보험은 장기적으로 꾸준히 납입하면서 펀드 변경, 적립금 이전, 추가납입을 적절히 잘 활용하고, 적립금을 방치만 하지 않는다면 장기투자로 수익이 날 확률이 매우 높습니다.

3. 안전한 국공채형 펀드로 100% 운용하면 안 되나요?

국공채형 펀드는 믿을 수 있고 변동성도 크지 않으며 그동안 수익률이 좋았습니다. 변동성이 작은 국공채형 펀드에 100% 투자하다가 주식형으로 적립금을 이전하는 전략은 어떤가요?

일시납 방식의 가입 형태는 처음에 국공채형 100%로 가입했다가 차트 분석 등을 통해 주식형 펀드로 적립금을 이전하는 전략을 구사해도 큰 무리는 없습니다. 단, 금리가 상승하는 시기에는 국공채형 펀드의 수익률이 하락하므로 금리 추세를 관찰하며 단기채권형 펀드로 운용합니다.

월 적립식으로 가입하는 경우에는 수익률 제고를 위해 주식형 비중을 최대한 늘려서 가입하는 것이 좋습니다. 월 적립식 변액보험의 높은 사업비를 이겨내고 의미 있는 수익률을 거두기 위해서는 적극적으로 주식형 펀드로 추가납입과 적립금 이전이 실행되어야 합니다. 결국, 변액보험의 수익률은 주식형 펀드의 수익률이 좌우하기 때문입니다.

월 적립식에서 주식형 비중을 높여야 하는 또 다른 이유가 있습니다. 해당 주식형 펀드와 관련된 주식시장을 지켜보며 분석과 예측을 해나가는 과정에서 투자실력을 향상시킬 수 있기

때문입니다. 적립금 규모가 커지기 전에 많은 연습이 필요한데, 국공채에 모든 적립금이 운용되고 있으면 사실상 주식형 펀드나 관련 시장에 관심을 갖기 어렵습니다. 내 돈이 실제로 운용되고 있어야 관심을 갖게 마련이니까요.

국공채형 펀드가 그동안 수익률이 나쁘지 않았던 이유는 전 세계적인 저금리 현상이 큰 역할을 했습니다. 미국의 금리인상이 단계적으로 추진될 것을 고려한다면 향후 국공채형 펀드의 비중을 점점 줄여나가야 합니다.

4. 납입이 완료되었습니다. 어떻게 운용해야 하나요?

10년납 월 적립식으로 변액연금을 가입했습니다. 납입이 끝났는데 어떻게 적립금을 관리해야 하나요?

납입이 끝난 변액보험은 펀드 운용결과와 적립금 관리에 대한 냉정한 평가를 먼저 해야 합니다.

① 그동안 펀드 변경 및 적립금 이전 등 관리를 해왔고 원금을 넘어서는 수익률도 달성했다면?
적립금이 일시납 형태로 운용되므로 채권형(단기채권형) 펀드를 기본으로 적립금을 운용하면서, 주식형 펀드에서 매수 기회를 찾아 적립금의 일부를 이전하며 짧게 수익을 취하는 방식이 좋습니다. 또 주식형 펀드에 투자되는 적립금이 전체 적립금의 50% 이내가 되도록 운용규칙을 정하는 등 보수적인 시각에서 운용하는 것이 바람직합니다.
주식형 펀드로 적립금을 이전할 때는 바닥권과 저점에서 스토캐스틱과 RSI 보조지표가 침체권을 벗어나는 신호를 포착해서 투입하는 것이 비교적 안전합니다.

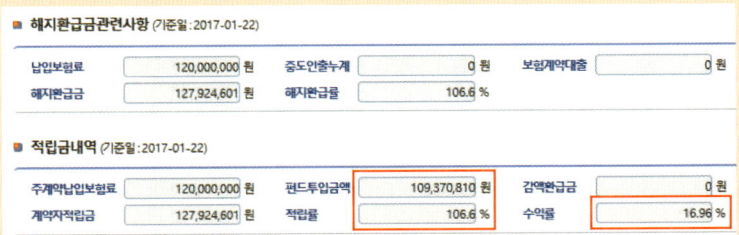

〈그림 F-1〉 월 적립식 변액보험 납입완료 적립금 예시

〈그림 F-1〉은 변액연금 월 적립식 10년납, 납입 완료한 가입자의 적립금과 수익률 예시입니다. 추가납입은 전혀 하지 않았고, 펀드 변경은 10년간 총 5회 정도만 실시했습니다. 펀드 운용으로 16.96% 수익을 기록했지만, 사업비를 고려하면 원금 대비 6.6% 수익을 올려서 10년이라는 기간을 고려하면 매우 아쉬운 수익률입니다.
〈그림 F-2〉는 일시납 변액연금을 가입하고 펀드 관리를 시행한 가입자의 적립금 예시입니다. 〈그림 F-1〉에서 예시한 가입자보다 2년 후에 같은 변액연금 상품을 가입했고, 추가납입

<그림 F-2> 일시납 변액보험 적립금 예시

은 하지 않았으며 펀드 변경은 7회 정도 했습니다. 그런데 펀드운용을 통한 수익률은 76.41% 이고 사업비를 고려하더라도 원금 대비 56.77% 수익률을 올리고 있습니다. 이 가입자의 경우, 중도 인출이 없었다면 더 큰 수익을 거둘 수 있었을 것입니다. 이렇게 적립금이 일시납 상태처럼 큰 덩어리로 움직일 때, 적립금 이전 등 관리를 잘해주는 것이 변액보험 수익률을 크게 좌우한다는 사실을 알 수 있습니다.

② 그동안 펀드 변경 및 적립금 이전 등 관리를 하지 않았고, 아직 적립금이 납입 원금에 도달하지 않았다면?

섣부르게 해지하는 것은 금물입니다. 원인은 가입 이후 펀드 변경을 하지 않고 보험료만 납입하는 등 그동안 무관심했을 가능성이 크기 때문에, 이제라도 펀드와 적립금 관리에 관심을 갖고 대응하면 됩니다. 일시납 상태처럼 목돈이 움직이게 되므로 이 책의 관리기법을 참고해 관리해나가기 바랍니다. 펀드 관리에 어려움이 있거나 펀드 라인업의 한계 때문에 수익률 관리가 어렵다고 판단될 경우에는, 전문가의 도움을 받아 현 상태를 진단받고 조언을 듣기 바랍니다.

5. 제 변액보험은 해외 펀드가 없습니다. 추가할 수 없나요?

2005년도에 변액연금 보험을 가입했습니다. 펀드의 구성이 국공채형 펀드와 시스템 주식형, 혼합형 펀드 등 국내에 투자하는 펀드 위주로 구성되어 있습니다. 최근 성과가 좋은 해외 펀드를 추가할 수는 없나요?

현재까지 판매되고 있는 상품들은 단계적으로 해외 펀드가 추가되고 있지만, 판매가 중지된 상품들은 해외 펀드를 추가하지 않고 있으므로 해당 보험사에 확인해야 합니다.

변액보험이 본격적으로 판매되기 시작한 2005년도에 출시된 대부분의 변액보험 상품은 국공채형 펀드와 성장주식형·가치주식형·혼합형·인덱스 주식형 등 주로 국내주식에 투자하는 국내주식형 펀드 라인업으로 구성되어 있습니다. 그렇다 보니 사실상 전 세계 주요 주식시장에 투자 가능한 최근 변액보험 상품에 비해 제한적인 투자를 할 수밖에 없는 상황입니다.

〈그림 F-3〉은 주요 국가 주가지수 월봉차트입니다. 전 세계적인 금융위기 이후 선진국 주식시장을 중심으로 주가지수가 꾸준히 상승한 반면, 우리나라는 2011년도부터 주가지수가 1,800~2,100 사이에서 박스권 횡보를 보이고 있습니다.

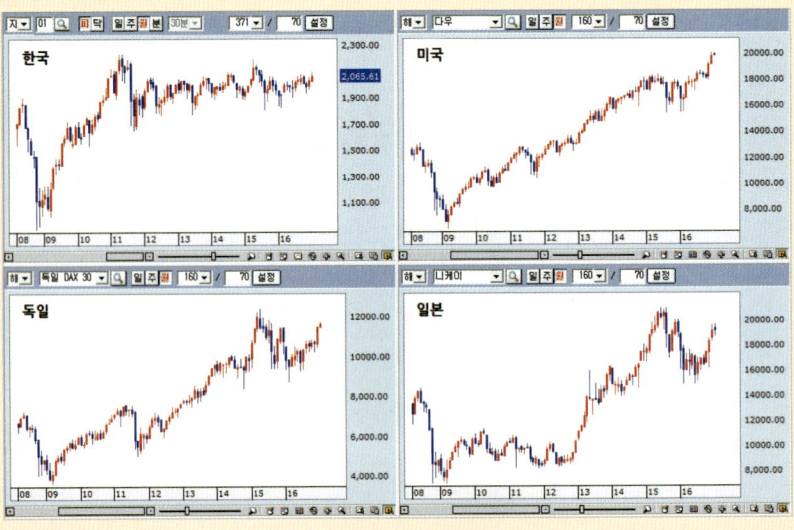

〈**그림 F-3**〉 주요 국가 주가지수 추이

코스피 지수가 이른바 '박스피'라고 불리며 역사상 단 한 번도 없었던 6년 이상 횡보를 보이고 있기 때문에, 그동안 국내 주식시장에 투자하는 주식형 펀드의 수익률이 좋지 않았습니다. 많은 좌수를 확보했는데도 기준가가 많이 올라가지 않았기 때문입니다. 그 와중에도 차트 분석을 통해 박스권 하단과 상단을 활용한 매매기법을 적용한 일부 투자자들과, 주가가 저점일 때 추가납입을 한 가입자들은 수익을 낼 수 있었습니다.

미국의 금리인상과 더불어 전 세계적으로 확산될 조짐이 있는 자국 이익 중심의 '보호무역주의'는 수출 주도형 경제인 우리나라에 큰 부담이 될 것으로 예상됩니다. 따라서 향후 코스피 지수의 움직임을 면밀히 관찰해서 그동안 쌓인 적립금 관리를 잘해야 합니다.

6. 보험료가 부담되어 줄이고 싶습니다. 좋은 방법이 없나요?

저축은 계속 하고 싶은데, 매월 납입하는 보험료가 부담됩니다. 손해를 최소화하면서 납입 보험료를 줄일 수 있는 좋은 방법은 없나요?

보험회사에 보험료를 줄여서 납입하겠다고 감액을 신청하면 됩니다. 다만, 보험료를 감액한 이후의 보험료가 상품별, 납입기간별, 가입자 나이별로 일정 보험료 이상 되어야 한다는 조건을 충족해야 하므로, 감액을 신청한다고 해서 무조건 가능한 것은 아닙니다.

월 납입 보험료를 감액하게 되면, 감액된 부분만큼은 부분해지 처리가 되므로 해당 시점에서 감액에 따른 해지환급금이 발생됩니다. 단, 가입 경과기간에 따라 감액 해지환급금이 전혀 없을 수도 있으므로, 계약 담당자나 해당보험사 콜센터에 자세하게 상담을 받은 후 결정하기 바랍니다.

보험료를 감액하기 전에 가계의 고정 지출과 소비 패턴도 냉정하게 분석해봐야 합니다. 과연 감액된 보험료에 해당하는 만큼의 돈이 단순히 소비를 늘리는 데 쓰이는 것은 아닌지, 다른 지출에서 절약할 요소는 없는지 돌아보고 감액을 결정해야 합니다. 보험료를 감액하는 자체가 결국은 손해이기 때문입니다.

7. 변액유니버셜보험은 몇 년만 납입해도 된다고 하던데요?

몇 년만 납입해도 보장도 받고 저축도 하고 중도 인출도 가능하다고 해서 변액유니버셜보험에 가입했고, 몇 년 전에 납입을 중지했습니다. 그런데 적립금을 확인해보니 얼마 남지 않았습니다. 어떻게 된 건가요?

변액유니버셜보험의 전형적인 불완전 판매 형태입니다.

변액유니버셜보험은 가입 후 일정기간이 지나면 보험료 납입을 중지해도 보장을 받을 수 있는 월 대체 납입제도가 있습니다. 의무 납입기간만 납입하고 납입을 중지해도 계약이 실효되지 않으며, 그동안 쌓인 적립금에서 보장과 계약관리에 필요한 비용을 공제해나가는 방식입니다. 그렇다 보니 상당기간 보험료를 납입하지 않으면 적립금이 고갈되는 상황이 발생될 수 있고, 최악의 경우에는 계약이 해지될 수도 있으니 주의해야 합니다.

납입중지 기능은 경제적 상황이 좋지 않을 때 일정기간 보험료를 내지 않아도 보장을 계속해주는 변액보험의 독특한 장점입니다. 주의할 점은, 가입 시점과 상품별로 의무 납입기간과 납입중지 가능기간 등 납입중지 요건이 다를 수 있으므로, 정확히 납입중지 요건을 확인하고 꼭 필요할 때 일시적으로 활용해야 합니다.

변액유니버셜보험은 기본적으로 납입과 보장기간이 전기납(종신납)인 상품입니다. 만기가 정해져 있지 않기 때문에 소득 활동기간 중 계속 보험료를 납입해 펀드 투자로 목돈을 마련하고, 돈이 필요하면 중도 인출해서 활용하며, 보장특약을 부가해서 다양한 보장을 받을 수 있도록 설계된 다목적 상품입니다.

이렇게 다양한 기능이 있는 상품을 단지 몇 년 동안만 보험료를 내고 평생을 보장받는다고 하면 말도 안 되는 것입니다.

8. 마땅히 투자할 펀드도 없고, 주가가 하락할까봐 걱정입니다.

변액연금에 가입한 지 12년이 되었습니다. 아직 8년을 더 납입해야 하는데, 그동안 대부분의 적립금을 운용하던 국공채형 펀드도 지금은 손실이 나고 있고, 국내주식형 펀드도 상승 추세가 꺾여서 마땅히 투자할 펀드가 없습니다.

변액보험 초기 가입자들이 현재 겪고 있는 공통된 어려움입니다. 납입기간 변경, 일반 보험 상품으로 전환, 중도 인출을 활용한 신상품 일시납 투자 등의 방법을 고려할 수 있습니다.

① 납입기간 변경
현재 변액보험 상품의 여러 가지 제약과 관리의 어려움 때문에 더는 납입을 원치 않는다면, 해당 보험사에 납입 기간 변경을 요청하면 됩니다. 초기에 20년납으로 가입했다고 하더라도 일정 요건을 충족하면 납입기간을 단축시키는 변경이 가능합니다. 해당 보험사 담당자와 콜센터에 확인하면 됩니다.

② 일반 보험 상품으로 전환
보험회사마다 차이가 있을 수 있지만 변액보험 가입 후 신 계약비 상각이 끝나는 7년이 경과하면, 변액보험이 아닌 일반 금리연동형 상품으로 적립금 일시납 전환이 가능합니다.

신 계약비가 이미 7년에 걸쳐 상각되었기 때문에 전환 시 수수료 등은 거의 발생하지 않으며, 비과세 기간 산정 시에도 가입 유지기간을 모두 인정받을 수 있습니다. 따라서 적립금 규모가 크고 은퇴가 얼마 남지 않은 가입자들과 변액보험의 적립금 관리가 어려운 가입자들에게는 대안이 될 수 있습니다.

그러나 일반 보험 상품으로 전환한 뒤에는 다시 변액보험 상품으로 전환되지 않으므로 관련 내용과 장단점을 사전에 충분히 확인하고 신중하게 결정해야 합니다.

③ 중도 인출을 활용한 신상품 일시납 투자

변액보험의 장점도 잘 알고 있고 계속 투자할 계획이지만, 금리인상 추세에 따른 국공채형 펀드의 수익률 하락과 국내주식형 펀드 위주 펀드 라인업의 한계로 답답함을 느끼고 있는 투자자들이 적지 않습니다.

금리가 인상되면 채권가격이 하락해 만기가 긴 국공채와 같은 장기채 펀드들은 수익률이 하락하기 시작합니다. 만약, 단기채권형 펀드마저 없다면 적립금을 안전하게 보관할 창고가 흔들리게 되는 것입니다. 설상가상으로 미국의 금리인상 속도가 빨라지고 환율 급등으로 인해 외국인 투자자들이 국내 주식시장을 이탈하기 시작하면 조정을 길게 받을 수도 있습니다.

한마디로 적립금의 피난처가 없어지는 상황이 연출될 수도 있는데, 이런 경우에는 중도 인출을 활용한 신상품 일시납 투자를 고려해볼 수 있습니다. 기존에 가입하고 있는 변액보험 상품의 적립금에서 일정액을 중도 인출하여 펀드 라인업이 뛰어난 신상품에 일시납 형태로 가입하고, 전 세계 상승 추세에 있는 주식형 펀드에 투자하는 것입니다.

일시납 변액보험의 장점은 사업비가 월 적립식의 1/4 수준으로 저렴하다는 것입니다. 또 일시납 가입액의 두 배까지 추가납입이 가능하므로 상승 추세에 있는 주식형 펀드를 찾아 적시에 추가납입 한다면 수익률을 크게 높일 수 있습니다. 따라서 이 방식은 초보자보다는 차트 분석에 숙달된 투자자에게 권합니다.

9. 10년 이상 유지, 비과세는 어떤 의미인가요?

저축성 변액보험을 가입하고 10년 이상 유지하면 비과세 혜택이 있다고 합니다. 그런데 정확히 어떤 의미인지 모르겠습니다. 단순히 15.4% 이자소득세만 안 내도 되는 것으로 알고 있는데, 비과세 혜택이 그렇게 중요한 것인가요?

향후 비과세 소득을 최대한 많이 확보하는 것이 절대적으로 중요합니다.

세법상 저축성 보험이란, 계약자가 납입한 보험료보다 만기 또는 중도 해지 시 수령하는 환급금이 많은 보험입니다. 이렇게 내가 낸 돈보다 받게 되는 돈이 더 많은 상태가 되면 보험차익이 발생했다고 말하며, 저축성 보험의 보험차익은 소득세법상 이자소득에 해당합니다.

이자소득에는 기본 14% 소득세가 과세되고, 이 소득세의 10%를 별도로 지방소득세로 과세하여 총 이자소득의 15.4%를 과세하게 됩니다. 그런데 저축성 보험에서 비과세 요건을 충족한 상태에서 만기에 일시금으로 수령하거나 중도 해지할 경우, 발생한 보험차익에서 15.4% 이자소득세를 내지 않아도 되는 것을 좁은 의미에서 비과세 혜택이 있다고 말합니다.

그러나 저축성 보험의 비과세 혜택이 갖는 더 중요한 의미가 있습니다. 일단, 비과세 소득이 만들어지게 되면 종합소득세를 계산하는 과세대상 소득에서 제외됩니다. 비과세 상태가 된 변액보험을 연금으로 수령 시, 한 달에 몇백만 원에서 몇천만 원을 연금으로 수령하더라도 이 소득에 과세하지 않는다는 것입니다.

수많은 자산가와 부자들이 저축성 보험에 많이 가입하는 이유는, 생활비가 걱정이 돼서가 아니라 비과세를 만들어놓은 소득에 대해서는 나중에 얼마를 받더라도 과세하지 않기 때문입니다.

또 건강보험료를 절감할 수 있습니다. 현행 제도상 국민연금은 매월 납입 상한액이 정해져 있고 60세까지만 납부하면 됩니다. 그러나 건강보험료는 이론적으로 납입액의 상한이 없고, 자식 등에 피부양자로 등재되지 않는 한 직장을 그만두고 은퇴한 이후에도 지역 가입자로 전환되어 계속 납부해야 합니다.

건강보험 지역 가입자로 전환되면, 보험료 계산 방식이 직장 가입자와 다릅니다. 직장 가입자는 주로 소득을 기준으로 산정하는 반면에, 지역 가입자는 소득, 재산(전·월세, 자동차 포함), 생활 수준 및 경제활동 참가율을 참작하여 부과요소별 점수를 합산한 후 점수당 금액

(2017년 현재 부과점수당 179.6원)을 곱하여 산정합니다. 이 점수당 금액이 매년 상승하는 추세이므로 이론적으로 상한액이 없는 것이나 마찬가지입니다.

따라서 소득이 없고 부동산과 자동차만 있어도 건강보험료를 내야 하고, 회사가 절반을 납입해주는 직장 가입자와 달리 건강보험료 전액을 본인이 부담해야 하므로 은퇴 후에 건강보험료 폭탄을 맞았다는 얘기를 하는 것입니다. 부동산과 자동차는 어쩔 수 없다고 하더라도 소득을 최대한 비과세 소득으로 만들어놓으면 종합소득 과세대상에서 제외되고, 이를 근거로 지역 건강보험료를 부과하는 현행 제도하에서 건강보험료를 줄일 수 있는 것입니다.

정부에서도 이런 부분을 인지하여 갈수록 비과세 요건을 강화하고 있는 추세이므로 최대한 일찍, 되도록 많은 비과세 소득을 준비해놓아야 하는 것입니다.

10. 변액보험 가입 시 사업비를 줄이는 방법은 없나요?

변액보험이 장점도 많지만, 사업비가 많은 것은 아쉬운 점입니다. 가입 시 사업비를 줄이고 최대한 펀드에 많이 투입되게 하는 좋은 방법은 없나요?

수시 추가납입과 월 정기 추가납입을 적극적으로 활용하면 됩니다.

월 적립식의 경우, 매월 의무적으로 납입해야 하는 '기본 보험료'를 기준으로 사업비가 부과됩니다. 따라서 기본 보험료가 적으면 사업비는 줄게 됩니다. 반면, 추가납입 하는 보험료에 대해서는 최소 몇천 원, 최대 몇만 원 이내로 아주 적은 수수료만 부과되기 때문에 펀드에 더 많은 보험료가 투입됩니다.

일반적으로 변액보험은 계약일로부터 1개월이 지난 후부터 수시 추가납입이 가능하며, '기본 보험료'의 2배를 한도로 매월 기본 보험료가 납입된 이후에 추가납입이 가능합니다. 예를 들어 월 적립식으로 매월 50만 원씩 변액 적립보험에 가입했다면, 계약일로부터 한 달이 지난 후부터 당월 기본 보험료가 납입된 이후, 기본 보험료의 2배인 매월 100만 원 한도 이내

에서 수시 추가납입이 가능합니다.

따라서 매월 의무적으로 납입해야 하는 '기본 보험료'를 가입자의 소득 수준과 목적자금 마련 계획에 따라 적절하게 가입하고, 추가납입을 꾸준히 해나가는 것이 사업비를 최소화하고 펀드 투입금액을 늘리는 좋은 방법입니다.

그러나 기본 보험료를 너무 적게 가입하면 추가납입 한도도 같이 줄어들게 되어 목적자금을 모으는 금고가 작아지게 되는 결과가 생길 수도 있으므로, 신중하게 적절한 보험료 수준을 결정해야 합니다.

월 정기 추가납입은 수시 추가납입과 달리 계약일로부터 1년이 경과하면 가능하며, 매월 정기적으로 기본 보험료와 추가납입 보험료가 자동으로 인출되도록 하는 방법입니다. 때때로 수시 추가납입을 하는 것이 번거롭고 자주 잊는 경우가 있으므로, 월 정기 추가납입을 활용해서 사업비를 줄이면서 적립금을 키워가는 것도 좋은 방법입니다.

일시납인 경우에는, 계약일로부터 1개월이 경과한 후부터 기본 일시납 보험료의 2배 한도 내에서 수시 추가납입이 가능합니다.

맺음말

지금까지 성공적인 변액보험 관리를 위한 기초 다지기부터 차트 분석을 활용한 기본적·기술적 분석방법, 그리고 실전에서 바로 활용할 수 있는 종합 활용방법에 이르기까지 변액보험 관리를 위한 핵심 내용들을 알아보았습니다. 이제 몇 가지를 다시 한번 강조하며 마무리하고자 합니다.

변액보험은 관리가 생명이다!

변액보험은 가입도 중요하지만, 펀드 및 적립금 관리가 더욱 중요한 금융 상품입니다. 따라서 효율적인 관리기법을 배우고 익히지 않으면, 적립금이 쌓여갈수록 관리에 대한 고민도 함께 늘어가게 될 것입니다.

일관된 판단기준을 가져야 한다!

변액보험이 관리가 중요한 금융 상품인데도 그동안 변액보험 가입자는 물론 계약 담당 FC까지도 펀드 변경, 적립금 이전, 추가납입 등 펀드 및 적립금 관리에 많은 어려움을 겪어왔습니다. 보험사의 판매 위주 정책, FC의 전문성 부족, 가입자의 관심 부족, 명확한 가입 목적 부재 등이 주요 원인으로 지적되기도 하지만, 사실 핵심 원인은 한 가지입니다.

핵심은 바로 '일관된 판단기준'이 없었다는 것입니다. 펀드 변경과 적립금 이전을 어느 시점에, 무엇을 근거로, 어떻게 해야 하는지를 결정할 수 있는 '일관된 판단기준'이 없었기 때문에 현재 변액 트라우마를 겪고 있는 것입니다.

이 책은 독자들로 하여금 스스로 학습해나가면서 '일관된 판단기준'을 정립해나가는 것을 주요 목표로 했습니다. '일관된 판단기준'만 제대로 가지고 있다면, 금융시장이 어떤 상황에 처하더라도 흔들리지 않는 변액보험 관리가 가능하기 때문입니다.

내 돈은 내가 지킨다!

이제 더는 '골고루 여러 펀드에 분산해놓고, 장기간 묻어두면 수익이 날 거야'라는 안일한 생각을 가지면 안 됩니다. 미래를 위해 준비하는 내 소중한 돈을 스스로 지키고 키워나가는 능력을 가져야 합니다.

어렵다면 한 번 더!

이 책에서 제시하는 여러 가지 관리기법을 처음 접하는 독자들은 다소 어려울 수도 있을 것입니다. 이럴 때는 2부 차트 편부터 천천히 다시 정독해주기 바랍니다. 주가의 흐름과 봉의 움직임이 보이기 시작하고, 보조지표의 신호가 판단을 도와줄 것입니다.

FC라면 필수적으로!

이 책을 읽고 있는 독자가 보험회사의 FC라면, 이 책의 핵심 내용을 꼭 숙지해야 합니다. 변액보험은 FC가 얼마나 펀드 관리에 관심을 갖고 고객에게 적절한 조언을 해주느냐에 따라 적립금 차이가 많이 날 수 있습니다.

FC에게 있어 변액보험 판매는 끝이 아니라 시작입니다.

변액보험은 경제 선생님!

변액보험을 관리하다 보면 각종 경제지표에 관심을 갖게 되고, 관련된 경제적 사건들을 이전과는 다른 시각으로 바라보게 될 것입니다. 금리·환율·유가·주식시장의 움직임을 관찰하며 변액보험 펀드에 미치는 영향도 생각하게 되고, 변화하는 환경 속에서 향후 내 자산을 어떻게 관리하고 형성해나갈지도 계획해보게 됩니다. 단순히 수익 유무를 떠나서 변액보험을 가입하고 관리해나가는 것만으로도 큰 경제 공부가 됩니다.

걱정 말아요 그대!

변액보험이 관리할 게 많고 어렵다고 하지만 무엇이든 배우는 것에는 시간이 필요합니다. 이 책을 보면서 차근차근 따라 하다 보면 어느새 자신감이 붙고 두려움이 없어질 것입니다. 독자님들을 응원합니다!

CEO를 위한 경영철학 도서

레노버를 성공기업으로 이끈
복기의 힘

글로벌 기업 레노버에는 복기 경영이 있다!

복기(復棋)는 바둑을 다 두고 난 뒤 처음부터 두었던 수를 되짚어 놓아보는 것을 뜻한다. 승패를 결정지은 승부처는 어디였는지, 놓았던 수가 아닌 다른 묘수는 없었는지를 반성하고 학습하면서 복기를 게을리 하지 않아야 바둑의 고수가 될 수 있다. 류촨즈 회장은 이러한 바둑의 복기 개념을 기업 관리 분야에 적용하여 레노버를 세계적인 경쟁업체와 당당히 맞서 싸울 힘을 길러냈다. 복기는 실력 향상 외에도 개인의 인격 수양과 조직의 단합에도 도움이 된다. 레노버를 오늘날 세계 최대 PC 생산업체로 이끈 복기 경영과 성공비결을 배워보자. 당신도 성고하고 싶다면 지금 당장 복기를 시작하라!

천중 지음 | 허유경 옮김 | 신국판 | 280쪽 | 값 15,000원

To. 스타트업

잘나가는 스타트업 창업자들의 희망 메시지!

직장 생활에 신물이 나는가? 그래서 스스로 사장이 되고 싶은가? 이미 사업에 뛰어들었는가? 그렇다면 이제 《To. 스타트업》을 펼칠 차례다. 《To. 스타트업》은 자기 사업에 막 뛰어들었거나 이미 자기 사업으로 성공 가도를 달리고 있는 패기 넘치는 창업자들의 진솔하고 열정적인 메시지를 담고 있다. 스타트업을 꿈꾸는 사람들에게 이 책에 등장하는 수많은 창업자들의 조언은 든든한 친구가 되어 줄 것이다. 그들은 이미 산전수전을 다 겪으면서 스타트업으로서 성공하는 비결을 터득했기 때문이다. 《To. 스타트업》은 영국 및 유럽에서 맹활약하고 있는 스타트업 창업자들의 사업 노하우를 담고 있다.

대니 베일리·앤드류 블랙먼 지음 | 정문주 옮김 | 340쪽 | 신국판 | 값 20,000원

마윈의 내부담화

마윈 회장이 알리바바 직원들에게 고하는 개혁의 메시지!

기업의 변화와 개혁은 어디에서 비롯될 수 있을까? 알리바바 그룹의 마윈 회장은 현재의 화려한 성공보다 이전에 저지른 수많은 실수와 실패 속에서 답을 찾아야 한다고 강조한다. 『마윈의 내부담화』는 마윈 회장이 알리바바 그룹 직원들에게 전하는 개혁의 메시지-무엇을 바꾸고, 어떤 변화를 모색해야 실수와 실패를 딛고 성공할 수 있는지를 말하고 있다. 오늘날 알리바바의 성공이 있기까지 마윈 회장의 정확한 상황 판단, 훌륭한 전략, 뛰어난 리더십, 그리고 강한 의지 단행을 엿볼 수 있는 책이다.

알리바바 그룹 지음 | 송은진 옮김 | 440쪽 | 신국판 | 값 18,000원

세상을 바꾸는 사람들
퍼플피플 2.0

당신은 세상에 무엇을 남길 것인가?

일을 시작하기 전부터 가슴이 설레는 사람들, 일하는 동안에는 열정을 쏟을 수 있어 행복한 사람들, 자신이 좋아서 하는 일로 남들에게 기쁨을 나눠줄 수 있는 사람들…. 이들을 우리는 '퍼플피플'이라 부른다. 김영세 회장의 삶의 철학과 경험, 그의 디자인 작품들이 이 세상 젊은이들과 신세대 창업자들에게 '무'에서 '유'를 창조하고 '유'에서 '부'를 창조해 나눌 수 있다는 열정과 모티베이션이 되기를 기대한다. 당신 인생보다 더 오래 지속될 수 있는 무언가를 세상에 남길 수 있다면 인생을 훌륭하게 산 것이다. 비틀스는 우리가 여전히 즐기는 음악을 남겼고, 피카소는 그림을, 스티브 잡스는 애플을 남겼다. 당신은 무엇을 남길 것인가?

김영세 지음 | 284쪽 | 국배판 변형 | 값 22,000원

슈퍼 창업자들

이전에 없던 경험을 팔아라!

국내외 대전환기에는 거대한 위협과 함께 거대한 기회도 몰려온다. 어떻게 위협은 피하고 기회는 잡을 것인가. 이제는 이전에 없던 경험을 팔아야 할 때다. 또한 완전히 다르게 보는 창의력을 발휘하여 고양이처럼 유연한 인재를 갖추어야 성공할 수 있다. 이 책은 다양한 사례를 들어 후발 주자가 성장을 구가하고 약자가 승리를 만끽하는 비결을 제시하고 있다. 2개의 PART로 구성되어 각 꼭지에는 비즈니스나 경쟁에서의 혁신, 성경 속의 반전, 그리고 고양이형 인재의 특질에 대해 이야기한다. 이 책을 숙독하면 남다른 성과를 창출하게 하는 차별화 프로세스를 발굴해낼 수 있을 것이다.

김종춘 지음 | 364쪽 | 신국판 | 값 18,000원

손정의 참모

리더는 어떤 정신으로 기업을 이끌어야 하는가!

'풋내기 벤처 소프트뱅크'를 졸업하고 영업이익 1조 엔을 달성하며 '어른스러운 소프트뱅크'가 되기까지, 8년이 넘는 3,000일 동안 손정의 회장을 보좌했던 기록을 담았다. 현재의 소프트뱅크가 있기까지 손정의의 기업가정신과 리더십을 깊이 있게 다루어 '300년 존속 기업'으로 키우겠다는 손 회장의 야망과 결단력을 살펴볼 수 있다. 손정의 회장의 최측근인 비서실장이 옆에서 직접 경험하고 소통하고 실현했던 모습을 담았기에 더욱더 손정의 회장의 진면모를 느낄 수 있다. 리더를 꿈꾸는 독자들에게 손정의 회장의 메시지를 전하여 조직의 미래를 내다보고 강한 결의로 사람을 이끄는 글로벌 리더가 되기를 기원한다.

시마 사토시 지음 | 정문주 옮김 | 468쪽 | 신국판 | 값 20,000원

결핍이 만든 성공

결핍을 극복한 세이펜 김철회 대표의 기업가정신

인생의 반전 드라마는 남보다 특별한 능력을 가지고 있는 사람이 만들어내는 게 아니다. 희망보단 절망과 좌절로 가득 찬 삶을 살았던 세이펜 김철회 대표는 부도가 나서 감옥까지 가게 되는 엄청난 실패 속에서도 남들보다 훨씬 더 많이 노력해야 한다는 절실한 마음가짐으로 주어진 역경을 극복했다. 세이펜을 개발해 커다란 성공을 이룬 후에는 자기 자신뿐만 아니라 주변 사람들과 성공을 나누고 기부하는 '나눔'을 실천하고 있다. 오늘보다는 내일 더 멋지게 성장하는 사람, 돈 많이 번 사람보다는 멋진 인생을 즐기는 사람, 교육 분야에서 왕성한 사업가로서 생명이 다하는 날까지 끊임없이 움직이며 활동하고 싶은 게 그의 꿈이다.

김철회 지음 | 292쪽 | 신국판 | 값 18,000원

화웨이의 위대한 늑대문화

화웨이의 놀라운 성공신화! 그 중심에 늑대문화가 있다!

지난 20여 년간 화웨이가 성공할 수 있었던 비결은 도대체 무엇일까? 어떻게 해서 계속 성공을 복제할 수 있었을까? 화웨이의 다음 행보는 무엇일까? 화웨이의 68세 상업사상가, 마흔을 넘긴 기업 전략가 10여 명, 2040세대 중심의 중간 관리자, 10여만 명에 달하는 2030세대 고급 엘리트와 지식인이 주축이 된 지식형 대군이 전 세계를 누빈다. 전통적인 기업 관리 이론과 경험은 대부분 비지식형 노동자 관리에서 비롯했다. 이제 인터넷 문화 확산이라는 심각한 도전 앞에서 지식형 노동자의 관리 이론과 방법이 필요하다. 이를 꿰뚫은 런정페이의 기업 관리 철학은 당대 관리학의 발전에 크게 이바지했다.

텐타오, 우춘보 지음 | 이지은 옮김 | 452쪽 | 4×6배판 | 값 20,000원

조선부자 16인의 이야기

역사로 통찰하는 조선시대 부자 비결!

부(富)를 축적하고 증식하기 위해서는 뚜렷한 목표가 있어야 한다. 돈을 버는 부자는 결코 결심이나 뜻으로 되는 것이 아니라 실행과 노력으로 이루어진다. 또한 부富는 이루기도 어렵지만 지키기는 더 어렵다. 부(富)가 완성되려면 축적, 증식, 분배의 세 요소가 어우러져 있어야 한다. 이 책에는 뜻을 세우고 실천하는 조선의 부자, 즉 자수성가한 부자들의 삶과 철학을 담았다. 이렇게 소개된 조선시대 부자 16인의 이야기를 바탕으로 옛 선인들의 철학과 삶의 지혜를 본받아 현시대의 부의 철학을 다시 바로잡고, 역사 속 실존 인물들의 이야기를 통해 자신의 삶에 접목한다면 한국판 노블리스 오블리제를 실천할 수 있을 것이다.

이수광 지음 | 400쪽 | 신국판 | 값 18,000원

부의 얼굴, 신용

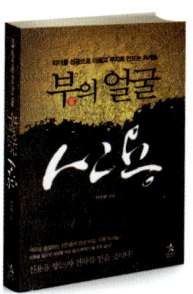

역사에서 통찰하는 선인들의 성공 비결, 신용 처세술!

무형의 재산으로 유형의 재산을 넘나드는 파급력을 지닌 '신용'. 대대손손 부를 부르는 사람들에게는 남과 다른 신용이 있었다. 역사소설의 대가 이수광 작가가 오랫동안 축적해온 방대한 역사적 지식에 신용을 접목한 이 책은 눈앞의 이익에 눈이 멀어 속임수를 쓰지 말라는 메시지와 함께 책임 있는 언행이 인격의 뿌리가 되어야 한다고 강조하고 있다. 현대를 사는 독자들이 구한말 조선 최고의 부자이자 무역왕으로 군림했던 '최봉준', 한나라의 전주 '무염' 등 역사 속 실존인물들이 신용을 발판으로 성공한 이야기를 가슴에 담고 신용을 생활화함으로써 '인복人福'과 '부富'를 부르는 귀인貴人이 되기를 기원한다.

이수광 지음 | 352쪽 | 신국판 | 값 16,500원

대한민국 기업·병의원을 위한 컨설팅 도서

정인택의 법인 컨설팅십

자신에게 투자하고, 자신이 만나는 고객에게 투자해야 한다!

ING생명 정인택 명예상무는 법인컨설팅 현장에서 ING생명 5년 연속 FC 챔피언을 수상하도록 해준 남다른 컨설팅 전략을 직접 수많은 기업인에게 전파했으며 현장에서 경험한 다양한 사례를 토대로 100년 이상 장수기업으로 기업을 승계하기 위한 솔루션을 제공하기 위해 노력해 왔다. 이 책은 영업현장에서 기업 전문 FC가 되고자 하는 수많은 보험업계 동료 FC들에게 고객관리와 인맥관리를 통해 어떻게 높은 성과를 창출해 내는 지를 저자의 생생한 경험담을 통해 담아내고 있다. 대한민국의 모든 파이낸셜 컨설턴트가 단순한 보험상품 판매가 아닌 진정한 CEO 컨설팅을 통해 중소·중견기업의 동반자가 되어주기를 기대한다.

정인택 지음 | 296쪽 | 신국판 | 값 17,500원

대한민국 창업자를 위한 법인 컨설팅 1, 2

CEO가 꼭 알아야 할 법인 컨설팅의 모든 것!

10년 가까이 현장에서 배우고 쌓은 저자의 노하우를 더 많은 고객들과 공유함으로써 그들의 고민을 해결하기 위해 출간되었다. 2권으로 나누어진 이 책의 1권에는 기본 이론과 내용들이, 그리고 2권에는 구체적인 실행전략과 아이디어들이 담겨 있다. 증여, 지분 이전, 부동산 및 금융자산의 운용, 명의신탁, 가업승계, 인사노무관리 등 풍부한 현장 경험 사례를 통해 구체적인 전략을 제시함으로써 이제는 CEO들이 제대로 평가받고, 제대로 된 기업으로 성장시켜 지속기업으로 발전할 수 있도록 지원하고자 한다. 기업이 성장함에 따라 겪게 될 문제들을 미리 알고 철저히 대비한다면 세금 폭탄 같은 날벼락은 피해 갈 수 있을 것이다.

김종완 지음 | 1권 288쪽·2권 376쪽 | 신국판 | 각 권 20,000원

대한민국 창업자를 위한 외식업 컨설팅

글로벌다이닝그룹 이준혁 대표의 외식 창업의 모든 것!

삼성, 현대 등 대기업 외식사업팀을 이끌었고, 300여 점포 이상을 경영, 기획하며 30여 년간 오직 외식업 한길만 걸어온 저자는 외식업에 뛰어들어 좌절하는 창업자들의 고통에 함께 공감하고 조금이나마 구제하고 싶은 심정으로 《대한민국 창업자를 위한 외식업 컨설팅》을 집필하였다. 이 책은 창업 준비부터 업종, 입지 선정, 인테리어, 마케팅, 종업원 관리, 상품 관리까지 창업 노하우와 반드시 알아야 할 정보를 구체적으로 다루고 있다. 또한 저자가 직접 컨설팅했던 업체의 실전 사례들과 문제점과 해결방안도 제시하였다. 한방에 성공하려는 대박식당을 창출하기보다 폐업의 리스크를 줄이는 데 초점을 맞추었다.

이준혁 지음 | 268쪽 | 신국판 | 값 18,000원

기업가치를 높이는 재무관리

기업의 가치와 신용평가는 재무관리에서 비롯된다!

정보화 사회로 변화해가면서 신용사회라고 할 만큼 신용평가에 관한 관심이 점차 커지고 있다. 국가 신용등급의 등락이 그 나라의 채권가격뿐만 아니라 경제에도 많은 영향을 미치고, 기업에 대한 신용평가는 기업의 여신 규모와 금리에 영향을 주기 때문이다. 이 책은 산업현장에서 CEO와 자금담당 임원, 직원들이 경영활동을 하면서 겪게 되는 재무관리와 관련된 애로사항이나 궁금한 점을 다양한 사례를 바탕으로 쉽게 풀어놓았다. 또한 기업경영에 실질적으로 접목할 수 있도록 기업의 가치를 극대화하고 안정적인 성장기반을 갖춘 강한 기업으로 거듭날 수 있도록 스토리를 전개하였다.

이진욱 지음 | 416쪽 | 4×6배판 | 값 25,000원

병의원 만점세무

병의원의 성공은 세무 회계에 달려 있다!

병의원을 운영하는 대부분의 경영자들은 다른 부분은 비교적 철저하게 관리하면서도 의외로 세금 문제에 부딪히게 되면 어려움을 겪는다. 이 책은 병의원 경영자들의 세무 관련 고민을 조금이라도 덜어주고자 병의원 컨설팅 전문 세무법인 택스홈앤아웃의 전문적인 컨설팅 노하우를 담고 있다. 개원 준비부터 세무 조사, 세테크에 이르기까지 병의원 운영에 필요한 전반의 세무 문제를 다루고 있으며, 각 챕터마다 합리적인 세무 관리를 위해서 경영자는 어떻게 대처해야 하는지를 병의원의 사례를 들어 자세히 설명하고 있다. 또한 해당 사례를 일러스트로 표현하여 좀 더 쉽게 이해할 수 있도록 했다.

세무법인 택스홈앤아웃 지음 | 404쪽 | 신국판 | 값 20,000원

상속·증여 만점세무

소중한 자산의 대물림, 합법적으로 절세하고 현명하게 대비하자!

상속세와 증여세는 어느 정도 재산이 있는 사람이라면 누구나 해당되는 세금으로서 우리 생활과 밀접하게 관련되어 있다. 그리고 수익이나 소득이 아닌 재산 가치를 기준으로 세금을 부과하기 때문에 세금에 대한 부담감이 높아서 납세자뿐만 아니라 예비납세자의 관심과 문의가 많은 세금이다. 이 책은 평상시에 세금과 별로 관계없이 지내는 보통 사람들도 한 번쯤은 겪게 되는 사례들을 모았다. 또한 상속·증여와 관련된 세금에 의문이 있거나 세금 문제에 대비하고자 하는 예비납세자에게 유용한 길잡이로 활용되고, 나아가 상속세와 증여세에 대한 인식을 새롭게 하고 정확하고 합리적으로 납세하는 데 도움이 되고자 집필되었다.

세무법인 택스홈앤아웃 지음 | 420쪽 | 신국판 | 값 22,000원

대한민국 국민을 위한 인생 컨설팅 도서

오늘이 기회다

내 생애 가장 젊은 날 '오늘이 기회다'

적당히 살거나 대충 살기에는 우리의 삶이 너무 짧고 아깝다. 세상이 변하길 원하고 상대가 변하길 바라기 전에, 나의 부족함을 냉정하게 파악하고, 남이 아닌 나를 변화시켜야 발전할 수 있다. 남과 다른 나만의 진정한 가치가 생기고, 비로소 남이 아닌 자신과 싸울 수 있는 힘이 생기기 때문이다. 과거의 내가 새로운 나를 탄생시키는 데 걸림돌이 되지 않도록 항상 과거의 나를 버리고, 새로운 모습으로 거듭날 수 있도록 노력해야 한다. 자신의 꿈을 이루어 성공하고 싶은 사람들과 리더의 자질을 갖추고자 하는 사람들에게 세이펜 김철회 대표의 실천철학을 삶에 적용하여 성공의 길로 향하는 데 도움이 되기를 희망한다.

김철회 지음 | 276쪽 | 신국판 | 값 16,000원

킬링 리더 VS 힐링 리더

당신은 킬링 리더인가 힐링 리더인가?

저자는 기업에서 리더십과 관련해 많은 강의를 하면서 다양한 리더들과 만났다. 그런데 과거의 패러다임에 얽매여 조직을 위험에 빠뜨리면서도 정작 자신은 그 심각성을 인지하지 못하고 있는 킬링 리더들을 많이 보았다. 이 책에는 리더를 크게 '킬링 리더'와 '힐링 리더'의 두 가지로 구분하고 스스로 힐링을 경험하여 리더에 이르는 '셀프 힐링', 최강의 팀으로 거듭나기 위한 '팀 힐링', 위대한 기업을 구현하게 만드는 '컬처 힐링' 등을 소개하고 있다. 또한, 다양한 사례를 통해 조직과 공동체의 발전을 위해 헌신하고 있는 리더들에게 현장에서 쉽게 이해하고 바로 적용할 수 있도록 방법을 제시하고 있다.

송수용 지음 | 284쪽 | 신국판 | 값 17,000원

백인천의 노력자애

한국 프로야구의 전설, 백인천의 리더십

한국 프로야구 불멸의 타율 4할, 백인천의 인생철학과 그가 새겨놓은 프로야구의 역사를 책 한 권에 담았다. 반평생을 오직 야구 인생으로 살아온 백인천의 발자취를 돌아보면서 야구와 건강 두 마리 토끼를 쟁취하기 위해 혹독한 훈련을 견뎌 불멸의 4할 타자, 백인천의 이름이 프로야구의 전설로 남아있게 된 것이다. 이 책은 총 10장으로 구성되었으며 백인천 감독이 야구와 같은 인생을 살았듯 이 책의 콘셉트 역시 야구 경기처럼 1회 초부터 9회 말과 연장전 그리고 하이라이트 순으로 이어진다. 야구 프로에서 건강 프로가 되기까지 백인천 감독의 인생을 통해 독자 여러분도 인생의 진정한 프로로 거듭나기를 희망한다.

백인천 지음 | 388쪽 | 신국판 | 값 20,000원

논어로 리드하라

여성 리더로 성공을 꿈꾼다면 지금 당장 《논어》를 펼쳐라!

현대는 강하고 수직적인 남성적 리더십보다 감성적이고 관계지향적인 여성적 리더십을 요구하는 사회로 변화하고 있다. 이러한 변화를 입증하기라도 하듯 한국에서는 사상 최초로 여성 대통령이 탄생했다. 국제적으로는 미국 국무부장관 힐러리 클린턴, 세계적으로 영향력 있는 여성 방송인 오프라 윈프리, 독일의 메르켈 총리 등 수많은 여성 리더들이 있다. 따뜻한 리더십으로 무장한 여성 지도자들의 공통점은 인생에서 중요한 가치를 깨닫고 더 나은 자신이 되기 위해 철학책과 고전을 많이 읽으면서 내면을 수양했다는 것이다. 쉽게 풀어쓴 논어를 가까이하여 더 많은 여성이 우리나라뿐 아니라 세계를 리드하기 바란다.

저우광위 지음 | 송은진 옮김 | 344쪽 | 신국판 | 값 18,000원

어둠의 딸, 태양 앞에 서다

초라한 들러리였던 삶을 행복한 주인공의 삶으로!

세계적인 베스트셀러 《시크릿》의 주인공 밥 프록터의 유일한 한국인 제자인 조성희의 첫 번째 에세이집. 스스로 어둠의 딸이었다고 할 정도로 어려운 환경에서 마인드 교육을 통해 변화한 저자의 진솔한 이야기가 담겨 있다. '어둠'을 '얻음'으로 역전시키는 그녀만의 마인드 파워는 고뇌에 찬 결단과 과감한 도전정신으로 만들어낸 선물이다. 누구나 생각하는 대로 인생을 멋지게 살 수 있다. 어떻게 목표를 세우고, 어떤 생각을 하고, 무슨 꿈을 꾸느냐에 따라 인생은 달라진다. 꿈이 없어 짙은 어둠의 터널 속에서 절망을 먹고사는 사람들뿐만 아니라 심장이 뛰는 새로운 돌파구를 찾으려는 모든 사람에게 중독될 수밖에 없는 필독서다.

조성희 지음 | 404쪽 | 신국판 | 값 18,900원

나만 나처럼 살 수 있다

이제 나는 말한다, '나만 나처럼 살 수 있다'고

이제 나는 말한다, '나만 나처럼 살 수 있다'고 누구나 살면서 두 번, 세 번, 아니 수도 없이 쓰러진다. 이때 가장 필요한 것은 다시 일어설 수 있는 힘이 다. 그런데 안타까운 것은 많은 사람들이 이 힘을 보지 못한다는 점이다. 털어버릴 힘, 자신감, 자존감, 긍정적 가치관, 공동체를 지향하는 신념, 자아 정체성, 나를 조절할 수 있는 힘, 타인과의 소통이 세상을 살아가는 힘이다. 세상의 기준으로 보면 내세울 것 없는 사람이라도 '내 안의 행복'을 찾으면 비로소 나는 나 답게 살 수 있다. 이 한 권의 책이 누군가에게 꼭 필요한 지침서가 되고, 영혼까지 깊이 웃게 해주는 삶의 돌파구가 되기를 희망한다.

이요셉·김채송화 지음 | 372쪽 | 신국판 | 값 18,000원

대한민국 국민을 위한 인생 컨설팅 도서

황태옥의 행복 콘서트 웃어라!

웃음 컨설턴트 황태옥의 행복 메시지, 세상을 향해 웃어라!

웃음 전도사로 유명한 저자가 지난 10년간 웃음으로 어떻게 인생을 다시 살게 되었는지 진솔하게 풀어낸 책이다. 암을 극복하고 웃음과 긍정 에너지로 달라진 그녀의 삶을 보면서 함께 변화를 추구한 주변 사람들의 사례는 물론 10년간의 삶의 흔적이 고스란히 담겨 있다. 독자들이 이 책을 읽고 삶을 업그레이드해 생활 속에서 행복 콘서트의 주인공이 될 수 있는 힘을 얻기를 희망한다. 또한 웃음을 통해 저자를 능가하는 변화된 삶을 살기를 바란다. "한 번 웃으면 한 번 젊어지고 한 번 화내면 한 번 늙는다(一笑一少一怒一老)"는 말이 있듯이 행복지수를 높여 삶을 춤추게 하고 싶다면 바로 지금 세상을 향해 웃어라!

황태옥 지음 | 260쪽 | 신국판 | 값 17,500원

니들이 결혼을 알어?

결혼이라는 바다엔 수영을 배운 후 뛰어들어라!

결혼은 액션이다! 아무런 행동도 하지 않고 막연히 앉아서 행복하길 기다리는 사람들의 결혼은 그 자체로 불행한 일이다. 이 책은 이병준 심리상담학 박사와 그의 아내이자 참행복교육원에서 활동하고 있는 공동 저자 박희진 실장이 상담현장에서 접한 생생한 사례를 토대로 하고 있다. 기혼자들과 결혼 판타지에 빠진 청춘에게 '꼭 해주고 싶은 말'을 읽기 쉬운 스토리 형식으로 담았다. 대부분 경고 수준의 문구지만 결혼식 준비는 철저하게 하면서 결혼준비는 소홀히 하는 이들에게 결혼의 중요성을 일깨워준다. 늘 머리에 '살아? 말아?'를 넣어두고 살아가는 이들에게 '까짓 살아보지 뭐!'라며 툴툴 털고 일어서게 하는 힘을 줄 것이다.

이병준·박희진 지음 | 380쪽 | 신국판 | 값 18,000원

성과를 지배하는 도서

영업의 태풍을 만드는
확률세일즈

영업의 태풍을 만들고, 태풍의 눈으로 들어가라!

자동차나 사람들이 지나다니는 사거리에는 상품이나 서비스를 홍보하는 현수막이 많이 걸려 있다. 산골짝이나 인적이 드문 곳이 아닌 사람이 붐비는 곳에 걸어놓는 이유는 무엇일까? 홍보가 되려면 사람이 많은 곳이어야 효과적이고, 많은 사람이 보아야 관심 있는 고객이 있을 확률이 높아지기 때문이다. 이제는 공격적으로 고객을 찾아 나서고, 많은 고객을 만나는 길밖에는 답이 없다. 이 책은 저자가 경험한 모든 것은 물론, 실패를 통해 얻은 영업의 패턴과 방법을 기술했다. 저자가 얻은 경험과 지혜가 초보 영업자는 물론이고 영업을 오래 해온 많은 분에게도 자신의 꿈을 조금 더 빨리 만날 수 있는 지름길이 되기를 간절히 바란다.

정원옥 지음 | 280쪽 | 신국판 | 값 16,500원

성과를 지배하는
바인더의 힘

남과 다른 성공을 꿈꾼다면 삶을 기록하라!

프로가 되려면 성과가 있어야 하고, 성과를 내려면 프로세스를 강화해야 한다. '시스템'과 '훈련'을 동시에 만족하게 해주는 탁월한 자기관리 시스템 다이어리 3P 바인더의 비밀을 전격 공개한다. 바인더는 훌륭한 개인 시스템이자 조직 시스템이다. 모든 조직원이 바인더를 사용한다면 정보와 노하우를 손쉽게 공유할 수 있다. 바인더와 책, 세미나를 통해 기적 같은 변화를 체험한 많은 사람의 실제 사례를 소개하여 바인더를 좀 더 활용하기 쉽게 만들었다. 저자는 20여 년간 500여 권의 서브바인더를 만들면서 기록관리, 목표관리, 시간관리, 업무관리, 지식관리, 독서경영 등을 실천함으로써 성과를 지배해온 스페셜리스트다.

강규형 지음 | 신국판 | 342쪽 | 값 20,000원

성과를 지배하는
스토리 마케팅의 힘

마케팅의 성공 비결은 스토리와 공감이다!

세상이 하루가 다르게 변하고 있고 고객의 마음도 초단위로 바뀌고 있다. 누가 한 분야에서 성공했다 하면 모방하는 이들이 빠르게 나타나 순식간에 시장을 나눠가진다. 우리가 사는 21세기의 현실이 이렇다. 기술이 좋고 제품이 훌륭한데도 매출로 연결하지 못하는 기업들의 결정적인 맹점은 '스토리'가 부족하다는 것이다. 이제는 기술과 제품을 뽐내기만 할 것이 아니라 고객의 마음부터 들여다보아야 한다. 수시로 변하는 고객의 마음을 휘어잡는 열쇠, 마케팅! 그 근간에는 자신만의, 자사만의 스토리가 있어야 한다. 이 책이 전하는 스토리 마케팅을 활용한다면 두꺼운 충성고객층과 함께 꾸준한 성과를 창출할 수 있을 것이다.

조세현 지음 | 360쪽 | 신국판 | 값 20,000원

성과를 지배하는
유통 마케팅의 힘

한 권으로 배우는 대한민국 유통 마케팅의 모든 것!

상품이 만들어져 소비자에게 오기까지는 많은 사람의 수고가 필요하다. 그러나 중간에서 징검다리 역할을 해주는 유통업자가 없다면 이 사회는 제대로 돌아가지 못한다. 소비문화가 제대로 정착되려면 유통 시장을 전체적으로 확실하게 이해하는 사람이 있어야 한다. 이 책에는 저자가 20여 년간 유통업계 현장에서 발로 뛰며 얻은 소중한 경험을 담았다. 다방면에 걸친 유통 영업의 노하우, 유통 마케팅 비법뿐 아니라 유통시장의 전체적인 틀을 제시하였다. 공공기관 입찰에 필요한 나라장터 사용법은 물론 직접 거래해보지 않으면 알 수 없는 유통사별 상품 제안서 사용법까지 다양하게 소개하고 있다.

양승식 지음 | 344쪽 | 4×6배판 | 값 20,000원

미래 인사이트 도서

거대한 기회

창조 지능 리더십을 선사할 '거대한 기회'를 잡아라!

세상이 짧은 시간에 급격하게 변하고 있다. 난공불락의 요새도 없고 절대적 강자도 없다. 이러한 시대에 살아남으려면 유연하게 변화하고 창조해야 한다. 현대의 리더는 변화의 큰 흐름을 읽고 거기서 기회를 포착해야 한다. 불꽃이 아니라 불길을 보아야 하고, 물결이 아니라 물살을 보아야 한다. 이 책은 리더들에게 시대의 흐름을 한눈에 보여주고자 불확실한 미래에 접근하는 방법을 다양하게 제시하고 있다. 남보다 더 넓게 보는 안목을 키우고 패러다임을 자기만의 방식으로 삶과 비즈니스에 접목함으로써 더욱 큰 사회공동체와 인류공동체를 위해 공헌하는 창조의 마스터가 되어보자.

김종춘 지음 | 316쪽 | 신국판 | 값 18,500원

잡job아라 미래직업 100

변화 속 거대한 미래직업의 흐름을 주시하라!

미래에는 로봇 혁명을 통해 전혀 새로운 일자리와 노동 시장이 만들어질 전망이다. 인간을 채용하는 대신 새로 개발된 기계를 활용하고 3D 프린팅, 무인차, 무인기, 사물인터넷, 빅데이터 등 시대의 패러다임을 바꿀 기술들이 노동 시장을 뒤흔들 것이다. 이 책은 이러한 문제점에 접근하기 위해 미래 노동 시장과 일자리를 끊임없이 추적한 성과물인 100가지의 미래 유망직업에 대해 서술하고 있다. 건강하고 안전한 미래, 편리하고 스마트한 미래, 상상이 현실이 되는 미래, 지속성이 보장되는 미래 이렇게 총 4챕터로 이루어져 있고 짧은 글들로 짜였지만 미래 노동 시장과 산업 전반에 대한 내용과 통찰력이 압축돼 있다.

곽동훈·김지현·박승호·박희애·배진영 지음 | 444쪽 | 신국판 | 값 25,000원

건강·의학 도서

아무도 말해주지 않는 척추 이야기

척추 전문의가 들려주는 척추에 대한 허와 실

척추 질환하면 대부분 퇴행성으로 나타나는 노인성 질환을 먼저 떠올리게 되지만, 현대 사회에서는 젊은 층에서도 척추질환 환자가 급증하고 있는 추세이다. 평소 잘못된 자세와 생활 습관이 척추질환을 일으키는 원인이기 때문이다. 이 책은 보건복지부 의료기관 인증을 획득한 더조은병원 도은식 원장의 경영철학과 30여 년의 노하우, 그동안 우리가 알고 있던 척추건강에 대한 오해와 진실, 척추건강에 도움이 되는 운동법을 담고 있다. 이 책을 통해 오늘도 환자의 건강을 위해 고민하는 의사들의 노력이 있다는 것을 일깨워주고, 모든 사람들이 올바른 병원 선택으로 누구나 자신의 질환을 정확히 진단받고 치료받을 수 있기를 희망한다.

도은식 지음 | 252쪽 | 신국판 | 값 20,000원

잘못된 치아관리가 내 몸을 망친다

치과의사가 알려주는 치아 상식과 치과 치료의 오해와 진실!

치아는 잠자리에서 일어나는 아침부터 잠자리에 드는 저녁까지 모든 음식을 맛보는 즐거움을 우리에게 선사한다. 오복의 한 가지라 할만큼 치아건강은 인간의 행복에 큰 영향을 미친다. 이 책에서 치과의사인 저자는 일상생활에서 지켜야 할 치아 건강 관리법은 물론 상세한 치과 진료 과정, 치과 진료에서 궁금했던 점을 들려준다. 또한 잘못된 치아관리가 내 몸을 망칠 수 있으므로 제대로 알고 제대로 치료해야 건강한 치아를 간직할 수 있다고 강조한다. 이 책에는 치아전문 일러스트레이터들이 그린 생생한 일러스트를 실어 치료 과정을 쉽게 이해할 수 있도록 했다. 다양한 증상에 어떻게 대처해야 하는지 알려주는 유용한 책이다.

윤종일 지음 | 312쪽 | 4×6배판 | 값 20,000원

굿바이, 스트레스

만성피로 전문클리닉 이동환 원장의 속 시원한 처방전!

대부분의 사람들은 흔히 스트레스라고 하면 부정적인 인식이 앞서 '나쁜 스트레스'만 떠올린다. 많은 현대들이 과도한 스트레스 때문에 힘들어하고 심한 경우 신체 질병까지 얻게 된다. 하지만 우리가 보편적으로 인식하고 있는 스트레스의 부정적인 이미지와는 달리 적절한 스트레스는 오히려 삶에 동기부여를 해줄 뿐 아니라 자극제가 되기도 한다. 저자는 스트레스를 무조건 줄이라고 하지 않는다. 오히려 스트레스를 적절히 관리해서 성과와 연결하는 방법을 소개한다. 계속되는 스트레스에 매몰되어 헤매는 것이 아니라 긍정적인 마음의 근육을 키워 스트레스를 통해 새로운 에너지를 얻음으로써 성과까지 창출하는 비법을 배워보자.

이동환 지음 | 260쪽 | 4×6배판 | 값 18,000원

취미·기타 도서

그리운 조선 여인 사임당

천재화가 사임당의 예술혼과 불꽃같은 사랑!

신사임당은 현모양처로 널리 알려져 있지만 실제로 그 행적은 자세히 남아 있지 않다. 후대에 전하는 시 몇 편과 글씨 그리고 그림 몇 폭이 전부이다. 율곡 이이의 어머니이자 조선 현모양처의 표상이었던 사임당은 당대 최고의 시인이자 빼어난 화가였다. 아쉽게도 글씨나 그림이 많이 남아 있지 않지만 조선시대 최고의 여류 화가라고 해도 과언이 아닐 만큼 뛰어났다. 이 책은 시와 그림으로 일가를 이룬 조선 여인 사임당의 5백 년 전 흔적을 다루고 있다. 여인으로서의 결혼과 삶, 예술활동 등이 오롯이 담겨져 있다. 대한민국 최고의 팩션 작가 이수광의 글 속에서 자유로운 영혼의 예술가 사임당의 예술혼과 불꽃같은 사랑이 그림처럼 피어난다.

이수광 지음 | 신국판 | 328쪽 | 값 15,000원

매직스윙

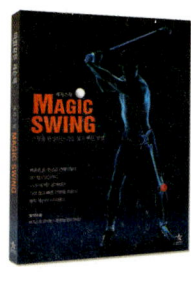

좀처럼 골프가 늘지 않는다면 매직스윙하라!

골프를 즐기는 사람은 많지만 정확한 스윙법을 구사하는 사람은 드물다. 프로든 아마추어든 골프를 시작한 나이, 체형, 성별 등에 따라 스윙법이 각각이지만 각 골퍼들의 스윙 문제는 비슷하기 마련이다. 이런 문제 해결을 위해 이병용 프로가 만든 '매직스윙'은 쉽고 간단하면서 효과도 빨라 수많은 유명 연예인, 기업체 CEO들을 반하게 했다. 이병용 프로는 보다 많은 사람들에게 매직스윙이 담긴 독자적인 레슨 이론을 소개하기 위해 책을 펴냈다. 좀처럼 골프 실력이 늘지 않아 고민 중인 분에게 이 책은 마치 직접 개인레슨을 받는 것과 같은 놀라운 경험을 선사할 것이다. 모두 골프의 매력에 빠질 준비를 해보자.

이병용 지음 | 208쪽 | 국배판 | 값 35,000원

위대한 개츠비

20세기 영미문학 최고의 걸작!

1974년에 이어 2013년 또다시 영화화되어 화제를 불러일으켰던 《위대한 개츠비》는 미국인이 가장 좋아하는 대표적 소설이다. 작품 배경이 되는 시기는 제1차 세계대전 직후, 이른바 '재즈 시대'라고 불리는 1920년대다. 급격한 산업화와 전쟁의 승리로 풍요로워진 시대에 전쟁의 참화를 직간접적으로 경험한 젊은이들의 다양한 삶의 모습을 매우 섬세한 필치로 풀어낸 작품이다. 소설 속 주인공 개츠비는 젊은 시절의 순수한 사랑을 이루려고 자신을 내던진다. 아메리칸 드림을 이룬 그의 머릿속에는 부의 유혹에 넘어간 사랑하는 여인 데이지를 되찾으려는 생각밖에 없다. 그러나 현실은 그의 꿈을 용납하지 않는데….

F. 스콧 피츠제럴드 지음 | 표상우 옮김 | 4×6판 | 316쪽 | 값 12,000원

뭐가 다를까 시리즈

돈 버는 사장 못 버는 사장

돈 버는 사장에겐 공통점이 있다!

돈을 못 버는 이유를 불경기 탓으로 돌리지 않았는가? 이윤추구보다는 더불어 사는 사회를 만들기 위해 조금만 벌고 있다고 둘러대진 않았는가? 기업의 목적은 이윤창출이다. 사장은 본인의 회사와 사원들을 위해 돈을 많이 벌 수 있는 시스템을 만들어야 한다. 이 책은 돈 버는 사장이 될 수 있는 습관을 총 6장으로 분류하고, 돈 버는 사장과 못 버는 사장의 특징을 담은 50개의 키워드로 정리하였다. 현재 자신의 실수나 오류를 스스로 점검하고 돈 버는 사장으로 변화할 수 있는 방법을 일러스트를 포함한 구성으로 보다 쉽게 이해할 수 있도록 명쾌하게 제시한다.

우에노 미쓰오 지음 | 정지영 옮김 | 김광열 감수 | 260쪽 | 신국판 | 값 17,000원

유능한 상사 무능한 상사

유능한 상사와 무능한 상사의 차이는 무엇일까?

회사생활을 하다보면 누구나 자신의 위치에 맞게 행동해야 한다. 신입의 위치에 있던 사람이 회사생활을 하다보면 누구의 상사가 되기도 하고, 회사를 이끄는 리더가 되기도 하기 때문이다. 그러나 상사가 되면 아래 직원의 입장에서 보고 듣고 알고 있던 것과 실제로 커다란 격차가 있음을 알게된다. 유능한 상사가 되려는 사람은 상사로서의 의사결정 방법, 매니지먼트 공부 방법 등을 익히고 지혜를 얻어야 한다. 현재 회사를 리드하는 대표님들과 임원들, 그리고 중간 관리자들, 앞으로 리더가 되어 그 길을 나아가고자 하는 모든 분들께 이 책이 주는 7가지의 메시지는 유능한 리더로 성장하는 데 도움이 될 것이다.

무로이 도시오 지음 | 정지영 옮김 | 이혜숙 감수 | 260쪽 | 신국판 | 값 17,000원

일등 영업맨 꼴등 영업맨

일등 영업맨에겐 고객의 마음을 헤아리는 습관이 있다!

영업 사원에게는 매월 할당량이 부과된다. 기본적으로 영업 실적은 저금할 수 없다. 새로운 달이 되면 모든 영업 사원이 제로에서 시작한다. 과거에 훌륭한 실적을 남겼다고 해도 새로운 달이 된 순간 계약을 따지 못하면 어느새 과거에만 뛰어났던 사람이 된다. 반대로 아무리 과거에 실적이 엉망이었다고 해도 성과를 낸 순간에 당신은 회사의 영웅이 될 수 있다. 영업의 좋은 점은 언제나 역전할 가능성이 있다는 것이다. 이 책에서 소개한 키워드 하나하나는 매우 사소한 것일지도 모르나 그 사소한 것을 바꾸면 성공의 레이스가 시작된다. 그리고 자신도 모르는 사이에 무능한 영업맨에서 탈피하여 일등 영업맨이 되어 있을 것이다.

기쿠하라 도모아키 지음 | 정지영 옮김 | 정원옥 감수 | 260쪽 | 신국판 | 값 17,000원

목표를 달성하는 사람 못 하는 사람

목표를 달성하는 사람은 생각하는 방식부터 다르다!

누구나 어떤 일을 할 때는 자신만의 목표를 세운다. 하지만 모두가 그 목표를 달성하는 것은 아니다. 목표 달성을 위해서는 체계적인 점검과 반성이 필요하다. 목표에 도달해 남다른 성과를 내는 사람들에게는 남다른 행동철학과 실천지침이 있게 마련이며 그들만의 노하우가 있다. 이 책의 저자는 목표 달성의 노하우를 '사고방식의 변화·목표 설정·계획과 행동·시간 관리·인간관계와 커뮤니케이션·협력 요청·문제 해결과 실패 극복'이라는 7대 전략으로 정리하여 제시하고 있다. 7대의 전략을 차례차례 달성하다보면 목표에 도달하는 밑거름이 될 수 있다. 나는 과연 목표에 도달할 자격이 있는 사람인가?

시마즈 요시노리 지음 | 정지영 옮김 | 이혜숙 감수 | 262쪽 | 신국판 | 값 17,000원

기업과 병·의원의 성장과 연속성을 위한 컨설팅 전문 그룹
스타리치 어드바이져

- 전문가 자문 그룹 플랫폼 제공
- 전자신문 기업성장지원센터 운영
- 직원 성과 극대화를 위한 교육 프로그램 운영
- 스타리치 어드바이져 Gift Book 서비스
- 조세일보 기업지원센터 운영
- 기업문화 창출을 위한 교육 프로그램 운영
- 스타리치 CEO 기업가정신 플랜
- 김영세의 기업가정신 콘서트 주최

StarRich Advisor / StarRich Books

100년 기업을 위한 CEO의 경영철학 계승 전략
CEO 기업가정신 플랜

― 자서전·전문서적·자기계발서·사사 등 ―

 문의) 스타리치 어드바이져 & 북스 02) 6969-8903 / starrichbooks@starrich.co.kr

스타리치 패밀리 회원 가입 안내

스타리치 패밀리 회원이란?

하나의 아이디로 스타리치에서 운영하는 사이트(스타리치 어드바이져, 스타리치북스, 스타리치 몰, 스타리치 잉글리시 등)와의 모든 거래 및 서비스 이용을 편리하고 안전하게 사용할 수 있는 스타리치 통합 회원제 서비스입니다.

스타리치 패밀리 회원혜택

- 스타리치몰에서 사용 가능한 적립 포인트(도서 정가의 5%) 제공
- 스타리치북스에서 주최하는 북콘서트 사전 초대
- 스타리치북스 신간 도서 메일 서비스 제공
- 스타리치 어드바이져/북스에서 주최하는 포럼 및 세미나 정보 제공
- 스타리치 어드바이져에서 제공하는 재무 관련 정보 제공

스타리치 패밀리 등록 방법

① 스타리치 패밀리 회원 가입서를 작성하고 개인정보 사용 동의서에 확인 서명하시면 됩니다.
② 스타리치 패밀리 회원 가입서와 개인정보 사용 동의서(뒷 페이지 표시 부분)을 모바일이나 카메라로 촬영하여 이메일이나 모바일 메시지로 전송하시면 됩니다.

보내실 이메일 주소 : starrichbooks@starrich.co.kr
모바일 메시지 전화 : 010-5150-8477

이 페이지를 촬영해서 이메일이나 모바일 메시지로 보내주세요

스타리치 패밀리 회원 등록
기존 스타리치 패밀리 회원일 경우 등록된 ID를 기재 부탁드립니다.
본 도서의 **정가 5%**를 적립해 드립니다.

이름		연락처	
주소		생년월일	
이메일 주소		구매 도서명	변액보험 펀드관리
패밀리 회원 ID		소속(회사/학교)	

사용하실 패밀리 회원 ID를 적어주시면 임시 비밀번호를 문자로 발송해드립니다.

개인정보 사용 동의서

> 스타리치 패밀리 홈페이지는 수집한 개인정보를 다음의 목적을 위해 활용합니다. 이용자가 제공한 모든 정보는 하기 목적에 필요한 용도 이외로는 사용되지 않으며, 이용 목적이 변경될 시에는 사전동의를 구할 것입니다.
>
> **1) 회원관리**
> ① 회원제 서비스 이용 및 제한적 본인 확인제에 따른 본인확인, 개인 식별
> ② 불량회원의 부정 이용방지와 비인가 사용방지
> ③ 가입의사 확인, 가입 및 가입횟수 제한
> ④ 분쟁 조정을 위한 기록보존, 불만처리 등 민원처리, 고지사항 전달
>
> **2) 신규 서비스 개발 및 마케팅·광고에의 활용**
> ① 신규 서비스 개발 및 맞춤 서비스 제공
> ② 통계학적 특성에 따른 서비스 제공 및 광고 게재, 서비스의 유효성 확인
> ③ 이벤트 및 광고성 정보 제공 및 참여기회 제공
> ④ 접속빈도 파악 등에 대한 통계

상위 내용에 동의합니다.

　　년　　월　　일　　서명＿＿＿＿＿＿＿(인)

스타리치 패밀리 회원 비밀번호 변경은 www.starrichmall.co.kr에서 하실 수 있습니다.
엽서를 보내주시는 분들에 한하여 스타리치몰에서 사용 가능한 포인트(도서 정가의 5%)를 지급해 드립니다.
앞으로 더욱 다양한 혜택을 드리고자 노력하는 스타리치가 되겠습니다. **문의** 02-6969-8903 starrichbooks@starrich.co.kr

(주)스타리치 어드바이져 개인 재무 및 보장 분석 컨설팅 신청 동의서

(주)스타리치 어드바이져는 기업과 병·의원을 위한 전문 컨설팅 그룹입니다. 계열사인 (주)스타리치북스 독자들을 위해 그동안 축적된 노하우를 바탕으로 개인 재무 및 보장 분석 컨설팅 서비스를 시작합니다.

(주)스타리치 어드바이져의 개인 재무 및 보장 분석 컨설팅 서비스를 신청하시는 회원님께는 (주)스타리치북스 발간 도서 중 원하시는 도서 1권을 선물로 보내드립니다.

> 본인은 (주)스타리치 어드바이져의 개인 재무 및 보장 분석 컨설팅 서비스를 신청합니다.
>
> 예 ☐　　아니오 ☐　　희망 도서명 ＿＿＿＿＿＿＿＿＿＿
>
> 　　년　　월　　일　　서명＿＿＿＿＿＿＿(인)